权威·前沿·原创

皮书系列为
"十二五""十三五"国家重点图书出版规划项目

商务中心区蓝皮书
BLUE BOOK OF
CBD

中国商务中心区发展报告 *No.3*
（2016~2017）

ANNUAL REPORT ON THE DEVELOPMENT OF CHINA'S
CENTRAL BUSINESS DISTRICT No.3(2016-2017)

推动 CBD 创新智慧发展

名誉主编／龙永图　李国红
主　　编／郭　亮　单菁菁
副 主 编／邢　劲　武占云

社会科学文献出版社
SOCIAL SCIENCES ACADEMIC PRESS（CHINA）

图书在版编目（CIP）数据

中国商务中心区发展报告. No. 3，2016－2017：推动
CBD 创新智慧发展／郭亮，单菁菁主编. －－北京：社会
科学文献出版社，2017.9
（商务中心区蓝皮书）
ISBN 978－7－5201－1273－4

Ⅰ.①中…　Ⅱ.①郭…②单…　Ⅲ.①中央商业区－
研究报告－中国　Ⅳ.①F72

中国版本图书馆 CIP 数据核字（2017）第 202344 号

商务中心区蓝皮书
中国商务中心区发展报告 No. 3（2016 ~2017）
——推动 CBD 创新智慧发展

名誉主编／龙永图　李国红
主　　编／郭　亮　单菁菁
副 主 编／邢　劲　武占云

出 版 人／谢寿光
项目统筹／陈　颖
责任编辑／薛铭洁

出　　版／社会科学文献出版社·皮书出版分社（010）59367127
　　　　　　地址：北京市北三环中路甲 29 号院华龙大厦　邮编：100029
　　　　　　网址：www. ssap. com. cn
发　　行／市场营销中心（010）59367081　59367018
印　　装／北京季蜂印刷有限公司

规　　格／开　本：787mm×1092mm　1/16
　　　　　　印　张：22　字　数：332 千字
版　　次／2017 年 9 月第 1 版　2017 年 9 月第 1 次印刷
书　　号／ISBN 978－7－5201－1273－4
定　　价／98.00 元

皮书序列号／PSN B－2015－444－1/1

主要编撰者简介

郭　亮　北京商务中心区管理委员会常务副主任，曾担任北京奥运森林公园建设管委会、北京市朝阳区发展和改革委员会的领导职务，长期从事城市与区域经济发展研究，具有丰富的实践管理经验。

单菁菁　中国社会科学院城市发展与环境研究所研究员、博导，城市规划研究室主任，《中国城市发展报告》（城市蓝皮书）主编。主要从事城市与区域规划、城市经济、城市社会、城镇化等研究。先后主持或参与了多项省、市、地区的经济社会发展规划或专项规划研究和编制工作。主持或参加国家社科基金课题、中英合作伙伴课题、中国社科院重大课题、中国社科院重点课题、中国社科院城环所重点课题、青年基金课题、省及地方委托课题等60多项，其中主持或合作主持课题36项，参加了17部学术著作的撰写工作，发表专著2部、中英文学术论文60多篇，撰写研究报告50多篇，向国务院提交了10余个政策建议，《中国农民工市民化研究》获钱学森城市学金奖提名奖，主持或参与完成的科研成果多次获奖，曾赴英国、法国、比利时、意大利、越南、泰国、新加坡、韩国、中国香港、中国澳门等地进行考察与学术访问。

邢　劲　北京商务中心区管理委员会发展处处长，曾任北京商务中心区管理委员会产业促进处处长。长期从事商务区产业促进及发展研究工作，具有丰富的实践经验。

武占云　中国社会科学院城市发展与环境研究所助理研究员、博士，主要从事城市规划、城市与区域经济学研究。在国内外核心期刊发表中英文学术论文 30 余篇，撰写研究报告 10 余篇。先后主持或参与完成了 10 多项科研项目，包括国家社科基金 4 项、国家自科基金 3 项、教育部人文社科项目 1 项、博士后基金 1 项、中国社科院中英研究项目 1 项、中国社科院青年中心基金 1 项。

摘　要

实施"创新驱动"是中国"十三五"规划提出的首要任务,推动"智慧发展"则是创新的重要路径也是主要目标。当前,中国 CBD 已经进入快速发展阶段,整体呈现经济效益日益显著、创新引领作用突出、智慧化应用领先等特征,同时,众多 CBD 在制度创新、管理创新、产业创新等方面进行了大量探索与实践。中国 CBD 凭借其较高的创新水平和优良的信息化基础设施,正在成为国家智慧产业的重要承载区、智能化应用体系的先行区和创新发展的引领区。"十三五"时期,"推动 CBD 创新智慧发展"将是中国 CBD 发展的重要方向和主旋律。

《中国商务中心区发展报告 NO.3(2016～2017)》(以下简称《报告》)以"推动 CBD 创新智慧发展"为主题,紧密围绕国家创新驱动战略和智慧城市建设要求,共设计了综合篇、智慧建设篇、创新发展篇、科学管理篇、国际经验篇和大事记 6 个篇章,系统评价了中国 CBD 在智慧建设和创新发展方面取得的成就,分专题深入研究了 CBD 在智慧交通、智慧政务、智慧管理、智慧社区、智慧商圈、智慧楼宇、产业创新、管理创新等方面的成效、问题和趋势,明确提出"十三五"时期推动 CBD 创新智慧发展的总体思路和对策建议。

《报告》指出,近年来,中国 CBD 紧紧围绕以人为本的理念,以新一代信息技术为驱动,在智慧设施体系、智慧应用体系、智慧产业体系和创新平台体系建设等方面取得了显著成就,成为中国新型智慧城市建设的引领者。然而,受制于现行的体制机制和政策条件,中国 CBD 的智慧建设在顶层设计安全防范、高效管理和协同共享等方面仍存在较多问题和不足。展望"十三五",中国 CBD 的创新智慧发展将呈现四大趋势,即发展理念由技术

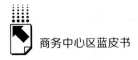

主导转向以人为本、建设模式由单一建设转向融合发展、运营主体由政府主导转向多元开放、区域协作由分散建设转向创新联盟。

《报告》认为，各区域应充分借鉴伦敦、纽约、巴黎、东京和新加坡的创新智慧发展经验，从做好智慧 CBD 的顶层设计、提升智慧 CBD 的基础建构、完善智慧 CBD 的服务平台、推动智慧 CBD 的协同创新、健全智慧 CBD 的制度框架等方面，全面推动 CBD 创新智慧发展。

关键词：CBD　创新　融合　共享　智慧

目　录

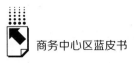
皮书数据库阅读**使用指南**

综 合 篇

General Report

  随着国家数字红利的持续释放、创新驱动战略的深入实施，中国 CBD 的创新智慧发展环境不断优化和完善，"创新驱动、智慧发展"成为 CBD "十三五"时期发展的主旋律。近年来，中国 CBD 以新一代信息技术为驱动，在智慧设施体系、智慧应用体系、智慧产业体系和创新平台体系建设等方面取得了显著成就，正在成为国家智慧产业的重要承载区、智能化应用体系的先行区和创新发展的引领区。本篇通过总报告和 2015～2016 年度中国 CBD 发展评价报告，从经济维度、产业维度、智慧维度、创新维度和开放维度等角度，系统梳理总结中国 CBD 在创新智慧发展方面取得的成就和面临的问题，并立足中国国情、借鉴国际经验，提出推动中国 CBD 创新智慧发展的思路与对策。

B.1

总报告：推动 CBD 创新智慧发展

——现状、问题与对策

单菁菁　武占云　徐李璐邑*

摘　要：　随着国家数字红利的持续释放、创新驱动战略的深入实施，中国 CBD 的创新智慧发展环境不断优化和完善，"创新驱动、智慧发展"成为"十三五"时期 CBD 发展的主旋律。本报告表明，近年来，各地 CBD 以新一代信息技术为驱动，在智慧设施体系、智慧应用体系、智慧产业体系和创新平台体系建设等方面取得了显著成就，成为中国新型智慧城市建设的引领者。然而，受制于现行的体制机制和政策条件，中国 CBD 的智慧建设在顶层设计、安全防范、高效管理和协同共享等方面仍存在较多问题和不足。展望未来，CBD 创新智慧发展将呈现四大趋势，即发展理念由技术主导转向以人为本，建设模式由单一建设转向融合发展，运营主体由政府主导转向多元开放，区域协作由分散建设转向创新联盟。针对当前存在的问题与不足，借鉴国际相关经验，本报告提出，应从做好智慧 CBD 的顶层设计、提升智慧 CBD 的基础建构、完善智慧 CBD 的服务平台、推动智慧 CBD 的协同创新、健全智慧 CBD 的制度框架等方面，全面促进中国 CBD 创新智慧发展。

* 单菁菁，中国社会科学院城市发展与环境研究所规划室主任、研究员、博士，主要研究方向为城市与区域经济发展战略、城市与区域规划、城市与区域管理等；武占云，中国社会科学院城市发展与环境研究所副研究员、博士，主要研究方向为城市规划、城市与区域经济等；徐李璐邑，中国社会科学院城市发展与环境研究所博士研究生，主要研究方向为城市与区域经济。

关键词：　CBD　创新　融合　共享　智慧

当前，中国经济正在进入转型发展的新常态，总体上呈现增速放缓、动力转化和结构优化。中国 CBD 的发展也必然紧密承接国家经济的转型，呈现新的变化趋势和特征，亟须从发展理念、建设模式、运营方式、治理手段等方面实现全面转型。而智慧城市理念为新常态下 CBD 的转型发展提供了全新图景和技术手段，成为新时期推动 CBD 创新发展的重要举措。总的来看，"创新驱动、智慧发展"将成为"十三五"时期中国 CBD 发展的主旋律。

一　中国 CBD 创新智慧发展现状

中国 CBD 建设始于 20 世纪 80 年代，目前已经由起步探索阶段进入快速发展阶段。近年来，在国家智慧城市建设和创新驱动战略的推动下，各地 CBD 以新一代信息技术为驱动，在智慧设施、智慧应用、智慧产业等方面进行了大量的探索与创新，各种新理念、新模式、新产业不断涌现，已经成为国家重要的智慧产业承载区、智能化应用先行区和创新发展引领区。

中国 CBD 智慧应用体系建设重点和特色见表1。

表1　中国 CBD 智慧应用体系建设重点和特色

应用领域	典型代表	建设重点和特色
智慧管廊	南京河西 CBD 武汉 CBD 天津滨海新区 CBD 珠海十字门 CBD	(1)容纳电力、通信、蒸汽、给水等市政管线，配套建设供电、照明、通风、消防、排水、火灾报警及智能监控及报警系统；(2)采用一体化设计，集道路、景观、有轨电车、地铁、地下人行过街通道等立体空间综合利用于一体，大幅提升了道路通行率、管线安全水平和防灾抗灾能力
智慧交通	北京 CBD 上海虹桥 CBD 重庆解放碑 CBD 郑东新区 CBD 武汉 CBD	(1)综合应用卫星定位、移动通信技术和控制系统对交通综合信息进行全方位处理，对交通系统和组织进行改进优化；(2)推广低排放、低能耗的绿色交通系统，充分发挥轨道交通、地面公交、新能源汽车、共享单车等交通工具，按出行距离合理分工，构建适宜白领人群、有序衔接的绿色交通出行系统

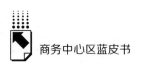

续表

应用领域	典型代表	建设重点和特色
智慧管理	上海虹桥 CBD 北京 CBD 钱江新城 CBD	(1)智慧政务:整合各类信息资源和行政资源系统,为企业和居民提供开放、协同、互动的交流平台和服务中心;(2)智慧管理:整合信息化基础资源,建立全面感知、智能分析、信息共享、协同作业的城市综合管理平台;(3)智慧安全:利用物联网、多媒体技术,通过建立区域立体防控体系,实现公共安全管理的统一调度、报警处置、监控联动和资源共享
智慧楼宇	北京 CBD 上海虹桥 CBD 天津河西 CBD 南京河西 CBD 广州天河 CBD 武汉 CBD	(1)建筑楼宇 BIM 系统建设:将 BIM 系统应用于建筑楼宇的设计、建造、运行、维护和管理的全生命周期过程;(2)地块楼宇智能化系统建设:建设楼宇设备监控系统、安全防范系统、综合布线系统、车辆进出口管理系统等智能化体系;(3)楼宇低碳能耗监测系统建设:通过可再生能源利用、合同能源管理、推进建筑节能改造、建立低碳能耗监测平台等途径,实现建筑能耗的集中监测管理
智慧商圈	重庆解放碑 CBD 上海虹桥 CBD 杭州武林 CBD 大连人民路 CBD	注重整合商圈各类资源,为线下商家提供集约化、低成本、高效率的电子商务服务和交易平台,为消费者提供网上购物与店面体验相融合的消费新体验。(1)上海虹桥 CBD:着力创新一站式休闲娱乐服务体验;(2)重庆解放碑 CBD:提出智慧商圈服务2.0 理念,推动传统商圈的 1.0 被动服务模式向主动服务、智能服务、立体服务和个性化服务的智慧服务模式转变;(3)杭州武林 CBD:注重 O2O 商圈平台的搭建和商圈的精准营销;(4)大连人民路 CBD:重点打造市级免费网络商圈,通过 O2O 服务平台应用,帮助零售业实现转型
智慧社区	武汉 CBD 上海虹桥 CBD 天津滨海新区 CBD	将智能化和信息化技术应用于基础网络服务、物业管理服务、智能家居服务和便民生活服务。(1)上海虹桥 CBD:创新基层治理模式、生活服务信息化、开展智慧社区试点示范;(2)武汉 CBD:重点围绕绿色节能、智能化管理和安全控制三大领域进行智慧社区建设

资料来源:根据中国商务区联盟提供的数据资料整理,部分 CBD 由于缺乏资料未纳入分析。

(一)智慧设施建设日益完善

在信息化和服务经济时代,广泛通达、无延时的全球通信与商务应用以及高能级、灵活、安全的信息基础设施是服务 CBD 发展的先决条件和基础保障。我国 CBD 普遍重视信息基础设施的建设,通过建设完善的信息网络设施，构筑统一开放的信息服务平台，共享基础信息资源，加强信息安全防护，为企业信息化建设提供了便利的条件和保障。

1.构建移动泛在的信息基础设施网络

随着国家"宽带中国"战略的深入推进，目前各 CBD 基本建成了宽带、移动网络、无线 WIFI 三大基础网络，移动网络和 WIFI 热点信号的覆盖水平较以前有很大提升，很多商务楼宇和公共空间已实现 WIFI 热点覆盖，正努力推动形成高速、移动、泛在、安全的新一代信息基础设施网络。如广州天河 CBD 通过信息感知、数据传输、服务支撑、平台搭建等一系列信息化建设项目的实施落地，商务区服务中心实现了 50 兆光纤的网速、多点覆盖无线 WIFI，为企业提供了快捷方便的网络环境。杭州武林 CBD 积极推进"天网工程"建设，目前已实现了主城区室外免费 WIFI 建设，同时推进区域性 O2O 平台建设和武林商圈的线上线下运营，通过提升完善信息基础设施为武林 CBD 的企业和商户进行营业模式创新奠定了基础。上海虹桥 CBD 按照万兆到楼、千兆到层、百兆到桌面的要求，全面推进信息基础设施建设，于 2015 年与中国铁塔公司上海分公司签订《共同推进上海虹桥商务区战略合作备忘录》，推进信息基础设施布局优化和规范管理，并在国内首创将通信铁塔建设与城市地标建筑完美融合，实现了"无形"的多功能通信宏基站建设，让社会大众看不到高耸的铁塔基站，却能享受优质快速的通信体验。北京 CBD 是北京首个 24 小时免费向公众提供无线网络服务的公共区域，目前正在积极构建本地极速全光网、国际通信专用通道和集约统筹的国际云计算中心，并探索启用 5G 商用，全面提升信息基础设施服务能级，为打造世界级商务信息枢纽奠定坚实基础。

2.建成智慧安全的城市地下综合管廊

地下综合管廊是指在城市地下用于集中铺设电力、通信、广播电视、给水、排水、热力、燃气等市政管线的公共隧道，是城市基础设施的重要组成部分，更是城市的生命线。CBD 作为人流、资本流、信息流高度聚集的区域，更加需要安全、稳定的城市运行环境。随着国务院《关于加强城市基础设施建设的意见》（国办发〔2013〕36 号）、《关于推进城市地下综合管

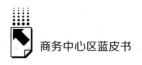

廊建设的指导意见》（国办发〔2015〕61号）等政策文件的出台，越来越多的CBD开始尝试推进智慧综合管廊建设和管理，包括运用BIM（Building Information Modeling，建筑信息模型）技术进行管廊设计、依托电商平台进行设备采购、运用大数据和物联网进行物流配送和装配施工、依托云服务平台进行运营维修养护。通过智慧综合管廊建设，使CBD的管线安全水平和防灾抗灾能力得到明显提升。

南京河西CBD按照"绿色、生态、智慧"的理念，建成了全长为8.9公里的地下综合管廊（见图1）。管廊本体采用矩形混凝土框架结构，容纳电力、通信、蒸汽、给水等市政管线，同时配套建设完善的供电、照明、通风、消防、排水、火灾报警及智能监控和报警系统，为地下管线空间创建良好的运行、维护环境。其中，主干线江东南路综合管廊采用一体化设计，集道路、景观、有轨电车、地铁、地下人行过街通道等立体空间综合利用于一体，大幅提升了道路通行率。武汉CBD的综合管廊于2007年着手规划建设，管廊总长6.1公里，全程采用智能系统进行控制管理。综合管廊的综合仓内安装了视频监控、气体检测、火情监控、自动灭火等多种智能化设备，工作人员可对地下的空气环境，电缆的输电量、负荷量乃至缆线表层的温度进行实时监测。郑东新区CBD的龙湖金融岛综合管廊总长4842米，主要收容电力、通信、给水、区域集中供冷供热管五种管线，并保留了部分增容空间；支线综合管廊呈放射状布置，全长1.5公里，与进入各地块的连接车道一体化构建。整个工程实施统一规划、设计、施工和维护，避免了铺设、维修地下管线对交通和出行的干扰。

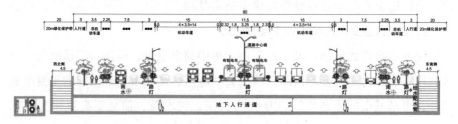

图1 南京河西CBD综合管廊断面布置

（二）智慧管理应用成效显著

智慧 CBD 是运用新一代信息技术，收集、感知、挖掘、分析、整合 CBD 日常运行管理中的各项信息，对包括经济活动、企业服务、社会民生、公共安全和环境保护等各项需求及时并精准地做出智能响应，从而实现 CBD 智慧、高效和可持续发展。当前我国 CBD 的智慧应用体系主要围绕以下五类展开，即智慧交通、智慧管理、智慧楼宇、智慧商圈和智慧社区。

1. 智慧交通：绿色、高效、畅通

高度集约是 CBD 的重要特征，通常在几平方公里范围内聚集了大量企业和人口，安全畅通、节能高效的交通系统是 CBD 正常运行的重要保障。总体来看，我国 CBD 的智慧交通建设主要集中在以下两方面。

一是综合应用卫星定位、移动通信技术和控制系统对交通综合信息进行全方位处理，对交通系统和组织进行改进优化，为公众提供交通出行信息服务，提升交通运行效率。截至 2016 年，我国各 CBD 基本建成了高覆盖率的道路诱导系统及智能停车诱导系统。最具代表性的是北京 CBD、上海虹桥 CBD 和重庆解放碑 CBD。北京 CBD 在国内率先建立了停车诱导系统，目前涵盖区域楼宇 38 家，以自动传输和楼宇停车场管理方自行发布两种数据采集方式，向外界传输停车数据，有效提升了停车场地利用效率和交通运行效率。上海虹桥枢纽是目前国内规模最大、功能最全的综合交通枢纽，集民用航空、高速公路、城际铁路、长途客运、地铁、地面公交和出租车等多种交通方式于一体。虹桥枢纽采用现代信息技术，全面推进静态道路诱导系统、动态道路诱导系统及智能停车诱导系统建设，同时通过建立枢纽联动机制和应急处理机制，创新推出远程值机、"空铁通"等举措，保障了虹桥交通枢纽的安全、高效运营，2016 年虹桥枢纽全年总客流达到 3.5 亿人次。重庆解放碑 CBD 面积仅有 0.92 平方公里，而建设总规模高达 800 万平方米，区域内聚集了 700 多家外资企业，年旅游人数超过 3000 万人，受两江及地形高差的限制，区域内的道路网络长期处于高负荷运行状态。为缓解交通出行压力，重庆解放碑 CBD 联合渝中区建成了"一个平台、五个系统"的智能

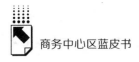
交通控制体系（见图2），一个平台即中心智能交通集成管控平台，五个系统即交通行为检测记录系统、城市停车诱导系统、交通信号控制系统、移动交通路况查询系统和交通信息发布系统。智能交通控制系统的建设和运行大幅提升了重庆解放碑CBD的交通运行效率，有效改善了区域交通环境。

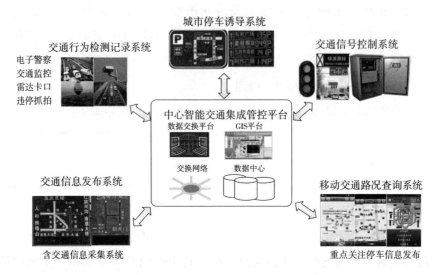

图2 重庆解放碑 CBD 智能交通控制体系

二是推广低排放、低能耗的绿色交通系统，充分利用轨道交通、地面公交、新能源汽车、共享单车等交通工具，按出行距离合理分工，构建适宜白领人群、有序衔接的绿色交通出行系统，从而有效减缓 CBD 日益严重的交通拥堵及交通污染问题。上海虹桥 CBD 创新性地推出共享交通，在区域内布局推广无人值守的新能源汽车和单车等分时租赁模式。2016 年，区域内新能源汽车分时租赁点共计提供车位数 84 个，保障运营新能源汽车 40 辆。同时，通过摩拜单车、OfO 等各式共享单车的普及进一步优化了商务区的出行方式。郑东新区 CBD 以绿色、节能、环保为理念，统筹布设地铁交通体系、轻轨交通体系、公共交通体系、水上交通体系、汽车交通体系、PRT（Personal Rapid Transit）个人快速交通体系、慢行交通系统等七维立体交通体系，实现了区域内各楼宇之间的便捷通达、无缝衔接。北京 CBD、重庆解放碑 CBD 等通过投放公共自行车、开设商务班车、微公交等形式实现停车场站和办公楼宇间的无缝连接，解决白领上下班最后一公里问题。

2.智慧管理：高效、透明、精准

智慧城市以物联网、云计算等新兴技术为基础，以多网融合为依托，为优化城市运行机制、提升城市管理效能和品质提供了技术手段。当前，我国 CBD 以建设高效、透明、服务型政府为目标，借助新一代信息技术，大力推进智慧政务、智慧管理和智慧安全等建设，明显提升了政府管理决策的精准性和实效性。

在智慧政务方面，CBD 注重整合各类信息资源和行政资源系统，通过建设公共信息服务平台、企业信息化服务平台、企业运营服务平台等方式，为企业和居民提供开放、协同、互动的交流平台。以上海虹桥 CBD 为例，上海虹桥 CBD 总面积达 86.6 平方公里，涉及闵行、长宁、青浦、嘉定四个行政区域，通过推进电子政务建设实现了四区政务的信息共享和业务协同。即以四区地理空间、人口、法人等基础信息库为依托，推进商务区内招商、土地、建设等各领域政务数据资源共享与更新，实现了商务区四个区跨部门数据资源的协同共享。同时，上海虹桥 CBD 还明确了虹桥管委会与四区政务数据资源共享相关技术规范和管理标准，建立质量控制、数据交换、开放共享等监督评估机制，形成可操作、可执行的任务清单和实施方案，较好地实现了四个行政区在商务区内交通、会展、商务、民生等领域的业务管理、统筹推进和协同决策。

在智慧管理方面，CBD 通过整合现有的信息化基础资源，综合运用物联网、云计算等技术手段，建立全面感知、智能分析、信息共享、协同作业的城市综合管理平台。如钱江新城 CBD 按照"平台联建""证据联用"的原则，整合公安监控资源，建立了钱江新城智慧管理系统平台，实现了三维地图监控、网格作业调度、违停自动抓拍、在建工地监管、双向派单五大系统，为综合管理提供了极大的便利。武汉 CBD 投入 1.8 亿元建成城市视频监控系统，建设完善网格管理中心、联合调解中心和综治维稳中心；建立了人力资源信息服务平台，在全市率先配备 30 台社区就业自助服务终端机，

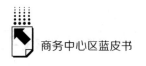

为企业和居民提供优质的人力资源服务。

在智慧安全方面，CBD 充分利用物联网、多媒体技术，通过建立区域立体防控体系，实现公共安全管理的统一调度、报警处置、监控联动和资源共享。如北京 CBD 按照国家安全保障的标准规范及应急体系技术要求，建设了 CBD 综合指挥中心，该中心对 CBD 区域日常运行和各种安全防控信号进行汇集、分析与监控，为各部门科学决策提供及时准确的数据信息，提升了 CBD 预防和处理各种突发事件的应急反应能力。其中，核心区建立了深基坑安全监测数据平台，启动塔吊安全监测系统和 3D 可视化项目，开展现场物业化管理，施工现场安全管理得到加强。上海虹桥 CBD 建立了虹桥枢纽应急响应中心（简称 ERC），主要承担虹桥枢纽应急工作的常态管理、应急值守、综合协调和指挥平台等职责，实现对整个区域重特大突发事件的协调联动与应急。应急过程中，技术上依托虹桥综合交通枢纽运行管理中心进行协调组织，同时枢纽地区安装了约 100 台指路机，主要位于机场、火车站等区域，出行者可以查询民航、高铁以及市内交通的相关信息。

专栏 1　北京 CBD 智慧应用体系
——1 个指挥中心、14 个智能管理系统、5 大智慧服务

北京智慧 CBD 围绕"统筹推进首都服务业开放综合承载区、国家文化融合创新示范区和国际商务交往核心引领区"三区建设，以信息技术深度应用和广泛普及为核心纽带，积极推进 1 个指挥中心、14 个智能管理系统、5 大智慧服务的智慧 CBD 建设，为区域内高端楼宇提供多元化智能管理服务，正在建设成科技尖端、功能复合、服务智能的世界一流智慧商务区。

建设 1 个指挥中心。按照国家安全保障的标准规范及应急体系技术要求，建设 CBD 综合指挥中心，内容包括 CBD 综合指挥中心办公场地、基础支撑系统、基础软件系统、多媒体系统、信息安全系统等。加强 CBD 综合指挥中心对 CBD 区域日常运行和各种安全防控信号的汇集、分析与监控，为领导部门科学决策提供及时准确的数据信息，为各部门开展协调工作提供基础工作平台和场所，不断提高 CBD 预防和处理各种突发事件的应急反应

能力。

整合 14 个智能管理系统。加强 CBD 核心区非常规信息源建设和系统集成平台管理，整合包括视频监控系统、多媒体信息发布系统、景观照明集中管控系统、地下空间停车诱导系统、环境监测系统、能耗运行监测系统、电梯运行监测系统、消防信号集中监测系统、消防广播集中管理系统、人群计数与密度分析系统、安全部件有效性监管系统、公共空间危险品探测系统、数字化应急预案以及 CBD 临时指挥中心 14 个子系统。作为汇聚多种信息源日常统一管理的入口，实现统一界面风格、统一用户权限、统一电子地图等功能。

实现 5 大智慧服务。按照重点突破、逐步推进的原则，在 CBD 核心区的公共安全领域、城市运行领域、政府管理和服务领域、企业运营领域、公众工作和生活管理服务领域，有步骤、分期分类地实现全面智慧服务。

3. 智慧楼宇：低碳、安全、智能

CBD 是现代服务业高度集聚的区域，具有大型超高层建筑物云集、地下空间巨大、各类跨国公司总部和金融机构高度聚集等显著特点，这些特殊性对楼宇的能源安全、信息安全、网络通信系统有着更高的标准和要求。智慧楼宇以建筑信息模型、物联网、网络技术为核心手段[①]，通过技术创新和管理创新，为 CBD 提供了安全、绿色、低碳、智能的办公环境。当前，我国 CBD 的智慧楼宇建设主要集中在以下三个领域。

一是建筑楼宇 BIM 系统建设。建筑信息管理（Building Information Management）或建筑信息模型（Building Information Modeling）是以建筑工程项目的各项相关信息数据作为基础，通过数字信息仿真实现项目建设的所有参与方在多维的建筑模型中操作数据和信息，从而提高建筑工程效率、降低成本、减少风险。目前，BIM 已用于建筑楼宇从设计、建造、运行到维护

[①] 王要武、吴宇迪：《智慧建设理论与关键技术问题研究》，《科技进步与对策》2012 年第 18 期，第 13 ~ 16 页。

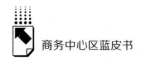
和管理的全生命周期过程。如北京 CBD 的中国尊大厦是国内首个采用全生命周期深入应用 BIM 技术的项目。由于中国尊大厦造型独特、结构复杂、系统繁多，专业间协调要求高，因此，项目所有专业全部采用 BIM 技术开展深化设计，实现了工程的全关联单位共构、全专业协同、全过程模拟、全生命期应用。广州珠江新城 CBD 的周大福金融中心通过 MagiCAD、GBIMS 施工管理系统等 BIM 产品的应用实现了技术创新和管理提升。上海虹桥 CBD 出台了《上海虹桥商务区智慧城区（地块与建筑）建设导则》，全面推动 BIM 系统在商务区建筑规划、设计及建设阶段的应用。2016 年，上海虹桥 CBD 有 13 个项目采用了 BIM 技术，在绿色科技与智能建筑的融合方面走在全国前列。

二是区域楼宇智能化系统建设。楼宇的智能化系统建设包括楼宇设备监控系统、安全防范系统、综合布线系统、车辆进出口管理系统等智能化体系。上海虹桥 CBD 根据商务区内不同地块的业态，推动开发商投资建设会员营销系统、商家智能服务中心等商贸信息化应用，提高商务区内各类公司管理信息化水平，目前，上海虹桥 CBD 核心区新建住宅小区、商务楼宇智能化覆盖率达到 100%。北京 CBD 采用智能化技术，推动区域内楼宇节能改造，通过企业直接投资、合同能源管理、LEED - EB 认证等方式，推进绿色 CBD 建设，CBD 中心区绿色建筑项目达到 9 个，获得 LEED 认证面积达 139 万平方米，分别占北京市 LEED 认证项目数量和体量的 20% 和 32%，是北京市绿色建筑最集中的区域。天津河西 CBD 充分发挥互联网与现代信息技术在楼宇资源配置中的优化与集成作用，推动分区域楼宇资源共建共享，重点推进楼宇智能停车、供电系统公共管理、楼宇员工就餐等共享服务平台建设。同时，开发了天津河西 CBD "智慧楼宇" 平台，即整合市场监管局、国税局、地税局、统计局、街道、物管单位等各方的数据信息，完善楼宇经济数据采集、统计分析、汇总工作，动态、全面反映楼宇经济运行情况。

三是楼宇低碳能耗监测系统建设。随着资源和环境危机的加剧，我国 CBD 注重在规划期、建设期、运营期的全过程实施低碳绿色的发展路径，坚持全生命周期的低碳管理，通过可再生能源利用、合同能源管理、建筑节能改造、建立低碳能耗监测平台等途径，实现建筑能耗的集中监测管理。众多 CBD 建设了低碳数据采集、传输、综合分析的应用管理平台，分项采集能耗数据，建设环境监测系统，实时监测重大危险源、污染源等异常变化。上海虹桥 CBD 是目前上海市最大的"三联供"区域集中供能实践区，该区域集中供能系统以天然气为一次能源、分布式功能为核心技术，能够满足商务区核心区内近 345 万平方米建筑的冷热电供应需求，每年为整个核心区节省近 3 万吨标准煤，减排 CO_2 超过 8 万吨，集中供能使核心区能源综合利用率达到 80% 以上。虹桥商务区还建成了覆盖全区域的集数据采集、传输、汇总、综合利用和形象展示于一体的低碳能效管理平台（见表 2），不仅使区域能源信息可报告、可监测、可核查、可评估，还可以为不同用户诊断评估、计量收费、用能方案优化等提供个性化节能服务。

表 2　上海虹桥 CBD 低碳能效综合管理平台

子系统	功能范围
建筑能耗监测管理系统	对楼宇建筑能耗数据进行实时采集、传输、处理与质量校验、存储等管理
低碳环境监测管理系统	对商务区内建立的空气质量、噪声状况、汽车尾气监测站的实时环境信息进行采集，对交通、气象、碳排放、其他信息的采集共享分析
智能电网监测管理系统	对供电、配电、充电桩信息进行接入，实时掌握各用电设备的运行情况，并对楼宇子系统与楼宇楼控系统的信息进行交互，实现用电负荷智能调度
低碳能效综合服务系统	包括智能分析、本地能效管理、节能管理、运行保障管理、能效信息公共服务等子系统，对各类分项能耗进行整合汇总，对比分析、应用管理

4. 智慧商圈：便捷、活力、精准

智慧商圈主要通过互联网及数据分析技术，实现商圈内各类资源与用户之间的信息对称，为线下实体商家提供集约化、低成本、高效率的电子商务服务和交易平台，为消费者提供网上购物与店面体验相融合的消费新体验，从而精准引导商业消费，减少商圈企业营销成本，提高用户的消费体验。CBD 既是商务活动密集的区域，也是商业最为繁华的核心地段，普遍重视智慧商圈的建设，且结合各自特点探索出不同的智慧商圈模式。例如，上海虹桥 CBD 着力创新一站式休闲娱乐服务体验；重庆解放碑 CBD 提出智慧商圈服务 2.0 理念，推动传统商圈的 1.0 被动服务模式向智慧服务模式转变；

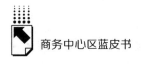
杭州武林 CBD 注重 O2O（Online To Offline，即线上线下电子商务）商圈平台的搭建和商圈的精准营销。

重庆解放碑 CBD 是重庆最具影响力的商圈，0.92 平方公里的面积创造了渝中区 4/5 的社会消费品零售总额和重庆市 1/12 的社会消费品零售总额。近年来，重庆解放碑 CBD 基于智慧商圈服务 2.0 理念，构建了集智慧商业、智慧公共服务、智慧物流、商圈金融于一体的智慧云商圈平台，推动传统商圈的 1.0 被动服务模式向主动服务、智能服务、立体服务和个性化服务的智慧服务模式转变，实现对重庆解放碑 CBD 的整体营销和精准营销。商圈金融则是重庆解放碑 CBD 最具创新性的做法，即通过与互联网科技公司和金融机构合作，收集商圈内的商家信息流、资金流和物流等信息，为商圈商户和消费者提供了最优的商圈体验。

杭州武林 CBD 通过全区 WIFI 网络建设、商圈大数据分析、O2O 线上线下整合商圈等途径着力推进传统商圈向大数据运营商圈的转型。一是在杭州武林 CBD 范围内的公共场馆、露天场所、楼宇、商户中搭建 WIFI 服务器，让商圈用户享受免费 WIFI 服务；二是抓取商圈商业、消费数据，存储运营商圈大数据，通过云平台引擎对用户数据进行分析，为招商运营提供决策依据；三是搭建自有 O2O 商业平台，线上线下整合商业，实现商圈内的精准营销，提高用户转化率，最终实现传统商圈向大数据运营商圈的转型。杭州武林 CBD 智慧商圈运作流程见图 3。

专栏 2　上海虹桥 CBD 智慧商圈
——创新一站式休闲娱乐服务体验

商圈 O2O 服务体验。 鼓励商务区内商圈创新电子商务发展模式，推动传统商贸服务业、实体企业与电商企业的融合发展，优化消费者线上线下（O2O）互动电商体验，激发商务区信息消费新业态。通过多元化的导购平台提供丰富多样的商品和服务类目，采用线上购买线下体验的方式满足消费者及时、高频、多样的购买需求和定制服务。

商圈互动服务平台。 整合虹桥商务区商圈各类服务资源，推动建设商圈

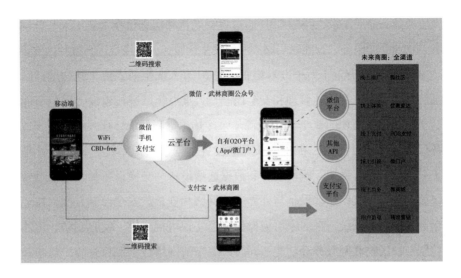

图3　杭州武林 CBD 智慧商圈运作流程

信息综合服务平台，打通商业与餐饮、休闲、娱乐等消费信息渠道，实现多方交叉共享客流。平台为消费者提供购物引导、路线引导、停车位查询等多元信息服务。

商圈大数据服务应用。整合商圈内商家、消费者、金融机构、运营商等各方资源，建立基于大数据分析的商圈消费金融平台，加强对用户消费数据等信息资源的分析挖掘，为优化消费者体验、商家引流提供数据服务，推动商圈传统商业模式向基于大数据的互动营销、精准营销、精众营销转型。同时，建立大数据分析预警平台，加强商业集聚区客流量信息采集、分析和决策能力，强化对毗邻交通枢纽、会展中心等重点商圈的运行管理和突发事件应急反应能力，提高商圈管理精细化水平。

5. 智慧社区：安全、便民、智能

智慧社区是整合应用信息和网格技术的统一应用平台和通道，构筑社区信息交流与服务、社区安全防范监控、智能社区信息虚拟现实于一体，实现社区信息资源的共享和利用，为政府的政务管理、民生服务提供信息化手段，从而提高社区的管理水平和服务质量。为了满足高端商务和外籍人士对社区环

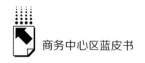

境及服务的高品质需求，我国CBD通过将智能化和信息化技术应用于基础网络服务、物业管理服务、智能家居服务和便民生活服务，积极推进智慧社区建设。

武汉CBD拥有近千万平方米物业，近20万人次生活人流，其智慧社区主要围绕绿色节能、智能化管理和安全控制三大重点领域进行建设。绿色节能方面，小区总建筑面积的60%采用地源热泵冷热源空调系统，社区幼儿园步道采用环保透水砖铺设地面，在园林景观中设置了雨水收集系统。智能化管理方面，采用综合布线系统，既使话音和数据通信设备、交换设备和其他信息管理系统彼此相连，又使这些设备与外界通信网络相连接。安全控制方面，住宅部分全部采用对讲系统，在居家可视操作屏上实现可视对讲、家庭安防、智能家居控制、社区物联网服务等功能；同时采用高清网络数字监控系统，与各种监控设备无缝连接，实现跨区域统一监控和管理。

上海虹桥CBD将涉及社区居民公共服务的事项纳入智慧社区公共服务平台，实现惠民信息服务集成化、平台化，开展查询、咨询、诉求、关爱等自助服务功能，为社区居民提供便捷、惠民、高效的医疗健康及交通出行、社区商家促销、气象服务、文化娱乐、公用事业等信息服务。同时，以IPTV、智能家居为重点，在有条件的小区开展智慧小区试点示范建设，为小区家庭提供文化娱乐、智能家居等现代化服务。

（三）互联网＋产业融合创新发展

随着智慧城市的建设与发展，以创新创意、"互联网＋"、高新技术等为主导的创新型智慧产业在我国城市经济中的比重快速上升。智慧产业的兴起在很大程度上抵消了传统产业的边际效益递减，并以智慧管理的精准性重塑产业的新秩序[1]，智慧产业已经成为我国经济转型升级、供给侧改革的关键抓手。作为创新最为活跃的区域，我国各CBD高度重视培育创新型智慧产业[2]，

---

[1] 牛文元：《以创新、绿色推进智慧城市建设》，http://www.smartcities.com.cn。

[2] 广义的智慧产业所包含的门类非常宽广，本报告重点分析CBD传统的商务、金融和文化等产业与物联网、云计算、大数据、泛在网络等智慧技术融合发展的新型业态，包括移动互联网、电子商务、科技金融、数字新媒体、创意消费等。

着力推动 CBD 传统的商务、金融和文化等产业与物联网、云计算、大数据、泛在网络等智慧技术融合发展，催生了包括移动互联网、跨境电子商务、科技金融、汽车金融、数字新媒体、创意消费等多种新型业态（见表3）。

表3　中国 CBD 产业融合创新发展情况

"互联网＋"传统产业	创新业态	代表性 CBD
"互联网＋"商务服务融合发展	跨境电子商务、跨境直购体验、保税国际商品展销	• 郑东新区 CBD：依托国家电子商务示范基地，建设中原云大数据中心 • 杭州武林 CBD：依托中国（杭州）跨境贸易电子商务产业园，建设"跨贸小镇" • 广州天河 CBD：引进广州首家跨境直购体验店 • 重庆解放碑 CBD：与两路寸滩保税港区共建"爱购保税"平台，积极发展跨境电子商务、保税商品展示交易、跨境结算 • 上海虹桥 CBD：吸引新兴电子商务业态企业、信息服务行业龙头企业在商务区内落地 • 银川阅海湾 CBD：依托"宁夏保税国际商品展销中心（全球汇）"，打造跨境贸易电子商务平台 • 天津滨海新区 CBD：与电商合作整合国际物流仓储的第四方物流企业、口岸业务运营企业、线上贸易企业和线下资产运营主体，成立跨境电商综合服务平台
"互联网＋"金融业融合发展	互联网支付、科技金融、离岸金融、融资租赁、商业保理、供应链金融、汽车金融以、区块链金融	• 陆家嘴 CBD：建立互联网新兴金融产业园暨创新孵化基地，形成航运金融市场体系 • 上海虹桥 CBD：积极培育航空融资租赁和经营性租赁及其带动的法律咨询、金融保险、维修培训等专业服务 • 南京河西 CBD：依托江苏金融改革创新试点区、南京市互联网金融示范区，积极发展股权基金、融资租赁、金融租赁、商业保理等 • 广州天河 CBD：引进汽车金融、私募基金、融资租赁等新兴金融机构 • 天津滨海新区 CBD：建立自贸区互联网金融双创基地，积极培育金融产业创新型产学研结合的市场发展模式 • 珠海十字门 CBD：依托自贸区政策，积极开展离岸金融项目、金融后台和粤港澳跨境金融合作 • 深圳前海 CBD：依托自贸区政策，创立全国首家互联网银行——前海微众银行 • 沈阳金融商贸 CBD：依托国家优化金融生态综合试验区，开展跨境融资宏观审慎管理试点，建设国家自主可控的金融信息安全云服务 SAAS 系统

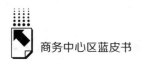
续表

"互联网+"传统产业	创新业态	代表性CBD
"互联网+"文化产业融合发展	网络媒体、互联网广告、数字出版、数字电视、数字电影、创意设计	• 北京CBD:依托国家文化产业创新实验区,积极探索文化与互联网、科技、金融等相关领域的深度融合发展 • 宁波南部CBD:建立数据互联网广告基地和广告设计创意基地,搭建可视性公共服务平台、技术性公共服务平台等共享性产业服务平台,以促进传统广告行业的转型升级
"互联网+"研发制造融合发展	移动互联、信息化集成应用、3D互联网平台、北斗导航与位置服务	• 上海虹桥CBD:聚焦北斗导航智慧产业,在西虹桥地区打造北斗导航与位置服务产业集群,并在商务区内推广北斗技术示范应用 • 武汉CBD:依托华中互联网产业基地,重点聚焦3D互联网产业、智能技术研发及应用产业,筹建"武汉国际智能硬件创新中心",搭建智能硬件的研发、孵化和展示平台 • 天津河西CBD:引进建立智能制造技术研发中心,在3D打印、智能机器人、精密制造、无人驾驶汽车等领域加强了智能制造的技术研发和应用推广

资料来源:根据中国商务区联盟提供的数据资料整理,部分CBD由于资料缺乏未纳入分析。

1. 互联网与商务服务融合发展——跨境电商

互联网和物联网技术的快速发展改变了传统贸易形式,随着跨境电子商务的发展优势和技术条件的成熟,全球市场跨境电子商务需求空间巨大,跨境电子商务已经成为国际贸易新方式和新手段。目前,众多CBD依托国家级、省级和市级层面的电子商务示范基地建设,积极培育跨境电子商务、跨境直购体验店、保税国际商品展销等业态。郑东新区CBD作为国家电子商务示范基地,目前累计入驻百亿级电商平台——喜买网、乐视购、中钢网等电商企业105家,年交易额突破500亿元,并建成了投资50亿元的中原云大数据中心。杭州武林CBD依托中国(杭州)跨境贸易电子商务产业园,着力打造集大数据通关服务平台、外贸综合孵化创业平台、一站式公共通关服务平台于一体的"跨贸小镇"生态圈。广州天河CBD引进了广州首家跨境直购体验店,即将保税区仓库前置到天河商圈,采取"商品整批入区、B2C缴交行邮税出区"的方式,大大降低了进口货品的价格,在跨境电商试点方面做出了创新和尝试。

2.互联网与金融业融合发展——互联网金融

金融业历来是 CBD 的主导产业，互联网金融指的是传统金融机构和互联网企业利用互联网技术和信息通信技术实现资金融通、支付、投资及信息中介服务的新型金融业务模式。我国 CBD 围绕互联网金融创新发展，积极培育互联网支付、网络借贷、股权众筹融资、供应链金融、汽车金融以及区块链金融等创新业态。如广州天河 CBD 引进了广汽汇理汽车金融公司、众诚汽车保险公司等汽车金融机构，新浪、搜狐等新兴互联网金融机构，中科招商等私募机构，广州科技风险投资、越秀房投基金等风投创投机构，以及三井住友融资租赁（中国）有限公司等一批融资担保机构；沈阳金融商贸开发区依托国家优化金融生态综合试验区的政策优势，自主开展了跨境融资宏观审慎管理试点、商业银行综合性经营试点、投贷联动试点、支持设立小微证券公司等创新性做法。

3.互联网与文化产业融合发展——文化创意

当前，文化产业与科技、金融、信息技术的融合已成为重要发展趋势，科技和金融助力的新兴文化业态成为推动文化产业升级的重要途径，也是当前国家政策支持的重点领域。北京 CBD 依托国家文化产业创新实验区，积极探索文化与互联网、科技、金融等相关领域的深度融合发展，不断推动文化产品和服务的生产、传播、消费的数字化及网络化进程，重点培育了网络媒体、户外媒体、数字出版、数字电视、数字电影、创意设计等新型业态。宁波南部 CBD 利用大数据分析、新媒体科技、数据云平台等领先技术，建立了数据互联网广告基地和广告设计创意基地，目前已成功引进新浪微课堂、奇妙科技、新浪宁波、百度、凤凰网等新媒体企业，并搭建了可视性公共服务平台、技术性公共服务平台等共享性产业服务平台，以促进传统广告行业的转型升级。

4.互联网与研发制造的融合发展——智能制造

随着《中国制造 2025》的出台，新一代信息技术与研发、制造的融合发展趋势日益明显，我国 CBD 也越来越多地进入智能制造的研发和应用推广领域。通过提升优化各类服务平台，促进业务和管理流程的创新，相继建设了一批移动互联、信息化集成应用、数字化产品创新、信息安全和智能制造研发等创新型产业基地。例如，天津河西 CBD 引进了南京理工大学北方研究院，建立了智能制造技术研发中心，加强了 3D 打印、智能机器人、精密制造、无人驾驶汽车等领域的智能制造技术的研发和应用推广。武汉 CBD 依托华中互联网产业基地，重点聚焦 3D 互联网产业和智能技术研发及应用产业，积极引进软件设计、信息服务、集成电路、大数据、云计算、网络安全等互联网领域产品研发、生产、经营和技术服务的相关企业。同时，积极筹建"武汉国际智能硬件创新中心"，搭建智能硬件的研发、孵化和展示平台，打造智能硬件生态系统。上海虹桥 CBD 的西虹桥片区聚焦发展北斗导航智慧产业，积极打造北斗导航与位置服务产业集群，并在商务区内广泛开展北斗导航产品、技术和服务的推广与应用。目前，北斗产业园已引进 17 家北斗导航龙头企业和机构代表正式入驻，注册企业 60 多家，2016 年上半年北斗导航产业产值达 3.2 亿元。

（四）创新平台和创新模式不断丰富

随着创新驱动战略的深入实施，"大众创业、万众创新"逐渐成为中国新常态下经济发展的引擎之一，我国 CBD 掀起了企业孵化和创业、创客的热潮。同时 CBD 在管理服务、楼宇经济等方面进行了大量创新与探索，建立了多种模式的创新平台，为培育新的经济增长点、提升企业创新能力创造了良好的环境。

1. 管理服务模式创新

为了满足外资企业、外籍人士以及本地居民的多元化、多层次的公共服务需求，CBD 不断创新个性化服务管理模式，促进各业务深度智能应用和跨部门业务协同，进而实现"智慧民生"由服务内部效率向提升公共服务、创新社会治理、激发市场活力转变。在管理模式创新方面，钱江新城成立了新城社会综合管理服务中心，负责新城核心区的城市综合管理、综合服务、应急保障工作。中心常驻城管执法、城管监管、公安、交警、市场监管五个职能部门，实行合署办公，部门重心下移，由中心统一指挥、统筹协调、监督考核。广州天河 CBD 率先实行了"四证合一、一照一码"商事登记改革试点，大力推进工商注册制度便利化、简政放权、释放市场潜力，促进"大众创业、万众创新"的改革政策落地。目前内资企业设立手续已经简化到只需要一次提交"一照一码"申请材料，即可在 24 小时内领到加载统一社会信用代码的营业执照和刻章许可证。同时，天河 CBD 与香港品质保证局等国际专业机构合作制定 CBD 管理服务标准，创新应用国际标准，推进物管服务国际化。

2. 楼宇经济模式创新

商务楼宇是 CBD 经济发展的重要载体，随着信息化水平和国际化水平的不断提升，我国 CBD 在楼宇服务形式、服务内容和服务标准等方面不断创新，为区域内企业提供了良好的楼宇服务环境。

在楼宇服务形式创新方面，上海虹桥 CBD 按照项目首接责任制和楼宇专员制度，做好企业入驻、注册等方面的全过程服务。将政府的政策宣传、公共服务和其他外衍服务"送货上门"。大连人民路 CBD、杭州武林 CBD 和天津河西 CBD 则建立了街域的楼宇经济服务中心，通过派出"管家"的方式为楼宇企业上门服务，服务内容涵盖信息统计、招商引资、政策宣传、协税护税等。

在楼宇服务内容创新方面，当前各 CBD 所形成的楼宇社区服务有楼宇党建活动服务、楼宇员工文娱联谊服务以及楼宇社区文化建设服务；所形成的楼宇商务服务主要包括搭建楼宇社区同行企业政策学习平台、搭建楼宇企业招商平台以及搭建商务和法律咨询平台，同时也为楼宇企业提供员工文娱服务。天津河西 CBD 创立了楼宇社区党委、综合服务中心、代表议事会、企业联合会、志愿者联盟"五位一体"的楼宇服务平台，众多 CBD 还建立了楼宇经济信息平台，便于政府机构、物业公司、楼宇企业等不同主体及时获取和处理企业经济、企业政务、物业管理以及楼宇租售等信息。

在楼宇服务标准创新方面，随着楼宇品牌意识的加强，CBD 管理机构对标国际标准，联合行业协会、物业公司等其他主体共同制定楼宇服务规范标准。广州天河 CBD 联合香港品质保证局开展了楼宇经济可持续发展指数评定，

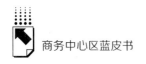

评定指标涉及温室气体排放、废物回收、管理服务，以及楼宇的税收表现、就业指标等，通过指标的制定和评比，有效提升了楼宇服务的国际化水平。

3. 创新空间和孵化器

在国家"大众创业、万众创新"政策的推动下，我国各地 CBD 的众创载体大致形成了孵化器、联合办公空间以及综合型创新空间三种类型，创新领域则涵盖电子商务、新兴金融、文化创意、智能硬件、社区配套等方面（见表4）。其中，最具代表性的是南京河西 CBD 的"基金＋创业空间＋创业辅导＋金融服务"模式。通过设立建邺科技创新创业金融服务中心，河西 CBD 先后打造了创意实现的"米立方开放创意实验室"、创业分享和产品优化的"奇思汇"、"C＋＋青创空间"、"南京河西中央商务区科技企业孵化器" 4 个服务于不同创业人才群体的特色众创空间。大连人民路 CBD 采用"一体两翼"项目孵化模式建立了创新型科技孵化器 369 云工厂，即以 369 云平台技术为核心，以 369 云基金创投基金服务和 369 云工厂实体园区服务为两翼，构建基于云平台的海量投资生态系统。目前 369 云工厂全球 1 号店已有涉及货运、旅游、智能制造、金融、视频技术等多个领域的 35 家企业入驻，并有 4 家已成功得到融资。

表 4　中国 CBD 代表性众创载体及主要创新领域

CBD	代表性众创载体	载体类型	主要创新领域
上海虹桥 CBD	西虹桥北斗产业园孵化区	孵化器	"互联网＋"智能硬件
北京 CBD	国家文化产业创新实验区、国家广告产业园、CBD 传媒产业孵化器	创新实验区、创新产业园、孵化器等	文化、广告、传媒等
南京河西 CBD	南京河西 CBD"C＋＋青创空间"	综合	"互联网＋"智能硬件
南宁金湖 CBD	YOJU 众创空间	联合办公＋众创平台	"互联网＋"社区配套项目
大连人民路 CBD	大连中信海港城 369 云工厂	孵化器	"互联网＋"项目
天津河西 CBD	小白楼凯德国贸优选工作室、南京理工大学北方研究院	联合办公＋众创平台创新研发中心	智能制造研发、智慧应用、智慧交通等

CBD	代表性众创载体	载体类型	主要创新领域
宁波南部 CBD	明创大楼创意咖啡吧	联合办公 + 众创平台	文化传媒
广州天河 CBD	广州富力盈凯广场酷窝	联合办公 + 众创平台	综合
杭州钱江新城 CBD	钱江新城近江时代大厦幼发拉底孵化中心	孵化器	"互联网 +"智能硬件
杭州武林 CBD	跨贸小镇的跨境电商众创空间	联合办公 + 众创平台	电子商务
深圳福田 CBD	兆邦基金融大厦 INNO Park	孵化器	"互联网 +"智能硬件
西安长安路 CBD	万科 VV 办公优客工场	联合办公 + 众创平台	综合
郑东新区 CBD	河南大学留学生创新创业园	孵化器	综合
银川阅海湾 CBD	金融大厦"8 + X"创业空间	孵化器	电子商务
长沙芙蓉 CBD	"K +"影像创客空间	孵化器	文化传媒
武汉 CBD	泛海国际 SOHO 城	综合	综合
沈阳金融商贸 CBD	金开华府天地购物中心华府青创空间	综合	综合
珠海十字门 CBD	横琴新区环岛东路青年创业谷(临近 CBD)	孵化器	"互联网 +"项目
重庆解放碑 CBD	日月光广场圈层咖啡众创空间	联合办公 + 众创平台	综合
上海静安 CBD	东海广场上海创客中心	综合	"互联网 +"智能硬件
天津滨海新区 CBD	塘沽街道经济发展服务中心	孵化器	"互联网 +"智能硬件

资料来源：根据中国商务区联盟提供的数据资料整理，部分 CBD 由于缺乏资料未纳入分析。

二 当前面临的问题与挑战

总体来看，中国 CBD 建设经历了 30 多年的快速发展甚至超常规发展，在创新智慧发展方面取得了显著成就，但日新月异的技术革命和经济新常态也给 CBD 的发展带来了全新挑战。受制于现行的体制机制、政策条件和建设水平，CBD 的创新智慧发展仍面临较多障碍与问题，主要体现在以下几个方面。

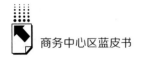

（一）智慧建设缺乏顶层设计

智慧 CBD 建设涉及众多领域、众多专业、众多部门，需要进行全局性的总体规划和系统性的协同建设。但目前我国 CBD 普遍采取属地管理和部门管理相结合的方式，CBD 区域的建设开发和日常管理等一般由专门成立的商务区管委会负责，而 CBD 的交通、电力、能源、通信、水务等由于是城市系统的子系统，其技术、标准、日常运营等主要由上级城市主管部门直接管理。CBD 主管部门及各业务主管部门通常从各自领域的发展需要出发，分别进行相应地块或相应业务的智慧化建设，各部门之间缺乏沟通协同，各自为政，造成了重复建设、资源浪费、信息孤岛、业务无法衔接协同等一系列问题。

（二）信息孤岛现象严重

在智慧城市和智慧 CBD 建设中，"信息孤岛"现象一直被广为诟病，孤岛现象不止于大数据的共享共用不足，政策孤岛、资源孤岛、功能孤岛、平台孤岛等多种现象同时存在，这违背了智慧城市建设的本源与初衷。在技术层面，智慧 CBD 建设覆盖诸多领域，由于缺乏统一的行业标准、建设标准和评估标准，导致不同应用系统之间没有统一的技术和数据标准，数据不能自动传递和共享，导致大量智慧应用系统无法互联互通和协调共享，从而形成一个个彼此隔离的信息孤岛、平台孤岛[①]。在管理层面，虽然各部门在长期的信息化应用中积累了海量数据，但因应用系统由各部门独自建立，行政分割、管理分治，在管理机制上难以实现数据的协同与共享。对于 CBD 而言，这一问题尤为突出，受制于现行管理体制，我国 CBD 普遍存在着管理机构法律地位不明确、行政执法地位尴尬、行政权限不足、条块管理矛盾多等问题，很难在促进数据共建共享等方面发挥应有的作用。总体

---

① 辜胜阻、杨建武、刘江日：《当前我国智慧城市建设中的问题与对策》，《中国软科学》2013 年第 1 期，第 6~12 页。

而言，信息孤岛仍然是当前制约 CBD 智慧建设和创新资源整合共享的主要障碍。

（三）信息安全面临威胁

信息技术的重大变革在为实现 CBD 智慧发展提供可能的同时，也使其面临着来自安全领域的重大挑战和威胁。一方面，信息和数据的集中化、协同化、高渗透是智慧 CBD 的重要特征，CBD 内高度聚集的人流、物流、信息流和资金流产生了海量数据，智慧 CBD 建设促使这些海量数据高度集中和协同共享，但数据的收集、存储、处理与发布等尚缺乏有效的规范和监管机制，因此信息的高度集中和监管不力将使各类风险互相交织延伸。另一方面，物联网、云计算、大数据等信息技术带来的风险有别于传统网络时代的信息安全风险，而我国尚未形成完善的物联网安全标准、传感网安全标准、云安全标准、大数据安全标准[①]，CBD 现有的信息安全保障体系也仅适应于传统的网络时代。因此，信息数据安全、应用系统安全、信息安全管理等标准及规范的健全是未来智慧 CBD 建设的重要领域。

（四）体制机制有待创新

虽然当前我国智慧 CBD 建设的热潮高涨、体量巨大，但与传统城市建设一样存在着重建设轻管理、体制机制不完善、管理方法滞后等问题，众多智慧项目未能实现 CBD 高效优质运转的预期目标。在安全防范机制方面，目前保障智慧 CBD 安全运行的技术安全防范体系、安全管理体系、安全法规体系均不健全，使已经达到国际水准的硬件智慧设施不能充分发挥应有的效能。在管理机制方面，CBD 现行管理模式和技术水平难以适应快速发展的智慧应用需求，尤其是碎片化的建设和管理模式加剧了业务流程的分割化

---

① 魏军：《"互联网＋"时代背景下智慧城市信息安全研究初探》，http：//www.cac.gov.cn/ 2015－06/04/c_ 1115513808.htm，2015 年 6 月 4 日。

与政务服务的低效化①。在协同机制方面，目前我国CBD尚普遍存在部门分割、业务分割、信息壁垒等现象，而实现CBD的创新智慧发展要求部门协同、社会共治、资源共享，亟须建立适应这种新变化和新模式的协同创新及共建共享机制。

三　新时期CBD创新智慧发展趋势与展望

随着国家数字红利的持续释放、创新驱动战略的深入实施，中国CBD创新智慧发展环境趋于成熟和稳定，并日益呈现四大发展趋势，即发展理念由技术主导转向以人为本、建设模式由单一建设转向融合发展、运营主体由政府主导转向多元开放、区域协作由分散建设转向创新联盟。

（一）发展理念由技术主导转向以人为本

回归到智慧的本源，智慧城市的"智慧"是人赋予的，物联网、大数据、云计算等前沿技术是智慧城市建设的重要技术环境和条件，而治理更现代、运行更智慧、发展更安全、人民更幸福才是智慧城市建设的目标。德国的智慧城市理念和建设并未过多使用我们所熟知的物联网、云计算等新兴信息技术，而是认为只要能够促进居民生活质量改善和城市竞争力提升的项目和工作均可视为智慧城市项目，也即智慧城市建设的最终目标是利用人的智慧将智慧转化为城市发展的动力。国家发改委2016年发布的《新型智慧城市评价指标（2016）》明确指出，构建广覆盖、多层次、差异化、高品质的信息惠民服务体系，提高公共服务质量和响应性的措施是评价指标的考核重点，评价指标中直接与居民服务、市民体验相关的指标占比达57%，凸显了国家新型智慧城市评价的"以人为本"导向。我国CBD智慧建设也愈加重视"以人为本"的核心理念，聚焦商务区内的民生需求，深入推进交通、

---

① 程大章：《论智慧城市的体制与机制》，《智慧建筑与城市信息》2013年第4期，第26～30页。

医疗、教育、养老、社区、商业服务等公共服务信息化建设，使智慧 CBD 建设与面向企业、居民的公共服务深度交融，全面提高工作生活的便捷感、安全感、获得感、公平感和幸福感。

（二）建设模式由单一建设转向融合发展

早期的智慧 CBD 普遍存在偏重建设、模式单一、设计分散、各自运营的问题，尤其注重智能化设备和智能化软件的大规模应用，未能实现协同高效运营。例如，行政服务中心重点优化网上行政审批系统，公安部门负责建设智能监控系统，卫生部门负责智慧医疗等，由于各系统之间很难协同共享，从而降低了运营效率。随着国家顶层设计的完善和地方持续不断的创新探索，我国智慧 CBD 建设逐渐呈现由偏重建设转向融合发展的趋势。

从横向整合来看，把交通、医疗、政务等数据整合到一个平台，建立"政务 + 产业 + 民生"的模式将成为重要的发展趋势，即在公共安全领域、城市运行领域、政府管理和服务领域、企业运营领域、公众工作和生活管理服务领域，有步骤、分期分类地实现全面智慧服务。这些领域在顶层架构设计、数据共享与服务平台建设、咨询规划、运营服务等各个环节相互共享。例如，上海虹桥 CBD 建成了以城市综合运营、基础数据支撑、会商旅文综合服务为主要内容的三大集成平台，即集成商务区人口、法人、地理空间等基础信息，整合各行业业务信息，建成标准化、规范化的开放共享数据平台；整合商务区各类特色信息资源，依托线下实体，面向商务人士、旅客和居民提供交通、会展、商务、旅游、文化等方面的线上信息服务，建成会商旅文综合服务平台；采集城市运营基础数据，建成城市综合运营平台，实现了商务区智慧政务服务、公共服务和企业服务等功能的多元融合。

在纵向垂直方面，CBD 注重借助大数据、互联网等技术进步，积极开展不同程度的技术融合、产品融合、市场融合、行业融合和制度融合，互联网金融、科技金融、汽车金融、网络媒体、跨境电子商务、O2O 模式下的在线教育与远程医疗等新的商业模式和业态不断涌现。例如，杭州武林

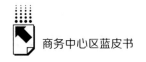
CBD 的"跨贸小镇依托中国（杭州）跨境电子商务综合试验区，形成了跨境电商总部、O2O 国际街区、大通关服务平台、跨境电商众创空间、跨境生活体验综合体等多种业态和功能。未来的智慧 CBD 建设将走一条"合纵连横"的有机融合道路。

（三）运营主体由政府主导转向多元开放

智慧 CBD 规划和建设的初期往往是政府主导，毋庸置疑，政府主导或参与在融资、建设、共享方面更容易推进，但智慧 CBD 建设是一项系统性的工程，单一的政府建设主体不能完全满足公共诉求，建设和运营环节的专业化程度相比第三方机构也有所欠缺。近年来，随着智慧 CBD 建设的深入推进与实施，CBD 的规划过程、公众征询、决策实施、建设运营更多地采用信息化手段，强调高效的信息沟通，通过政务平台、终端 App 等方法大幅提高公众参与度，政府对市场行为或者说企业的监管逐渐由事前审批向事中、事后的监管转变。同时，社会资本参与 CBD 建设及运营的渠道、机制和水平有了明显提高。

未来，智慧 CBD 的建设和运营更多的将是政府与私营机构合作、多元主体参与、共建共享的一种模式。政府角色更加倾向于制定目标、出台政策、提供空间，企业则侧重于实施基于技术选型和技术趋势的实践性设计，在这一模式中，政府通过特许经营、购买服务、股权合作等方式，与社会资本建立利益共享、风险分担及长期合作关系，从而实现信息协作与多方共赢。例如，大连人民路 CBD 的免费网络商圈就是由政府提供政策性支持，企业投资建设和运营的典型模式，上海虹桥 CBD 核心区公共区域 WIFI 覆盖项目也是采用 PPP 模式，由上海电信和社会网络公司共同实施。

然而，由政府主导向多元开放模式的转型是以完善的监管制度、成熟的市场环境为保障的，多元主体的联合虽然可以带来巨大的潜能和效益，但多元主体间一致目标的达成、各参与方利益的整合，也将成为我国智慧 CBD 建设的长期考验。

（四）区域协作由分散建设转向创新联盟

孤立的智慧城市或智慧 CBD 建设必然存在信息孤岛、重复建设等问题，越来越多的城市和 CBD 从"信息孤岛"危机中认识到"信息协同"的必要性，从"分散建设、各自为政"建设中认识到"网络空间共同体"的重要性。从政府层面来看，建立统一数据标准、推进部门间信息融合和数据共享、建立"多规合一"平台均是打破"信息孤岛"的有效做法；从地域和行业层面来看，各种行业联盟、创新联盟不断涌现，打造智慧创新联盟成为未来智慧 CBD 建设的重要趋势。

国外智慧联盟的雏形是 20 世纪 80 年代在美国成立的智慧城市网络，华盛顿作为智慧政府建设的优先试点地区，在波士华城市群逐渐形成了以智慧政务为核心的智慧城市群。韩国实施的 U－IT 产业集群计划推动形成涵盖 8 大城市的智慧城市群。欧盟启动了面向知识社会创新 2.0 的 Living Lab（生活实验室）计划，致力于将城市打造成开放创新空间，营造有利于创新涌现的城市生态，并以 Living Lab 为载体推动智慧城市的建设。自 2011 年开始，我国也陆续出现了智慧城市相关的联盟，包括江苏省智慧城市促进联盟、中关村智慧城市信息化产业联盟、深港澳台智慧城市联盟、海南绿色智慧岛协同创新中心等，联盟建设模式有公共合营、公私合营和私营合营等，联盟形式有城市联盟和协同创新中心等。这些联盟或协同创新中心的地域化服务和智慧创新应用导向较强，对我国推进智慧城市战略起到产业协同创新的作用[1]。

从空间形态来看，我国 CBD 初步形成了协作共享的网络化发展格局，是所在城市或区域内引外联的智慧平台；从行业层面来看，CBD 依托区域内的大型企业建立了众多企业商协会、跨行业联盟，具有建设跨区域智慧创新联盟的优势条件。未来，依托国家相关主管部门，建立由政府职能部门、

---

[1] 徐振强：《中外智慧城市联盟发展：对比·启示·建议》，《建筑科技》2015 年第 5 期，第 48~58 页。

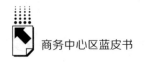

企业、行业社团和高校研究机构共同参与的智慧联盟及协同创新中心，推进单个智慧 CBD 建设向统筹化、区域化、一体化和协同化的智慧创新联盟演进，从而实现跨地区、跨行业的信息资源共享，这是我国 CBD 发展的重要趋势。

四 国际 CBD 创新智慧发展经验

作为城市发展的重要核心区域，CBD 的发展方式与发展状况无疑代表了城市发展的未来。以创新的理念和智慧的模式促进 CBD 区域的新发展，已经成为国际 CBD 进一步把握核心竞争力、引领时代浪潮、促进区域增长、提升城市发展质量和水平的重要方向。

（一）国际 CBD 的创新智慧发展经验

1. 英国伦敦与伦敦金融城的智慧发展经验

作为全球知名的国际化大都市，英国伦敦的智慧城市发展走在了世界前列。2009 年，英国政府提出"数字英国"计划，希望通过基础设施的改善，推广全民数字应用，提供数字保护，将英国打造成世界的"数字之都"。作为英国的首都，伦敦地区的智慧城市建设已经成为典范。2012 年伦敦奥运会期间，智慧垃圾桶、智能交通系统等智慧基础设施让全世界看到伦敦在智慧城市建设中的努力。2013 年底，伦敦提出"智慧伦敦计划"（Smart London Plan），希望进一步"利用先进技术的创造力来服务伦敦，提高伦敦市民的生活质量"。该计划明确了实施路径，旨在以市民为核心，开放数据，充分利用伦敦的研究、技术和创新人才，通过网络优化伦敦的创新生态系统，让市政府更好地服务市民，为所有人提供一个更智慧的伦敦。

当前，伦敦地区已经在智能交通、智能通信、网络建设等方面实现了可观的智慧建设成果。例如，著名的伦敦地铁很早就实现了智能交通控制，每一趟列车都有全球定位系统，能够精准地控制出车时间与时间间隔，并将车辆的进出信息显示在站台显示牌上。同时，每个站台都有传感器，能帮助控制中心监控站台流量，灵活调整出车频次。伦敦威斯敏斯特市的街道在 2016 年底全面采用了智能 LED 灯，它可根据天气与时间自动调节亮度，达到节能目的，发生故障时还可自动向控制中心报修，节约了管理成本。伦敦市还大量地投入了网络基础设施建设，促进无线网络的全覆盖，当前伦敦市所有的公共区域都已经实现了 WIFI 覆盖。除此之外，伦敦市政府通过设立网上社区 "TALK LONDON"，鼓励市民加入伦敦智慧城市的建设中，参与政府决策，使政府决策更加有效。同时，通过分享采集的伦敦城市大数据，鼓励与智慧城市相关的 App 应用开发，为伦敦市民的生活提供便捷服务。智能应用 "CityMapper" 能够为伦敦市民提供精确的公共交通信息，方便出行，已经成为伦敦智慧城市体系中最热门的应用。

而作为伦敦地区的重要组成部分和 CBD 的所在，伦敦金融城的智慧城市建设则更上一层楼。伦敦金融城，英文称为 "City of London"，是大伦敦地区三十二个郡中的一个，位于伦敦圣保罗大教堂东侧，泰晤士河北岸。由于其面积仅为一平方英里，因此又有昵称 "平方英里"（The Square Mile）。虽然面积不大，但这里汇聚了全世界顶尖的金融机构，拥有世界最大的外汇市场、国际保险市场和世界最古老的证券交易中心，是具有世界级影响力的金融中心。在信息时代的背景下，伦敦金融城要进一步发挥其世界金融中心的影响力，智慧化的城市建设更加必不可少。一是重视互联网服务与建设。稳定通畅的互联网服务已经成为把握世界金融动态的基本设施要求，而对宽带网络铺设的大量投入和规模使用已经使英国成为世界上非高峰时段网费最低的国家，伦敦金融城的网络服务能力也非常强大，保障了区域内超过 2000 家金融企业对互联网的需求。二是加强城市管理的智慧建设。伦敦奥运会前夕，在伦敦金融城亮相的智慧垃圾桶大出风头，它不仅是一个垃圾桶，还同时是一个 WIFI 热点和一个资讯平台，多种多样的智慧功能大大提升了伦敦智慧城市的形象。通过无线网络传输，垃圾桶上的显示屏可以提供新闻、股票、体育比赛日程等热门资讯，还直接连接了城市服务部门，可以主动在垃圾快满时发出清理提醒。而事实上，这款垃圾桶的设计初衷是为了保障城市安全，垃圾桶特制的外壁不仅具有一定的防爆功能，在紧急情况时，市民只需直接用力拍打垃圾桶就能实现报警功能，大大提升了城市的安保和管理水平。三是以智能化方式实现多层次的便捷交通。伦敦金融城与大多数 CBD 一样是人口高度密集的地区，为了缓解拥堵状况，除了逐步实现智能控制的轨道交通与公共汽车，伦敦中心区还从 2010 年开始推广公共自行车租赁服务，并实施了智慧开发。通过手机智能应用，市民可以对公共自行车实现智能定位与便捷租赁，大大提升了便捷度和使用频率，有力地缓解了中心区的拥堵状况。

2. 美国纽约与曼哈顿 CBD 的智慧发展经验

纽约市一共有三个中央商务区，两个位于曼哈顿行政区，一个在布鲁克林地区。其中，位于曼哈顿的南部金融区与中城商业区构成了整个纽约 CBD 的核心区。曼哈顿 CBD 拥有金融机构汇集的华尔街、百老汇、纽约公共图书馆等知名的文化和艺术中心，也吸引了如联合国等具有世界级影响力的总部落户，属于世界级的中央商务区。曼哈顿 CBD 的发展水平是世界 CBD 发展的风向标。作为美国的经济中心，纽约市早在 2000 年就提出了"智能化城市"计划，以提升政府公共服务水平为目标，希望促进纽约的信息基础设施建设。而曼哈顿 CBD 的智慧发展，已经成为纽约智慧城市建设的前沿。

在曼哈顿 CBD 这片约 23 平方公里的土地上，岗位密度达到每平方公里近八万人，每天的早高峰客流量达到 140 万人次。高密度的人口集聚和庞大的人流量，促使曼哈顿 CBD 在建设智慧城市中，首先实施了交通的智能优化。一方面，为了缓解交通拥堵状况，纽约交通局在拥堵最为严重的中城 CBD 地区布置了"智慧中城移动系统"（Midtown in Motion），其核心优势是实现对交通信号的远程控制。该系统通过对交通状况的监控，实时调节交通信号，达到提高交通流量、缓解拥堵、减少汽车尾气排放的目的。另一方面，为了满足 CBD 地区的交通需求，曼哈顿 CBD 不仅大力发展公共交通事业，更将公共交通系统与智慧建设相结合，开发了智能交通运输系统（Intelligent Transport System，ITS）。曼哈顿的 ITS 中，每一辆公交车都安装了 GPS 全球定位系统，根据实时的路况信息和公交车的运行情况，控制各路口的交通信号灯。当一辆公交车因拥堵发生延误时，将获得通行优先权，保证其尽可能按时到达站点。保障公共系统的优先提高了公共交通的出行效率，提升了人们的使用意愿。通过对出行方式的引导，提高了曼哈顿 CBD 的交通效率。

高耸入云的摩天大楼是曼哈顿 CBD 的标志性景观。在智慧 CBD 的建设理念影响下，这些摩天大楼也在实践着智慧化的改造。一是保障良好的网络基础设施。对入驻 CBD 的金融机构、跨国公司来说，为了及时获取瞬息万变的全球商业信息，强大的基础网络和高效的传输效率非常重要。曼哈顿 CBD 的商业楼宇已经实现了以光纤通信为主的网络接入，质量高且可靠性强，保证其商业楼宇具有强烈的入驻吸引力。二是实现智慧楼宇管理，打造绿色的现代化生活。随着城市的发展，实现城市建筑的节能减碳是未来绿色发展的必然要求。曼哈顿 CBD 的摩天大楼正逐渐开展智慧楼宇改造，以求在更多资源节约、更少能源耗费的情况下，依然保障建筑使用的舒适度和便利度。例如，位于下曼哈顿地区的 Solaire 公寓拥有一套楼宇控制管理系统，能够提供绿色低碳的空气调节、水回收与能源供给，在能源高峰期能节约67%的能耗。

像曼哈顿 CBD 一样具有百年历史的城市街区，除了拥有 CBD 的车水马龙与人流如织，也面临着若干城市设施亟待更新的境况。CBD 街头的投币式公共电话亭就随着移动通信的发展，走到生命周期的终点，而智慧城市的理念与“LinkNYC”的无线网络建设计划，则促使一批崭新的无线网络亭来取代它们。这种无线网络亭外观像智能手机一样，首批已经于 2016 年投放到曼哈顿 CBD。它不仅为消费者提供无线网络，而且速度是每秒可达千兆的超高速网络，其无线覆盖范围为 150 英尺（约 45.7 米），最远可达 400 英尺（约 122 米）。无线网络亭提供一个平板触摸界面，可以实现美国国内的免费语音或视频对话，还可以获得与纽约相关的简介、地图、服务等资讯。无线网络亭外壁两侧，55 英寸的数字屏幕是绝佳的广告位，计划通过广告收入实现智慧城市建设的不断扩容和可持续发展。同时，无线网络亭还可以给移动设备充电，对市民和游客完全开放，其为曼哈顿 CBD 注入了智慧发

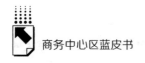
展的新能量。

3.新加坡"智慧国"的建设发展经验

新加坡是东南亚地区的岛国，面积仅有 719 平方公里，整个国家就是一座城市，又有"花园城市"的美誉。新加坡属于亚洲发达国家之列，是继纽约、伦敦、中国香港之后的第四大全球金融中心。进入 21 世纪后，随着信息通信技术的发展，新加坡逐渐注重改善网络设施和应用智能技术，以期继续把握新时代的核心竞争力。2006 年，新加坡在"智慧岛计划""信息通信 21 世纪计划"之后，进一步对未来十年的信息化发展做出了规划，提出了著名的"智慧国 2015 规划"。该规划旨在通过基础设施、产业发展和人才培养，以及利用信息通信产业进行经济部门转型，实现新加坡智慧国家与全球都市的未来愿景。其目标包括：到 2015 年，通信行业价值实现翻一番、达到 260 亿新加坡元、行业出口增长 3 倍至 600 亿新加坡元、增加 8 万个工作岗位、使 90% 以上的家庭使用宽带互联网、学龄儿童家庭的电脑拥有率达到 100%。

通过近十年的积极落实，新加坡不仅提前完成了规划目标，部分目标还实现了超额完成。总体而言，"智慧国"建设实现了三个方面的核心成果。一是提升了网络基础设施的质量和水平，通过投资达 10 亿新加坡元的"下一代宽带网络建设"，新加坡不仅实现了以光纤电缆为主的宽带网络服务，提升了新加坡公共和家庭的基础网络水平，还在新加坡的中央商务区和中心住宅区等部署免费的无线网络热点，全岛共计超过 7500 个，达到每平方公里 10 个，实现了免费 WIFI 的普及。二是搭建完善的电子政务平台，实现了政府公共服务的电子化和智能化。在新加坡资讯通信发展管理局（IDA）的统一规划和技术支持下，新加坡政府各个部门都连上了统一的电子政务平台，且在全国布置了大量的物联网传感器，用于收集数据，以灵活提供更好的公共服务。例如，出现垃圾收集不及时或公共设施损坏，市民可以便捷地通过手机及时向相关部门报告，而像纳税、缴费、登记等政府服务，也可以足不出户的通过网络平台自助完成。三是借助信息通信技术，新加坡在商业、医疗、养老、教育、文化等行业都实现了智慧转型，例如鼓励在线接诊、实现网络看护、推广沉浸式体验教育等，强大的网络基础使一切希望借力于网络的功能都可以用更具创造式的方式实现。

2014 年时，新加坡没有止步于"智慧国 2015 规划"的成功，马上又提出更加完备的新加坡"智慧国 2025 规划"。在"智慧国 2025 规划"中，新加坡将进一步完善物联网传感器的布置，实现对数据的科学化利用，提供更加完备的政府公共服务。同时，2013 年颁布的《个人信息保护法》也被纳入其中，以期为国民提供一个更安全的智慧国家。因此，在瞻博研究（Juniper Research）2016 年的全球智慧城市排名中，新加坡名列第一。

4. 西班牙巴塞罗那的智慧发展经验

西班牙的巴塞罗那位于伊比利亚半岛东北部，是地中海沿岸的重要港口城市，也是世界著名的历史文化名城。它既是西班牙最重要的贸易、工业和金融城市，欧盟第五大工业聚集地，也是欧洲著名的智慧城市典型，属于欧盟支持的"智慧城市"发展计划。巴塞罗那的智慧城市建设实行从上至下的顶层规划与设计。2009 年，巴塞罗那市议会提出了"智慧城市"的建设设想，并希望借此提高公民的福利和生活质量。之后，根据"欧洲 2020 战略"，巴塞罗那制定了"MESSI 战略"，即移动性（Mobility）、电子商务（E - commerce）、智慧城市（Smart City）、信息与创新系统（System of Information and Innovation），希望建立一个可持续发展的智慧城市。

巴塞罗那的智慧城市建设重点着力于两个方面。一是软硬件结合的网络基础设施改善。在硬件上，巴塞罗那铺设的综合网络共有 37.5 万米，已经覆盖全市，同时还布置了大面积的无线传感器和路由器。在软件方面，市政府搭建了完整的智慧城市技术平台"City OS"，将整个城市连成了一个智能的整体。市民可以通过 App 便捷地接入全市免费 WIFI，享受网络服务和网上公共服务。各式传感器也会持续收集数据到平台上进行分析，实现智能垃圾回收、智能绿化灌溉等智能系统运营，为城市的有效运转提供指导。二是提倡环保能源技术，带动绿色低碳发展。巴塞罗那是欧洲国家中较早开始支持环保能源技术的城市，其市政府十分支持居民使用太阳能，使巴塞罗那一度成为欧洲使用太阳能电池板密度最高的城市。同时，市政府也鼓励环保设

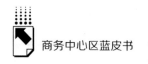

施的使用，电动汽车以及 LED 路灯等节能设备非常受欢迎。为了鼓励电动汽车的使用，巴塞罗那配套了相当齐全和便利的电动汽车设施。LED 灯泡也在公共路灯上大面积使用，帮助政府节约了相当一部分市政能源开支。

巴塞罗那的智慧城市模范社区项目称为 "22@"，"22@" 是因为这一地区的工业用地编码为 "22a"。"22@" 是巴塞罗那的中央商务区，著名的对角线大街（Diagonal Mar）正好贯穿这一区域，南欧地区最大的会议中心——巴塞罗那国际会议中心也坐落于此。这里原为 Poblenou 工业区，在19 世纪曾是繁华的工业中心地带，但 20 世纪中后期发展陷入停滞，一度成为废弃的工厂区。从 2000 年开始，巴塞罗那市政府在可持续发展与信息化建设的理念指导下，对 "22@" 进行了全面的智慧改造。一方面对城市进行基础设施改造，包括重新规划利用土地，合理布局道路、建筑、绿化，铺设最先进的网络基础设施。另一方面实施了包括电动车免费充电设施推广、智能垃圾回收、智能感应设施停车库与停车位管理，以及居民公共用水管理等一系列的城市管理计划，使用智能设备促进智慧的城市管理。现在，"22@" 已经从过去逐渐衰落的老工业区转型发展成服务于知识经济的创新区，实现了劳动密集向知识密集的转型，吸引了大量新兴产业公司和总部在此落户，变成了巴塞罗那的中央商务区，重新焕发了现代城市的活力。将智慧城市建设从核心旧城区率先展开，不仅凸显巴塞罗那市政府提高公民生活质量的智慧城市建设初衷，也体现了对基层社区参与建设的重视。而 "22@" 的智慧城市建设经验已经向巴塞罗那的其他区推广。未来，进一步的智慧化建设将使整个巴塞罗那成为可持续发展的新城市。

5. 日本东京都市圈的智慧城市发展

日本国土面积狭小而人口众多，高密度的人口和较高的城市化水平使其城市建设与管理问题突出。因此，智慧城市的理念一经提出，就在日本获得了积极的实践。2004 年，日本推出了 "u-Japan" 战略，促进系统性 ICT 政策渗透到生活的方方面面，鼓励与信息化相关的价值创造。2009 年，日本政府提出更新版本的国家信息化战略 "i-Japan" 战略，指出要在 2015年实现 "安心且充满活力的数字化社会"，让智慧化的数字技术融入生产生活中的方方面面。2016 年，日本政府更提出实现世界领先的"超智慧社会"（Society 5.0）。该理念是将网络空间与物理空间高度融合，核心是以科学技术创新为先导，希望实现为日本国民和世界提供可持续发展、富裕且安心的生活以及有价值的研发和创造知识资产的目标。因此，在智慧城市的发展规划与理念上，日本一直相当超前。

以首都东京为核心的东京都市圈是日本 CBD 的所在，也是日本城市发展的核心地带。因此，日本智慧城市的建设重点与发展前沿都可以在东京都市圈觅得踪迹。一方面，对于丸之内、大手町、八重洲等历史悠久而又功能常新的都心空间，智慧技术的不断应用持续为区域发展注入新动能。例如，繁华的东京银座商业区是日本最具代表性的繁华街区，以高级购物店闻名，与巴黎香榭丽舍大街、纽约第五大道并列为世界三大繁华中心。为了方便顾客购物，该地区很早就开始发展移动支付，可谓是移动支付的先行者。通过 RFID 识别技术推广 NFC 的移动智能支付，获得了一定程度的成功，并广受好评。又如，高密度的人口集聚促使东京 CBD 不断在空间利用上应用智慧技术的辅助。在移动智能时代，通过智能停车杆的布置，东京将城市间隙的区域充分利用，改造成智能停车场。所有的智能设备都连接到云端控制器，车主仅需通过 App，就可以通过控制中心预定最近的停车位，智能的管理有效缓解了 CBD 区域停车困难的局面。对智慧技术的人性化利用，使东京 CBD 实现了更加便利、更加高效的城市管理。

另一方面，为了实现智慧城市建设，促进城市可持续发展，在政府与企业的共同努力下，日本也在都市圈内试点了若干初具规模的智慧城市。位于首都东京大都市圈东侧千叶县的柏之叶地区，是日本规划的智慧城市试验点之一，2011 年被政府选为区域振兴综合特区及环保型未来城市，成为日本智慧城市建设的典范。柏之叶智慧城建设最早是从 2000 年东京大学在该地建立校区开始，到 2014 年 7 月，伴随着 148 站前街区 GATE SQUARE 开张，该城已经形成了以 GATE SQUARE 为中心、包括四大街区的核心城市。柏之叶地区以"环境共生、健康长寿和新产业创造"作为该地区智慧城市建设的三大理念，并细化出地域能源一体化管理、低碳型交通体系、地区医疗养

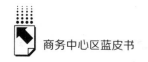
护网络、创造个体价值的社会参与等九大建设主题。以地域能源一体化管理为例，其核心目标是实现能源节约与优化使用，主要方式是通过能源管理系统（EMS）、二氧化碳减排路线图以及可持续设计和可再生能源政策三大平台实现。其中，能源管理系统是电力公司用来监控并优化电力使用的平台，按管理对象分为家庭能源管理系统（HEMS）、建筑能源管理系统（BEMS）和地区能源管理系统（AEMS）。随着物联网和人工智能的发展，能源管理系统能越来越精确地监测不同设备的能源消耗，促进不同系统对不同范围的能源使用进行优化，实现电力融通使用，并最终实现整个地区的能源节约和减少碳排放。

（二）国际 CBD 创新智慧发展对中国的启示

从国外各大城市 CBD 的智慧实践中不难看出，CBD 的创新智慧发展始终备受重视。因为 CBD 的形成需要城市发展的积累，往往是一个城市历史最为悠久、发展最为成熟的地区，也往往是代表城市发展能量的地区，其发展状况对整个城市和区域都有显著的引领和支撑作用。在信息时代和知识经济时代的背景下，唯有智慧建设才能为 CBD 把握时代的核心竞争力，唯有创新发展才能为 CBD 的繁华与活力提供持续的动能。充满活力的 CBD 不仅是城市生命力的体现，更是区域可持续发展的重要支撑。

因此，从发展理念、建设模式、设施建设、文化传承及安全防范等方面来说，国外 CBD 的创新智慧发展成果对我国 CBD 的创新智慧发展有很多值得借鉴的经验，未来的智慧 CBD 建设依然有很大的发展空间。

1. 重视"以人为本"的智慧发展

通过国外 CBD 创新智慧发展的成果，可以深刻感受到智慧城市中"以人为本"的核心理念被切实地放在首要位置。城市是人类社会发展的产物，智慧城市的宗旨在于希望通过技术手段，一方面为人类社会提供更加便捷的城市生活；另一方面解决城市发展中面临的交通拥堵、环境污染、能耗过大等困扰可持续发展的问题。因此，智慧城市的首要服务对象是人，而城市中的 CBD 作为人口密度最大的地区，其智慧化发展更应把人的需求放在首位。

智慧设施的普及度也与智慧发展的核心密切相关，真正从人类需求出发考虑的智慧应用才能得到更好的推广、更快的更新、更迅速的成长和更高的收益。因此，重视"以人为本"的核心才能更好地实现智慧发展。

2. 鼓励实施主体多元化参与建设

在各国 CBD 地区的创新发展和智慧改造中，政府的引领作用必不可少，但更重要的是更加多元化主体的社会参与。例如，曼哈顿 CBD 中很多智慧技术的应用灵感来自于草根阶层，东京 CBD 的智慧发展离不开各个相关企业的配合，伦敦金融城的智慧技术研发得到相关研究机构的大力支持。事实上，真正的创新发展绝不是仅靠政府若干个部门的指导就能达成的。政府部门的方向引导很重要，但要真正做到创新，还需要借助更加多元的实施主体以及更加广泛的社会参与。在对智慧城市发展的评价体系中，已经明确地出现了对多元主体参与的评价指标：智慧公众，即意味着创新发展需要大众的参与；智慧治理，即意味着智慧建设离不开各类社会主体。因此，主体多元化对智慧 CBD 的建设具有十分重要的意义。当前，我国的 CBD 智慧建设依然以政府主导作用为主，应充分考虑拓展 CBD 创新智慧建设的实施主体。只有让各类人群都充分参与 CBD 的创新智慧建设，CBD 的智慧建设才更容易寻找到新的创新要点，人们才会以主人翁的精神加入到 CBD 的智慧建设中去。

3. 注重新一代技术的创新应用

应用现代信息通信技术（ICT）是建设智慧 CBD 的物理基础，而信息时代发展的一大特点就是技术更新十分迅速。以网络通信技术为例，从通过电话线传输的网络信号，到有线宽带网络传输，再到光纤网络传输和无线网络的普及，一切的发展不过几十年的时间。对国际各 CBD 来说，为了契合时代的需求，保障便捷、快速、稳定的各类服务，追求更新的技术应用成为其智慧建设的共同选择。

一是在通信网络基础设施建设上，世界级 CBD 普遍实现了光纤接入和快速无线网络免费覆盖，还在朝着更加快速、更加稳定和更加安全的方向不断升级。新型的传感器装置、人工智能、虚拟现实等技术也在逐步推广应用。国际 CBD 大都已经实现智慧设施的大面积覆盖，如公共免费 WIFI 基本

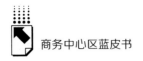
全覆盖，传感器和监控设备等基本覆盖。更重要的是，市民普遍能十分便捷地使用这些公共设施。当前，我国的大部分智慧设施建设较为充足，但遗憾的是使用率不高，难以实现规模化的效益。智慧设施的普及度是发挥其智能功能的第一步，只有让各类智慧设施充分被利用，才能实现其效用，发挥其价值。因此，要进一步进行宣传和推广，让大家了解 CBD 所拥有的智能设施，学会使用相关智能设施，实现智慧建设的规模效益。

二是在交通设施建设上，需更加注重 CBD 区域的内外联动。由于人口密度高，各 CBD 基本都是各大城市交通拥堵的重灾区，实施交通智能优化自然成为 CBD 智慧建设的重要着力点。从实践来看，各 CBD 一方面普遍通过使用智能交通系统等新技术来提升公共交通水平，提高人们对公共交通的使用率；另一方面则重视在 CBD 内实施多样化的交通工具普及，促进公共交通系统便利度的提升。如高昂的停车费与公共自行车租赁的组合，能减少人们对私家车的使用。优化的智慧交通体系不仅能改善 CBD 区内的交通状况，更能进一步提升 CBD 与区外的交通便利度，使 CBD 与城市其他区域交流更频繁、接触更紧密。

4. 注重特色文化的积淀与融合

研究各国的智慧城市案例不难发现，智慧城市的实践通常在两种不同类型的城市地区中展开：一类是正在建设发展的新城区，即在城市规划之初，或不久就重视智慧化建设，为城市规划出新型、绿色和可持续发展的运作方式，如韩国松岛；另一类是旧城区更新，即对已经成熟的城市社区进行基础设施智慧改造，布置安装新型智能设备，为城市注入发展的新能量。而 CBD 的创新智慧发展无疑属于后者。作为城市中人口最集中、人流量最大的地区，国外各 CBD 在进行智慧发展时，不仅注重体现鲜明的时代感，也重视与当地的历史文化积淀相融合。例如纽约曼哈顿 CBD 中无线网络亭对传统电话亭的替代，既便捷人们享受智慧设施带来的智能生活，也充分设计其外观保障融入曼哈顿街道的历史风貌当中，让人们看到城市的过去与现在，真实感受到城市更新的活力。因此，对于国内的 CBD 建设来说，过去采用的大规模城市更新方式值得商榷。如果从 CBD 区域的发展既能看到城市发展的悠久积淀，也能观察到城市的更新，就能更直观地感受到城市生命力的前沿，就能使智慧建设获得最大的接纳，实现最大的效益。

5. 重视智慧建设的风险防范

当前，各类免费公共 WIFI 的建设虽然给市民使用网络、享受服务带来了极大的便利，但也隐藏着如个人信息泄露、网络安全漏洞等风险。一旦出现相关信息安全问题，不仅智慧城市的发展前景会受到影响，也会影响市民充分使用相关智慧技术的信心。因此，加强智慧建设的安全防护和风险防范已经成为智慧城市发展下一阶段的重点。当前，各国都越来越重视对信息安全的监管和防护。除了在技术领域不断升级、加强防护之外，也出台了相关法律严惩恶意的黑客行为。只有足够安全的信息保障与值得信赖的智慧设施才能赢得人们的青睐，实现有价值的应用和推广。不论 CBD 的创新智慧发展走到哪一步，做好智慧建设的安全防护，都是保证智慧发展稳步前进的基石。

五 推动 CBD 创新智慧发展的思路与对策

实现创新驱动发展是国家"十三五"规划提出的重大战略任务，而建设智慧型 CBD 既是实现 CBD 创新发展的重要手段，也是主要目标之一。但建设创新发展的智慧 CBD 是一项复杂的系统工程，不可能一蹴而就。当前我国智慧 CBD 建设还存在着很多问题和制约因素，如条块分割、信息孤岛、重复建设、创新驱动力不足、制度体系不完善等。针对当前存在的问题，借鉴国内外相关经验，本报告认为，应从做好面向智慧 CBD 的顶层设计、提升面向智慧 CBD 的基础建构、完善面向智慧 CBD 的服务平台、推动面向智慧 CBD 的协同创新、健全面向智慧 CBD 的制度框架等方面，全面加速智慧CBD 的创新发展进程。

（一）做好面向智慧 CBD 的顶层设计

目前我国智慧 CBD 建设普遍缺乏顶层设计，CBD 主管部门、地区街道及各业务主管部门从各自领域的发展需要出发，分别进行相应的智慧建设，各部门之间缺乏协同配合、各自为政，造成了大量重复建设和资源浪费，很多智慧设计和智慧应用也无法衔接协同，应有的效能无法得到充分发挥。为此，必须大力强化面向智慧 CBD 的顶层设计和统筹规划。

一要加强统筹规划。立足 CBD 的全局发展，对智慧 CBD 的总体架构进行设计，借助新一代信息和通信技术，以系统、整合的方式，统筹规划设计 CBD 区域的开发、建设、运行、管理等全流程和各方面，依托互联网、物联网、大数据、云计算等先进手段，及时感知和快速分析 CBD 运行管理的各类重要信息，对 CBD 区域的环境建设、产业发展、民生服务、公共管理、城市安全等各类需求做出精准化的智能响应，从而实现 CBD 的智慧运行和管理，为 CBD 企业发展提供更良好的空间，为改善居民生活创造更便捷的环境。

二要突出问题导向。当前我国智慧 CBD 建设普遍存在重技术、轻业务，重手段、轻目标的现象，很多智慧建设偏重于信息化框架的设计和技术手段的应用，而忽略了智慧 CBD 建设的根本目标是为了提升区域满意度（包括企业、居民等）和综合竞争力。智慧 CBD 的顶层设计不应是大而全的 IT 体系，而是要为实现这一目标而服务，强调以人为本，突出问题导向，面向企业和居民的实际需求，运用智慧手段，系统解决 CBD 运行管理中存在的交通、土地、能源、空间、环境、企业服务、公共安全等关键问题和难点问题，以智慧建设推动区域发展。

（二）提升面向智慧 CBD 的基础建构

智慧 CBD 是一个相互协同、相互作用的复杂系统，作为一个快速发展的新兴事物，亟须加强标准建构和基础建设。唯有此，才能更好地保证其健康发展，才能最大限度地实现现代信息技术与各类资源要素的优化配置和深度融合。

一要加快智慧 CBD 的标准建构。标准是智慧 CBD 建设的重要基础，也是实现其可持续发展的技术支撑。在 CBD 层面，各 CBD 应结合自身的发展需要和长远目标，前瞻性地制定智慧 CBD 标准体系和评价体系，明确智慧 CBD 建设的总体框架、规范要求、软件接口和体系标准等，为各部门和各条块的技术接入、信息联通、平台共享及业务融合奠定基础和留出空间，有序推进智慧 CBD 的整体建设。在国家层面，标准是智慧 CBD 建设的指导规范，也是国际通行的技术"语言"，国家应通过加快智慧 CBD 的标准建设和试点示范，积极探索智慧 CBD 的建设模式、服务模式和共享模式，发掘核心技术，凝练关键流程，形成标准规范，进一步推动智慧 CBD 建设，引领智慧中国建设进程。

二要提升智慧 CBD 的基础设施水平。夯实信息化基础设施是建设智慧 CBD 的先决条件和基础保障。要以构建高速、移动、泛在、安全的新一代通信网络工程为目标，深入普及高速无线宽带，优化完善第四代移动通信（4G）网络，探索启用 5G 商用网络，结合 CBD 物理空间建设加快推进各类智能设备的应用，不断提升高速传送、灵活调度和智能适配能力，推进大数据、云计算、移动互联等信息网络技术在政府管理服务、社会治理以及企业商务服务等领域的广泛运用，提升 CBD 信息基础设施的服务能级，形成 CBD 网络化、智能化发展新态势，为优化 CBD 营商环境、提升 CBD 综合竞争力奠定基础。

（三）完善面向智慧 CBD 的服务平台

从以往的发展来看，智慧 CBD 建设很容易陷入技术主导的误区，即过度重视技术供给侧，而忽略了消费应用侧，在智慧 CBD 建设中运用了大量先进科技，开发了很多智能化平台，但由于技术壁垒和知识门槛等原因，作为区域主体的企业和民众却对其知之甚少、参与有限、应用不足。要使 CBD 从目前的"拥有"智慧信息系统转向"应用"智慧信息系统，必须着力开发简单易用的数字信息技术，构建更加开放共享的智慧服务平台。

一要着力开发简单易用的数字信息技术。应借鉴日本、新加坡等国家的经验，着力开发易于使用的数字信息技术，打造人人可及的智慧服务平台。其关键是要降低平台使用的技术门槛，为人们提供更加简单有效的智能化服务。并通过强化"技术"与"人"的互动，使人们在"任何事情、任何时间、任何地点"都可以随时方便地使用信息技术及其服务平台，更加便捷和无障碍地获取各种所需的服务，真正实现"科技改变生活"。

二要加快构建开放共享的智慧服务平台。当前，人类正在进入一个以海量数据为特征的大数据时代，大数据越来越成为一种极具战略价值的信息资产和重要资源。2015 年国务院印发《促进大数据发展行动纲要》，明确指出数据已成为国家基础性战略资源，要加快政府数据开放共享，推动资源整合，提升治理能力。对于 CBD 而言，获取数据以及应用大数据进行智慧服务的能力，将直接影响其未来发展的核心竞争力。应面向 CBD 的政府、企业和居民三大主体，加快构建基于大数据之上的开放共享的各类智慧服务平台。加强政府与企业、与社会的合作，跨越不同部门及业务的障碍，充分利用互联网、物联网等技术，不断提升各类数据信息的自动采集和即时处理能力，打破各种信息壁垒和数据孤岛。加快推进公有云、私有云、混合云等各类服务平台建设，运用云计算等手段，强化数据信息的深度挖掘，加强信息资源的充分整合、流通和共享，全面推动基于大数据信息的智慧化服务和应用。

（四）健全面向智慧 CBD 的制度框架

推进智慧 CBD 建设，离不开政策制度的保驾护航。要从智慧 CBD 的建设流程、发展需求和客观规律入手，做好相应的制度设计和政策安排。

一要研究制定规范智慧 CBD 建设的政策体系。从智慧 CBD "规划—建设—管理—运营"全生命周期的特征和规律出发，研究制定智慧 CBD 的技术标准、评价体系、建设规范以及试点示范政策等。

二要研究出台鼓励 CBD 智慧创新发展的政策体系。如鼓励各行业各领域导入数字技术的制度，消除 "数据孤岛"和大数据使用壁垒的制度，推行实施 CBD 智能化管理的制度，支持鼓励创新型企业发展的制度，培养引进创新型人才的制度等。

三要研究出台强化 CBD 安全风险防范的制度体系。物联网、云计算、大数据等信息技术带来的风险有别于传统网络时代的信息安全风险，CBD 应协同有关部门，积极推进物联网安全标准、传感网安全标准、云安全标准、大数据安全标准等规范的研究、制定和出台。在加强大数据建设的同时，加快建立和完善数据收集、存储、处理、发布及使用的规范和监管机制，制定严格的管理流程。针对信息社会和数字技术使用过程中可能产生的个人隐私、企业信息和技术信息泄露等风险，制定明确的防范措施和应急应对预案，努力营造安全安心的智能社会。

（五）推动面向智慧 CBD 的全面创新

截至 2016 年，中国的移动互联网用户数已经突破 7 亿，移动互联网用户的日在线时长合计已经超过了 25 亿小时，飞速发展的移动互联技术正在深刻地改变着人类社会的生活方式、生产方式和行为方式，倒逼传统社会加快迈向智慧型社会。同样，作为城市商务功能中心区的 CBD，也必须直面这种挑战，加快推进面向智慧型社会的全面创新。

一要前瞻性地推动产业转型升级。在科技日新月异、快速变化的新时代，互联网等信息技术正在重塑从制造业到服务业等各类市场，全球产业变革的步伐远远超出人们的预期。对于企业而言，颠覆和机遇可能来自任何角落，企业的兴起和存亡也可能只在转瞬之间，腾讯、阿里巴巴、Facebook 的飞速成长，以及柯达、诺基亚、摩托罗拉等企业巨厦的轰然倒塌，一再说明这个问题。当前，电子商务的快速发展改写了全球零售业的既有格局，"内容营销＋消费体验"、线上线下协同销售已成为重要的发展趋势；传统金融正面临新金融的全面渗透，移动支付市场空前繁荣；移动视频和移动广告快速增长，网络直播的变现能力已超过广播、电视、报纸等传统传媒；中国超越美国成为世界第一大游戏市场，游戏动漫和在线娱乐正在进入爆发式增长的黄金时代；各种形式的共享经济将进一步蓬勃发展，智能家居和可穿戴设备的增长潜力惊人；大数据和云计算成为最核心的战略资源和关键技术，物联网将迎来难以估量的巨大商机和发展前景；与老牌跨国公司和大型国有企业相比，创新型民营企业正在成为拉动经济增长的新引擎。作为以经济功能为主的城市商务中心区，CBD 必须敏锐地抓住这些变化和机遇，主动迎合智慧时代的发展需要，以创新性思维前瞻性地引导和推动区域产业转型升级，利用新技术促进经济繁荣和提升区域竞争力，以便在未来的竞争中立于不败之地。

二要积极引导开放创新和协同创新。信息网络的泛在化在很大程度上降低了信息获取和知识分享的壁垒，从而极大地激发和推动了社会创新，使传统的以生产为中心、以技术发展为导向、以科研人员为主体的科技创新模式，逐步转变为以用户为中心、以满足人的需求为导向、以开放创新和协同创新为特点的用户参与式创新。如欧美一些国家利用 FabLab、Living Lab、Fab City 等形式，尝试让用户更多参与产品（包括公共服务产品）的设计、生产、决策、提供等全过程，通过让用户参与创新，提升用户体验，不断优化产品的设计和服务。对于 CBD 而言，要建设智慧型 CBD，仅强调应用先进信息技术是不够的，更重要的是要以强化创新力、竞争力和软实力为目标，推动形成大众创新、开放创新和协同创新的新态势。通过打造开放的智慧化基础设施平台，让全球企业和个人在开放平台上大展拳脚、各显其能，创新出更多更好的本地智慧化应用。通过搭建多元创新和服务平台，让社会大众更多地参与到产品设计、社会管理和政府决策等过程中，实现企业、研发机构、社会大众和政府部门之间充满活力的多元合作和协同创新。通过建设融通共享的大数据库，促进企业、社会和市场进一步开发利用大数据资源，使之产生更大的社会价值，进一步增强 CBD 的发展活力和竞争力。

参考文献

上海社会科学院信息研究所编《智慧城市论丛》，上海社会科学院出版社，2011。

〔美〕安东尼·汤森：《智慧城市》，赛迪研究院专家组译，中信出版社，2015。

田舒斌主编《中国国际智慧城市发展蓝皮书（2015）》，新华出版社，2015。

沈山、曹远琳、孙一飞：《国际智慧城市发展实践与研究前瞻》，《现代城市研究》2015 年第 1 期。

株式会社日立制作所城市解决方案业务单元：《日本智慧城市建设与柏之叶智慧城市项目参与》，李国庆译，《中国商务中心区发展报告 No. 3（2016 ~ 2017）》，社会科学文献出版社，2017。

《曼哈顿 CBD：交通堵塞的智慧解决方案》，中国交通技术网，http：//www. tranbbs. com/Case/collection/Case_ 160918. shtml，2015 年 4 月 21 日。

《新加坡推出"智慧国家 2025"计划》，人民网，http：//world. people. com. cn/n/2014/0819/c1002 - 25490518. html，2014 年 8 月 19 日。

Bakici T. , Almirall E. , Wareham J. , "A Smart City Initiative：The Case of Barcelona". *Journal of the Knowledge Economy*, 2013, 4（2）：135 - 148。

B.2
创新驱动智慧发展

——2015～2016年中国CBD发展评价

单菁菁　武占云*

摘　要： 随着国家对外开放、创新驱动和智慧城市战略的深入实施与推进，中国CBD的政策环境日趋成熟和完善，逐渐向着创新智慧发展、均衡协调发展和科学健康发展转型。本文聚焦经济维度、产业维度、智慧维度、创新维度和开放维度等5个方面，对中国商务区联盟的21个CBD进行量化评估。评价结果显示，2015～2016年，中国CBD的经济增长速度和质量效益仍处于领先地位，产业创新活跃、智慧建设全面提速、多元创新显著、对外开放广度和深度明显提升。未来，CBD应着力加强效率提升、技术创新和制度供给，以保持其在创新、智慧和开放发展方面的核心优势，更好地适应和引领经济发展新常态。

关键词： CBD　创新　智慧　开放　评价体系

中国CBD的规划建设始于20世纪80年代，经过30多年的快速发展，CBD为中国的改革开放、区域经济发展做出了重要贡献，尤其是随着国家

---

* 单菁菁，中国社会科学院城市发展与环境研究所规划室主任、研究员、博士，主要研究方向为城市与区域经济发展战略、城市与区域规划、城市与区域管理等；武占云，中国社会科学院城市发展与环境研究所副研究员、博士，主要研究方向为城市规划、城市与区域经济等。

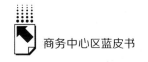

对外开放、创新驱动、区域协调和服务业改革开放等一系列战略的实施，中国 CBD 逐渐向着创新智慧、均衡协调和科学健康发展转型。然而，受制于现行的体制机制和政策条件，CBD 的创新转型发展仍面临不少问题和瓶颈。因此，在中国经济发展进入新常态的背景下，国家相关部门和地方政府如何突破地方政绩考核的思维定式，如何保持 CBD 在创新、智慧和开放发展方面的核心优势，更好地适应新常态和引领经济转型升级，仍是各地 CBD 面临的重大课题。

一　中国 CBD 发展回顾

（一）国家政策红利助推 CBD 创新智慧发展

当前，以智能、绿色、泛在为特征的新一代技术革命正引发国际产业分工重大调整，颠覆性技术不断涌现，创新驱动成为许多国家谋求竞争优势的核心战略。结合科技创新和新一代信息技术的快速发展，众多国家和城市将智慧城市建设作为促进经济转型升级、打造发展核心竞争力的重要手段。政府、企业、居民等多元主体的资源与智慧能够更加高效、合理地配置利用，有效促进了城市的智慧增长与创新发展。

自智慧城市理念提出以来，中国政府从政策层面予以大力支持和积极引导。2014 年 3 月，《国家新型城镇化规划（2014~2020 年）》明确提出利用大数据、云计算、物联网等新一代信息技术，推动智慧城市发展，首次把智慧城市建设引入国家战略规划；2014 年 8 月，国家发展改革委等八部委联合印发了《关于促进智慧城市健康发展的指导意见》；2015 年"智慧城市"首次写进政府工作报告，随后，国家陆续针对智慧医疗、智慧交通、信息产业、互联网金融、大数据监管等领域出台了相关政策，推动智慧城市健康发展；2016 年，国家发改委发布了《关于组织开展新型智慧城市评价工作的通知》和《新型智慧城市评价指标（2016）》，明确了新型智慧城市的发展方向和建设重点。截至目前，住建部分三批次确立了 337 个智慧城市试点、科技部确立了 20 个试点城市、工信部确立了 66 个试点城市与地区。

在创新驱动发展方面，2015 年，国务院相继印发了《中共中央国务院关于深化体制机制改革加快实施创新驱动发展战略的若干意见》《国务院关于大力推进"大众创业、万众创新"若干政策措施的意见》，切实推动了创新驱动发展战略的有效落地；2016 年，国务院出台了《国家创新驱动发展战略纲要》，明确提出要全面推动科技创新、制度创新、管理创新、商业模式创新、业态创新和文化创新等。随后，国务院先后公布了第一批、第二批"大众创业、万众创新"示范基地，各地在"大众创业、万众创新"方面进行了积极探索和实践。

在政策、资本、需求和技术的多重驱动力作用下，我国 CBD 进入了快速发展阶段，尤其是丰富细致的政策体系助推 CBD 的创新智慧发展水平不断提升。目前，已有多个 CBD 被纳入国家智慧城市建设试点和"大众创业、万众创新"示范基地，CBD 试点创新体系呈现特色化、差异化的发展趋势。在智慧建设方面，上海虹桥 CBD 核心区被批准为国家绿色生态示范城区、智慧城市示范区和首批智慧园区建设试点单位，在国内首创城市通信基础设施与城市地标融合的多功能通信宏基站建设。郑东新区 CBD 入选 2016 年全国地下综合管廊试点，在市政规划建设中创新引入智慧综合管廊和七维立体综合交通系统。同时，在国家"大众创业、万众创新"政策驱动下，CBD 充分整合各类创新资源，将科技创新深度融入产业发展，掀起了企业孵化和创业创客的热潮，新技术、新模式、新理念不断涌现和应用。天津滨海新区 CBD 和深圳福田 CBD 分别入选国家第一批、第二批"双创"示范基地，在"放管服"改革、商事制度改革、新兴业态培育和"双创"平台建设等方面取得了显著成效。

（二）区域协调战略促进 CBD 均衡协调发展

由于在自然地理条件、社会发展条件和经济增长惯性等方面的差异，中国的区域协调发展存在某种程度的不平衡，西部地区 CBD 无论是在发育水平、经济效益还是对外开放方面远远落后于东部地区 CBD。然而，近年来，

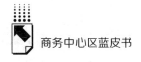
西部大开发、振兴东北、中部崛起以及扶贫开发等区域协调发展战略的深入推进，以及"一带一路"、自由贸易试验区、服务业对外开放等新一轮对外开放政策的加快实施，从根本上扭转了原来"沿海开放、梯度向内陆转移"的发展态势，加快形成了东西双向开放格局，使中西部内陆地区能够借助交通网络、贸易网络加快融入国际产业分工体系，中西部地区的众多 CBD 也从"内陆腹地"变为"开放前沿"，缩小了与东部地区 CBD 的差距，提升了国际化程度和对外开放水平。

位于西部地区的西安长安路 CBD 借助"一带一路"倡议，重点深化与中亚地区的交流与合作，积极打造丝绸之路经济带上的"经济创新引擎"。银川阅海湾 CBD 借助宁夏内陆开放型经济试验区、银川综合保税区、国家跨境贸易电子商务试点的政策优势，重点建设中阿跨境电商及金融业务等对外开放平台，积极打造"一带一路"中阿合作示范区。这些开放政策的实施不仅提升了西部地区两大 CBD 的服务能级和国际影响力，同时带动了周边地区的产业发展、人才集聚和环境改善。位于西南地区的重庆解放碑 CBD 和重庆江北嘴 CBD，则借助中国（重庆）自由贸易试验区、中新（重庆）战略性互联互通示范项目的政策优势，大力推进投资和贸易便利化，在金融创新、总部贸易、保税贸易、跨境电商、融资租赁、"互联网＋"等方面进行探索和尝试，形成了国际经济合作竞争新优势，有效带动了重庆市乃至我国西南地区的快速发展。

（三）丰富地方实践推动 CBD 科学健康发展

中国 CBD 的规划建设始于 20 世纪 80 年代，30 多年的快速甚至超常规发展给当前的"常态式"发展带来了不小的挑战和困难，存在着诸如产业政策短效、产业功能泛化、重建设轻管理、政策申请热情高而项目实施难等一系列问题。而随着国家改革开放力度的不断加大、各项政策的不断成熟和完善，中国 CBD 的政策环境日趋稳定，各地 CBD 结合自身发展阶段和禀赋条件进行了丰富的地方实践探索，逐步探索出了健康、可持续发展的模式。

在规划设计方面，CBD 逐渐摒弃单一追求体量和规模的倾向，更加注重功能和结构的合理配置，积极倡导绿色 CBD、人文 CBD、智慧 CBD 的理念；在建设实施方面，逐渐由从分散独立建设向融合发展、协作共享转型，成立诸如中国商务区联盟等机构组织，分享 CBD 的建设管理经验；在管理服务方面，着力推动深度参与经济决策向管理服务质量提升转型，紧密接轨国际通行规则，推进简政放权、放管结合，优化服务环境和质量。

二　2015~2016年中国 CBD 发展评价

围绕"创新智慧发展"主题，结合 CBD 的主体功能和核心内涵，本文聚焦经济维度、产业维度、智慧维度、创新维度和开放维度等 5 个方面，对中国商务区联盟的 21 个 CBD 发展情况进行量化评估。

（一）经济维度：经济增长集约高效

CBD 内聚集了大量跨国公司总部、大型国际金融机构和商务服务机构，这类企业具有强大的战略决策和资本运作功能，经济集约性、创新引领性方面优势明显，为地区发展贡献了大量税收和产值。

1. 经济规模

中国 CBD 经过近 30 多年的快速发展，吸引了众多知识密集度高、创新性突出、资本管控能力较强的国内外大型机构入驻，为地区经济做出了突出贡献。从地区生产总值来看，2015 年，广州天河 CBD、深圳福田 CBD、北京 CBD 位居前 5 位，GDP 均超过了 1000 亿元。武汉 CBD、天津河西 CBD、杭州武林 CBD、上海静安 CBD 和大连人民路 CBD 紧随其后，GDP 总量均超过了 500 亿元。2015 年，广州天河 CBD 实现地区生产总值 2427.04 亿元，占全市比重达到 13.41%，全区比重达到 70.7%。深圳福田 CBD 2015 年实现地区生产总值 2622 亿元，占全市比重达 14.98%。北京 CBD 中心区生产总值从 2010 年的 636.4 亿元增长到 2015 年的 1110 亿元，年均增长 10.3%，以占北京市万分之四的面积，创造了全市 3% 的税收、4.5% 的营业收入、5% 的 GDP，经济发展呈现出集约高效的显著特征。

从地区经济贡献来看，大连人民路 CBD、深圳福田 CBD、广州天河 CBD、武汉 CBD 的 GDP 占全市比重均超过了 10%（各地市 GDP 为市辖区统计范围数据），地区经济贡献突出。其中，大连人民路 CBD 的 GDP 总量占全市市辖区的 14.19%，位居第 1 位。目前，大连市人民路 CBD 以总部经济和楼宇经济为载体，重点发展金融、商贸、航运、文化创意等现代服务业，集中了全市 80% 的金融服务机构、全市 80% 的航运物流机构，全球 20 大集装箱班轮公司中已有 17 家在此设立了分支机构，已经成为中国东北地区的金融、外汇结算中心和航运中心。

从财政收入来看，2015 年，北京 CBD、天津河西 CBD 的财政收入均超过了 100 亿元，深圳福田 CBD 和上海静安 CBD 则超过了 90 亿元。相对而言，大连人民路 CBD 和宁波南部 CBD 的财政收入明显偏低，与其 GDP 总量和在全市的经济地位不相匹配。

表 1　2015 年中国部分 CBD 经济发展比较（按经济总量排序）

排名	CBD	面积（平方公里）	GDP 总量（亿元）	占全市比重（%）
1	深圳福田 CBD	6.07	2622	14.98
2	广州天河 CBD	20.00	2427.04	13.41
3	北京 CBD	6.99	1110.00	4.82
4	武汉 CBD	28.29	925.85	10.51
5	天津河西 CBD	42.00	765.49	4.63
6	杭州武林 CBD	31.46	764.00	8.76
7	上海静安 CBD	7.62	732.00	2.95
8	大连人民路 CBD	8.40	501.20	14.19
9	重庆解放碑 CBD	3.50	480.00	3.63
10	长沙芙蓉 CBD	11.70	389.91	7.24
11	沈阳金融商贸 CBD	5.90	389.00	6.60
12	南京河西 CBD	22.00	128.50	1.32
13	郑东新区 CBD	7.10	128.00	3.14
14	银川阅海湾 CBD	2.88	102.00	11.42
15	西安长安路 CBD	4.55	65.00	1.27

注：（1）上海静安 CBD、西安长安路 CBD 为 2014 年数据，长沙芙蓉 CBD 为 2013 年数据，其他为 2015 年数据；（2）全市 GDP 数据为市辖区范围 GDP 统计值；（3）杭州武林 CBD、天津河西 CBD 推动全域 CBD 建设，数据分别为杭州市下城区和天津市河西区的统计数据。

资料来源：根据中国商务区联盟城市提供数据整理，部分 CBD 由于数据缺乏未纳入评价。

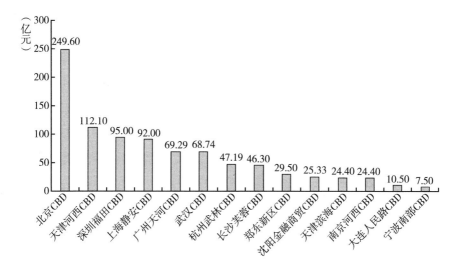

图1　2015年中国部分CBD财政收入比较

注：北京CBD、天津河西CBD、上海静安CBD、广州天河CBD、杭州武林CBD、长沙
芙蓉CBD、天津滨海CBD、南京河西CBD为2014年数据，其他为2015年数据。

资料来源：根据中国商务区联盟城市提供数据整理，部分CBD由于数据缺乏未纳入评价。

2. 税收贡献

2015年，深圳福田CBD、北京CBD、广州天河CBD和上海静安CBD
在税收贡献方面表现突出，纳税总额均超过了250亿元。其中，深圳福田
CBD的纳税总额高达1111.00亿元，全区税收集约度达10.17亿元/平方公
里，位居各CBD首位。深圳福田CBD是我国最早形成的中央商务区之一，
聚集了大量的金融、商贸与信息服务机构，也是深圳含金量最高的区域。北
京CBD的纳税总额达336.29亿元，位居第2位。总体来看，各CBD的纳税
总额差异较大（如图2所示），有超过2/3的CBD纳税总额远低于169.30的
均值水平，既包括东部地区近年来新建的CBD，也含有西部地区的CBD，这
些CBD在培育企业竞争力、提升企业质量和经济效益等方面还需要更多努力。

3. 楼宇经济

当前，各地CBD的楼宇经济蓬勃发展，商务楼宇由于经济密度大、附
加值高、财税贡献度高，已然成为CBD经济增长的核心载体。2015年，长
沙芙蓉CBD、北京CBD、深圳福田CBD、天津河西CBD、大连人民路CBD、

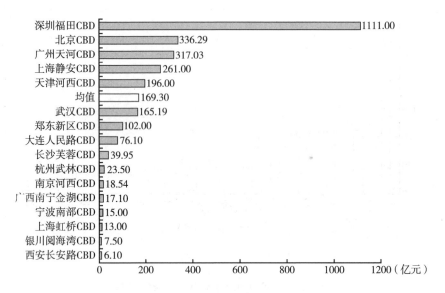

图2 2015年中国部分CBD纳税总额比较

注：西安长安路CBD、杭州武林CBD、大连人民路CBD、上海静安CBD、广州天河CBD为2014年数据，上海虹桥CBD为其核心区3.7平方公里内企业上缴各类税收总额，其他为2015年数据，北京CBD为中心区税收数据。

资料来源：根据中国商务区联盟城市提供数据整理，部分CBD由于数据缺乏未纳入评价。

杭州武林CBD和广州天河CBD的商务楼宇数量均超过了100座。众多CBD的单座楼宇税收贡献超过了亿元，甚至10亿元，纳税过亿元楼宇数量位居前5位的分别是深圳福田CBD、北京CBD、广州天河CBD、杭州武林CBD和天津河西CBD，均超过了30座，其中，深圳福田CBD的纳税过亿楼宇有76座，占比高达59.37%，楼宇纳税总额达780亿元。北京CBD商务楼宇总数从2010年底的89座增长到2015年的133座，纳税贡献过亿元楼宇从2010年的23座增长到2015年的52座，实现了数量翻番。截至2015年，CBD中心区商务楼宇共承载企业3.37万家，完成纳税总额336.29亿元。其中税收过亿元楼宇52座，过30亿元的楼宇11座，并出现了纳税超过40亿元的楼宇，在楼宇经济方面表现突出。位于西部地区的广西南宁金湖CBD近年来也十分重视楼宇经济的发展，专门制订了楼宇经济发展规划，按照"扶持一批、改造一批、盘活一批"的思路，积极推进重点楼宇、特色楼宇的培育和楼宇内强优企业的引进，目前商务区内共有商务楼宇 27 座，占南宁市城区商务楼宇的 1/3，纳税过亿元楼宇有 5 座，已成为南宁市发展楼宇经济的商务地标。

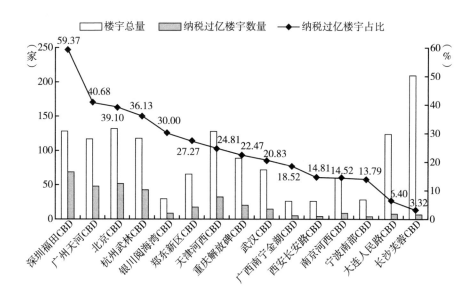

图3　2015 年中国部分 CBD 楼宇经济情况

注：南京河西 CBD、西安长安路 CBD 为 2014 年数据，其他为 2015 年数据，北京 CBD 为中心区数据。

资料来源：根据中国商务区联盟城市提供数据整理，部分 CBD 由于数据缺乏未纳入评价。

（二）产业维度：产业创新日益活跃

在当前中国经济发展进入新常态的背景下，CBD 作为地区经济增长的重要引擎，在带动区域产业结构转型升级、提升经济发展效益和质量方面发挥着重要的示范引领作用。总体来看，中国 CBD 的产业发展呈现出产业结构日益高端化、总部经济特征明显、产业创新活跃等特征和趋势，已然成为中国由工业经济时代走向服务经济时代的重要产业载体。

1.产业结构不断优化

CBD 作为现代服务业最为集中的区域，聚集了众多商务服务、金融服务、文化创意企业，以及跨国公司、总部企业、国际组织等各类机构（如表2所示）。这些企业和机构具有知识和技术密集性高、创新活力明显、国际化程度高等特点，在集聚过程中，通过中间投入品共享、技术和知识溢出、关联企业的成长、风险分担的共同作用，在产业层面、行业内部形成规模报酬递增，不断推动区域经济向"高"、"精"、"尖"转型发展。

表2　中国商务区联盟城市主导产业发展情况

CBD	主导产业
北京 CBD	国际金融、商务服务、文化创意
广州天河 CBD	商贸、金融服务、商务服务
武汉 CBD	金融、房地产、现代商贸、现代物流、信息与中介服务
上海静安 CBD	商贸、金融服务、商务服务、文化创意
天津河西 CBD	金融服务、规划设计、现代物流、房地产、商务服务
深圳福田 CBD	总部经济、金融、商贸、文化、服务、信息
大连人民路 CBD	金融、商贸、航运、文化创意
重庆解放碑 CBD	金融、商务、商贸、文化旅游
长沙芙蓉 CBD	金融、商务、商贸
沈阳金融商贸 CBD	金融、总部经济、信息服务、咨询中介
上海虹桥 CBD	总部经济、会展服务、文化创意、软件和信息服务业、国际服务贸易、航空服务、医疗、金融、专业服务
南京河西 CBD	金融、保险、文化创意、商务商贸、旅游会展、总部经济
天津滨海新区 CBD	金融、商务、商业、信息服务
西安长安路 CBD	商贸、房地产、商务
银川阅海湾 CBD	金融、总部经济、服务外包、电子商务、文化创意
郑东新区 CBD	金融、总部经济、高端商贸、商务服务、会展服务
杭州武林 CBD	金融、商贸、文创、健康、信息
宁波南部 CBD	总部经济、国际贸易、文化创意、服务外包
杭州钱江新城 CBD	金融、商务、会展、商贸、文化创意
广西南宁金湖 CBD	商业、金融、旅游观光、休闲娱乐
珠海十字门 CBD	会展、商务、金融

资料来源：根据中国商务区联盟城市提供数据整理。

2. 总部经济特征明显

在总部企业集聚方面，CBD 仍是国内外大型企业总部选址布局的重要聚集地。2015年，深圳福田CBD、北京CBD、郑东新区CBD、广州天河CBD和重庆解放碑CBD的总部企业数量均超过了100家。北京CBD的总部企业税收贡献从2011年的49.6亿元增长到2015年的79.1亿元，年均增长12.36%，高于CBD总体税收增长率；CBD功能区拥有跨国公司地区总部77家，约占北京市的70%。其中，有16家跨国公司总部开展了外汇资金集中运营管理试点，进一步促进了总部经济发展，提升了北京CBD的总部经济能级。位于西部地区的银川阅海湾CBD、西安长安路CBD的总部企业也达到30多家，吸引了跨国、跨区域企业的西部地区总部以及国际机构的办事处落户商务聚集区，显示出了较强的发展潜力。

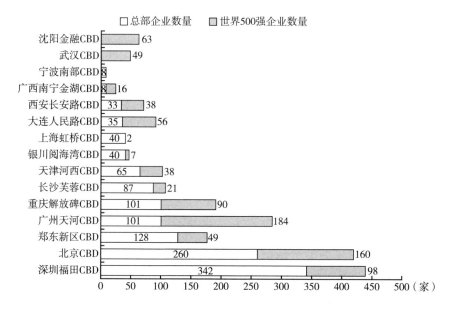

图4　2015年中国部分CBD总部企业数量比较

注：西安长安路CBD、广西南宁金湖CBD、沈阳金融商贸CBD为2014年数据，其他均为2015年数据。

资料来源：根据中国商务区联盟城市提供数据整理，部分CBD由于数据缺乏未纳入评价。

3.产业创新日益活跃

CBD最大的特征是知识密集度高、专业化程度强，并由于大量国际组织及跨国公司的聚集，具有与国际接轨的商事制度、相对成熟的市场环境、

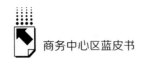

相对高效透明的政务环境，具有相关性或互补性的企业在 CBD 的聚集不断激发市场活力，催生新知识、新技术、新业态的产生，进而拓展了市场边界、产生了新增长空间。当前，随着互联网等新一代信息技术的快速发展，中国各 CBD 高度重视培育创新型智慧产业，着力推动 CBD 传统的商务、金融、文化产业与物联网、云计算、大数据、泛在网络等智慧技术融合发展，催生了包括移动互联网、跨境电子商务、科技金融、汽车金融、数字新媒体、创意消费等多种新型业态。

例如，宁波南部 CBD 利用大数据分析、新媒体科技、数据云平台等领先技术，建立了数据互联网广告基地和广告设计创意基地，目前已成功引进了新浪微课堂、奇妙科技、新浪宁波、百度、凤凰网等新媒体企业，并搭建了可视性公共服务平台、技术性公共服务平台等共享性产业服务平台，以促进传统广告行业的转型升级。宁夏银川阅海湾 CBD 作为宁夏两区建设（宁夏内陆开放型经济试验区、银川综合保税区）的重要功能区，近年来建成了"宁夏保税国际商品展销中心（全球汇）"，积极培育融资租赁、信托担保和互联网信贷等金融业态。

（三）智慧维度：智慧建设全面提速

在国家智慧城市建设和创新驱动战略的推动下，中国 CBD 紧紧围绕以人为本的理念，以新一代信息技术为驱动，以服务民生为指引，在智慧管廊、智慧交通、智慧管理、智慧楼宇、智慧商圈、智慧社区等方面进行了有益探索，智慧建设全面加速，显著提升了 CBD 的便捷性、通达性、安全性和智能性，为 CBD 的各类交流合作和创新活动提供了良好环境，为中国新型智慧城市建设树立了标杆。

1. 智慧管廊

随着国务院《关于加强城市基础设施建设的意见》（国办发〔2013〕36号）、《关于推进城市地下综合管廊建设的指导意见》（国办发〔2015〕61号）等政策文件的出台，越来越多的 CBD 开始实施智慧综合管廊的建设和管理，包括运用 BIM 技术进行三维设计、依托电商平台进行设备采购、运用大数据和物联网进行物流配送和装配施工、依托云运营服务平台进行维修养护。最具代表性的是南京河西 CBD、武汉 CBD 和郑东新区 CBD 的智慧综合管廊建设，通过智慧综合管廊的建设，CBD 的管线安全水平和防灾抗灾能力得到明显提升，为区域提供了安全、稳定的运行环境。

表3 中国代表性 CBD 智慧综合管廊建设情况

CBD	管廊全长	建设特点
南京河西 CBD	8.9 公里	管廊本体容纳电力、通信、蒸汽、给水等市政管线，同时配套建设完善的供电、照明、通风、消防、排水、火灾报警及智能监控及报警系统。其中，主干线江东南路综合管廊采用一体化设计，集道路、景观、有轨电车、地铁、地下人行过街通道等立体空间于一体综合利用，大幅提升了道路通行率。
武汉 CBD	6.1 公里	管廊全程采用智能系统进行控制管理，综合管廊的综合仓内安装了视频监控、气体检测、火情监控、自动灭火等多种智能化设备，工作人员可对地下的空气环境、电缆的输电量、负荷量乃至缆线表层的温度进行实时监测。
郑东新区 CBD	4.8 公里	管廊主要收容电力、通信、给水、区域集中供冷供热管五种管线，并保留了部分增容空间；支线综合管廊呈放射状布置，与进入各地块的连接车道一体化构建。整个工程实施统一规划、设计、施工和维护，避免了铺设、维修地下管线对交通和出行的干扰。

2. 智慧交通

高度集约是 CBD 的重要特征，通常在几平方公里范围内聚集了大量企业和人口，安全畅通、节能高效的交通系统是 CBD 正常运行的重要保障。总体来看，我国 CBD 的智慧交通建设主要集中在以下两大方面。

一是综合应用卫星定位、移动通信技术和控制系统对交通综合信息进行全方位处理，对交通系统和组织进行改进优化，为公众提供交通出行信息服务，提升交通运行效率。目前，我国各 CBD 基本建成了高覆盖率的道路诱导系统及智能停车诱导系统。上海虹桥枢纽采用新一代信息技术，全面推进静态道路诱导系统、动态道路诱导系统及智能停车诱导系统建设，同时通过建立枢纽联动机制和应急处理机制，创新推出远程值机、"空铁通"等举措，保障了虹桥交通枢纽的安全、高效、有序运营，2016 年虹桥枢纽全年总客流达到 3.5 亿人次。为缓解交通出行压力，重庆解放碑 CBD 联合渝中区建成了"一个平台、五个系统"的智能交通控制系统，一个平台即中心智能交通集成管控平台，五个系统即交通行为检测记录系统、城市停车诱导系统、交通信号控制系统、移动交通路况查询系统和交通信息发布系统。智能交通控制系统的建设和运行大幅提升了重庆解放碑 CBD 的通运行效率，同时也缓解了职住不平衡问题。

二是推广低排放、低能耗的绿色交通系统，充分利用轨道交通、地面公交、新能源汽车、共享单车等交通工具，按出行距离合理分工，构建适宜白领人群、有序衔接的绿色交通出行系统，从而减缓 CBD 日益严重的交通拥堵及交通污染问题。上海虹桥 CBD 创新性地推出交通共享经济，在区域内布局推广无人值守的新能源汽车和单车等分时租赁模式。2016 年，区域内新能源汽车分时租赁点共计提供车位数 84 个、保障运营新能源汽车 40 辆。同时，通过摩拜单车、OfO 等各式共享单车的普及进一步优化了商务区"最后一公里"出行方式。郑东新区 CBD 以绿色、节能、环保为理念，统筹布设地铁交通体系、轻轨交通体系、公共交通体系、水上交通体系、汽车交通体系、PRT 个人快速交通体系、慢行交通系统，七维立体交通体系，实现了区域内各楼宇之间的便捷通达、无缝衔接。

3. 智慧管理

智慧城市以物联网、云计算等新兴技术为基础，以多网融合为依托，为优化城市运行机制、提升城市管理效能和品质提供了技术手段。当前，我国 CBD 以建设高效、透明、服务型政府为目标，借助新一代信息技术，大力推进智慧政务、智慧管理和智慧安全等建设，明显提升了政府管理决策的精准性、实效性。

在智慧政务方面，CBD 注重整合各类信息资源和行政资源系统，通过建设公共信息服务平台、企业信息化服务平台、企业运营服务平台等方式，为企业和居民提供开放、协同、互动的交流平台。深圳福田 CBD 推行"智慧街道工作平台"建设，通过数据集成、运行监测、分拨处置、指挥协同、主动服务、应用评价六大功能，运用"数据驱动、智能推送、派单工作、拿单作业"的大数据理念，一方面，横向打通上级条条业务系统，减少重复录入、反复申报，变自上而下条状式的管理为街道、社区、网格同平台模块化服务，街道各业务科室、社区、网格均依托平台开展工作，虚拟缩短管理层级，规范业务工作，促进基层治理扁平化、精细化；另一方面，通过大数据碰撞、清洗、推送，推动政府主动服务、便民服务，实现"数据多跑路，群众少跑腿"。上海虹桥 CBD 总面积达 86.6 平方公里，涉及闵行、长宁、青浦、嘉定四个行政区域，通过推进电子政务建设以实现四区政务的信息共享和业务协同。即以四区地理空间、人口、法人等基础信息库为依托，推进商务区内招商、土地、建设等各领域政务数据资源共享与更新，较好地实现了四个行政区在商务区内交通、会展、商务、民生等领域的业务管理、统筹推进和协同决策。在智慧管理方面，CBD 通过整合现有的信息化基础资源，综合运用物联网、云计算等技术手段，建立全面感知、智能分析、信息共享、协同作业的城市综合管理平台。钱江新城 CBD 按照"平台联建""证据联用"的原则，整合公安监控资源，建立了钱江新城 CBD 智慧管理系统平台，实现了三维地图监控、网格作业调度、违停自动抓拍、在建工地监管、双向派单五大系统，为综合管理提供了极大的便利。在智慧安全方面，CBD 充分利用物联网、多媒体技术，通过建立区域立体防控体系，实现公共安全管理的统一调度、报警处置、监控联动和资源共享。上海虹桥 CBD 建立了虹桥枢纽应急响应中心（简称 ERC），ERC 主要承担虹桥枢纽应急工作的常态管理、应急值守、综合协调和指挥平台等职责，实现对整个区域重特大突发事件的协调联动与应急。应急过程中，技术上依托虹桥综合交通枢纽运行管理中心进行协调组织，同时枢纽地区安装了约 100 台指路机，主要位于机场、火车站等区域，出行者可以查询民航、高铁以及市内交通的相关信息。

4. 智慧楼宇

智慧楼宇以建筑信息模型、物联网、网络技术为核心手段，通过技术创新和管理创新，为 CBD 提供了安全、绿色、低碳、智能的办公环境。当前，我国 CBD 的智慧楼宇建设主要集中在以下三个领域。

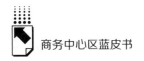
一是建筑楼宇 BIM 系统建设。建筑信息模型（Building Information Modeling）是以建筑工程项目的各项相关信息数据作为基础，通过数字信息仿真实现项目建设的所有参与方在多维的建筑模型中操作数据和信息，从而提高建筑工程效率、降低成本、减少风险。目前，BIM 已用于建筑楼宇的设计、建造、运行、维护和管理的全生命周期过程。北京 CBD 的中国尊大厦是国内首个采用全生命周期深入应用 BIM 技术的项目，由于中国尊大厦造型独特、结构复杂、系统繁多、专业间协调要求高，因此，项目所有专业全部采用 BIM 技术开展深化设计，实现了工程的全关联单位共构、全专业协同、全过程模拟、全生命周期应用。广州珠江新城 CBD 的周大福金融中心通过 MagiCAD、GBIMS 施工管理系统等 BIM 产品的应用实现了技术创新和管理提升。

二是地块楼宇智能化系统建设。楼宇的智能化系统建设包括楼宇设备监控系统、安全防范系统、综合布线系统、车辆进出口管理系统等智能化体系。上海虹桥 CBD 根据商务区内不同地块的业态，推动开发商建设投资会员营销系统、商家智能服务中心等商贸信息化应用，目前，虹桥 CBD 核心区新建住宅小区、商务楼宇智能化覆盖率达到100%。北京 CBD 采用智能化技术，推动区域内楼宇节能改造，通过企业直接投资、合同能源管理、LEED – EB 认证等方式，推进绿色 CBD 建设，CBD 中心区绿色建筑项目达到 9 个，获得 LEED 认证面积达 139 万平方米，分别占北京市 LEED 认证项目数量和体量的 20% 和 32%，是北京市绿色建筑最集中的区域。

三是楼宇低碳能耗监测系统建设。众多 CBD 建设了低碳数据采集、传输、综合分析的应用管理平台，分项采集能耗数据，建设环境监测系统，实时监测重大危险源、污染源等异常变化。上海虹桥 CBD 是目前上海市最大的"三联供"区域集中供能实践区，该区域集中功能系统以天然气为一次能源、分布式功能为核心技术，能够满足商务区核心区内近 345 万平方米建筑的冷热电供应需求，每年为整个核心区节省近 3 万吨标准煤，减排 CO_2 超 8 万吨，集中供能使核心区能源综合利用率达到 80% 以上。虹桥 CBD 还建成了覆盖全区域的集数据采集、传输、汇总、综合利用和形象展示于一体的低碳能效运行管理信息平台，不仅使区域能源信息可报告、可监测、可核查、可评估，还可以为不同用户诊断评估、计量收费、用能方案优化等提供个性化节能服务。

5.智慧商圈

智慧商圈主要是通过互联网及数据分析技术，实现商圈内各类资源与用户之间的信息对称，为线下实体商家提供集约化、低成本、高效率的电子商务服务和交易平台，从而减少商圈企业营销成本、提高用户的消费体验。中国 CBD 结合各自特点探索出了不同的智慧商圈模式。例如，上海虹桥 CBD 着力创新一站式休闲娱乐服务体验；重庆解放碑 CBD 提出智慧商圈服务 2.0 理念，推动传统商圈的 1.0 被动服务模式向智慧服务模式转变；杭州武林 CBD 注重 O2O 商圈平台的搭建和商圈的精准营销。重庆解放碑 CBD 基于智慧商圈服务 2.0 的理念，构建了集智慧商业、智慧公共服务、智慧物流、商圈金融于一体的智慧云商圈平台，推动传统商圈的 1.0 被动服务模式向主动服务、智能服务、立体服务和个性化服务的智慧服务模式转变，实现对重庆解放碑商圈的整体营销和精准营销。商圈金融则是重庆解放碑 CBD 最具创新性的做法，即通过与互联网科技公司和金融机构合作，收集商圈内的商家信息流、资金流和物流等信息，为商圈商户和消费者提供了最优的商圈体验。

6.智慧社区

为了满足高端商务和外籍人士对社区环境和服务的高品质需求，我国 CBD 通过将智能化和信息化技术应用于基础网络服务、物业管理服务、智能家居服务和便民生活服务，积极推进智慧社区建设。例如，上海虹桥 CBD 将涉及社区居民公共服务的事项纳入智慧社区公共服务平台，实现惠民信息服务集成化、平台化，开展查询、咨询、诉求、关爱等自助服务功能，为社区居民提供便捷、惠民、高效的医疗健康、交通出行、社区商家促销、气象服务、文化娱乐、公用事业等信息服务。武汉 CBD 的智慧社区主要围绕绿色节能、智能化管理和安全控制三大重点领域进行建设。绿色节能方面，小区总建筑面积的 60% 采用地源热泵冷热源空调系统，在园林景观中设置了雨水收

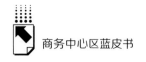

集系统。智能化管理方面，采用综合布线系统，既使话音和数据通信设备、交换设备和其他信息管理系统彼此相连，又使这些设备与外界通信网络相连接。安全控制方面，住宅部分全部采用对讲系统，在居家可视操作屏上可实现可视对讲、家庭安防、智能家居控制、社区物联网服务等功能。

（四）创新维度：多元创新依然显著

随着创新驱动战略的深入实施，"大众创业、万众创新"逐渐成为中国新常态下经济发展的引擎之一，我国 CBD 掀起了企业孵化和创业创客的热潮。同时 CBD 在管理服务、楼宇经济等方面进行了大量创新与探索，建立了多种模式的创新平台，为培育新的经济增长点、提升企业创新能力创造了良好的环境。

1. 管理服务模式创新

为了满足外资企业、外籍人士以及本地居民的多元化、多层次的公共服务需求，CBD 不断创新个性化服务管理模式，促进各业务深度智能应用和跨部门业务协同，进而实现"智慧民生"由服务内部效率向提升公共服务、创新社会治理、激发市场活力转变。在管理模式创新方面，深圳福田 CBD 在全国率先实施政府服务企业标准化，从政府服务企业的政策制定源头到政策推送终端各环节推行标准化服务，成为全国首个企业服务标准化试点单位；在全省区级政府率先公布完整的区级和街道权责清单，首创便民服务"四零清单"，被确定为全国行政许可权相对集中试点区。钱江新城成立了新城社会综合管理服务中心，负责新城核心区的城市综合管理、综合服务、应急保障工作。中心常驻城管执法、城管监管、公安、交警、市场监管五个职能部门，实行合署办公，部门重心下移，由中心统一指挥、统筹协调、监督考核。广州天河 CBD 率先实行了"四证合一、一照一码"商事登记改革试点，大力推进工商注册制度便利化，简政放权、释放市场潜力，促进"大众创业、万众创新"的改革政策落地。目前内资企业设立手续已经简化到只需要一次提交"一照一码"申请材料，即可在 24 小时内领到加载统一社会信用代码的营业执照和刻章许可证。同时，天河 CBD 与香港品质保证局等国际专业机构合作制定 CBD 管理服务标准，创新应用国际标准，推进物管服务国际化。

2. 楼宇经济模式创新

商务楼宇是 CBD 经济发展的重要载体，随着信息化水平和国际化水平的不断提升，我国 CBD 在楼宇服务形式、服务内容和服务标准等方面不断创新，为区域内企业提供了良好的楼宇服务环境。

在楼宇服务形式创新方面，上海虹桥 CBD 按照项目首接责任制和楼宇专员制度，做好企业入驻、注册等方面的全过程服务，将政府的政策宣传、公共服务和其他外衍服务"送货上门"。大连人民路 CBD、杭州武林 CBD 和天津河西 CBD 则建立了街域的楼宇经济服务中心，通过派出"管家"的方式为楼宇企业上门服务，服务内容涵盖信息统计、招商引资、政策宣传、协税护税等。

在楼宇服务内容创新方面，当前各 CBD 所形成的楼宇社区服务有楼宇党建活动服务、楼宇员工文娱联谊服务以及楼宇社区文化建设服务；所形成的楼宇商务服务主要包括搭建楼宇社区同行企业政策学习平台、搭建楼宇企业招商平台以及搭建商务和法律咨询平台，同时也为楼宇企业提供员工文娱服务。天津河西 CBD 创立了楼宇社区党委、综合服务中心、代表议事会、企业联合会、志愿者联盟"五位一体"楼宇服务平台，众多 CBD 还建立了楼宇经济信息平台，便于政府机构、物业公司、楼宇企业等不同主体及时获取和处理企业经济、企业政务、物业管理以及楼宇租售等信息。

在楼宇服务标准创新方面，随着楼宇品牌意识的加强，CBD 管理机构对标国际标准，联合行业协会、物业公司等其他主体共同制定楼宇服务规范标准。广州天河 CBD 联合香港品质保证局开展了楼宇经济可持续发展指数评定，评定指标涉及温室气体排放、废物回收、管理服务，以及楼宇的税收表现、就业指标等，通过指标的制定和评比，有效提升了楼宇服务的国际化水平。

3. 创新空间和孵化器

在国家"大众创业、万众创新"政策的推动下，我国各地 CBD 的众创载体大致形成了孵化器、联合办公空间以及综合型创新空间三种类型，创新领域则涵盖了电子商务、新兴金融、文化创意、智能硬件、社区配套等方面。其中，最具代表性的是南京河西 CBD 的"基金＋创业空间＋创业辅导＋金融服务"模式。通过设立建邺科技创新创业金融服务中心，河西 CBD 先后打造了创意实现的"米立方开放创意实验室"、创业分享和产品优化的"奇思汇"、"C＋＋青创空间"、"南京河西中央商务区科技企业孵化器"等 4 个服务于不同创业人才群体的特色众创空间。大连人民路 CBD 采用"一体两翼"项目孵化模式建立了创新型科技孵化器 369 云工厂，即以 369Cloud 云平台技术为核心，以 369 云基金创投基金服务和 369 云工厂实体园区服务为两翼，构建基于云平台的海量投资生态系统。目前 369 云工厂全球 1 号店已有涉及货运、旅游、智能制造、金融、视频技术等多个领域 35 家企业入驻，并有 4 家已成功得到融资。

（五）开放维度：对外开放不断深化

当前，国家"一带一路"和自由贸易试验区战略的深入实施与推进，不仅有效推动了东部沿海地区开放型经济率先转型升级，同时极大地促进了中西部地区的对外开放广度和深度。得益于国家新一轮对外开放政策的实施，中国 CBD 的对外开放水平不断提升，在贸易便利化、投资自由化、服务业扩大开放、对外交流与合作等方面进行了大量探索与创新。

1. 涉外资源高度集聚

在涉外机构方面，众多 CBD 入驻了本地区重要的领事馆、国际合作组织和国际金融机构，成为所在地区国际化程度最高、涉外资源最为密集、国际资源配置能力最强的区域。例如，重庆解放碑 0.92 平方公里的核心区范围内聚集了外资企业 700 家、总部企业 101 家、世界 500 强企业 90 家、驻渝总领事馆 10 家、品牌商务服务机构 43 家，引进国际一、二线品牌 100 余个，成为重庆市乃至长江上游地区开放程度最高的区域。西安长安路 CBD 聚集了汇丰、东亚、华夏、中信等 40 多个国内外知名金融机构和多家世界 500 强企业，以及奥地利驻华使馆商务处、香港商贸发展局西安办事处等涉外机构。北京 CBD 是北京市乃至全国涉外资源最为集中的地区，已成为众多外资企业和国际组织落户北京乃至进入中国的首选区域。目前，北京 CBD 聚集的外资金融机构、世界 500 强企业和跨国公司地区总部均占到北京市的 70%，同时集中了第一、二、三使馆区及中国外交部和大量国际组织的驻华机构，先后吸引达沃斯（夏季）世界经济论坛、博鳌亚洲论坛秘书处等重要国际组织相继落户，成为支撑中国首都"国际交往中心"定位的重要承载区。

2. 外向型经济特征明显

CBD 作为区域经济乃至全球经济资源配置的枢纽节点，在服务标准、商业规则等方面接近国际通行规则，吸引了大量国际资源要素的集聚，从而推动了 CBD 外向型经济的快速发展。从外资利用情况来看，2015 年，北京 CBD 和广州天河 CBD 的外资利用数量处于全国领先地位，均超过了 10 亿美元。从 2010 年到 2015 年，北京 CBD 中心区外商投资企业从 1887 家增加到 2347 家，增加了 24.4%；功能区外商投资企业从 3719 家增加到 4801 家，增加了 29.1%。位于第二梯队的则是杭州武林 CBD、武汉 CBD、天津河西 CBD 等，外资利用数量在 1 亿~3 亿美元，而南京河西 CBD、宁波南部 CBD 和郑东新区 CBD 的外资利用数量明显偏低，外向型经济水平有待提升。杭州武林 CBD 自获批中国（杭州）跨境电子商务综合试验区以来，2015 ~ 2016 年引进了跨境电商、创新型、总部型企业共 100 多家，占引进企业数的 75% 以上，2016 年前 11 个月跨境电商出口额达 354.5 亿元，占全市出口总额的 12.7%，成为杭州市外向型经济的重要承载区。

3. 开放政策先行先试

随着国家"一带一路"、自由贸易试验区、服务业对外开放等战略的深入实施，中国 CBD 凭借其相对成熟的市场环境、相对高效透明的政务环境以及与国际接轨的商事制度，获得了诸多对外开放的先行先试权力，包括积极探索金融、文化、建筑设计、会计审计、商贸物流、电子商务等服务业领域的对外开放，在管理体制、促进机制、政策环境和管理模式创新等方面先行先试，搭建了全方位、多层次、多领域的"引进来、走出去"双向开放

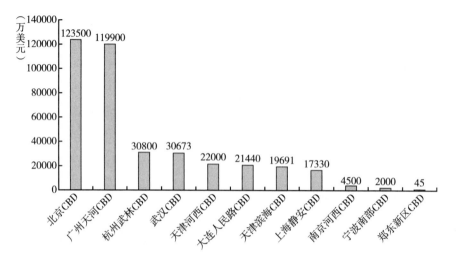

图5　2015年中国部分CBD外资利用比较

注：北京CBD、天津河西CBD、天津滨海CBD、上海静安CBD为2014年数据，其他为2015年数据。

资料来源：根据中国商务区联盟城市提供数据整理，部分CBD由于数据缺乏未纳入评价。

平台，在提升中国产品、技术、标准与服务在国际市场上的供给能力、供给水平和供给质量方面做出了积极贡献。

例如，北京CBD是北京市服务业扩大开放综合试点区域，目前正积极探索会计审计、商贸物流、电子商务等领域外资准入限制，以及落实和探索相关的金融开放政策。陆家嘴CBD、天津滨海CBD、厦门岛金融中心、福州五四路CBD、深圳前海CBD、珠海十字门CBD、郑东新区CBD、重庆江北嘴CBD等8个CBD已纳入自贸区范围，这些CBD将在贸易便利化、投资便利化等方面承担着先行先试的任务。广州天河CBD作为粤港澳服务贸易自由化省级示范基地，重点探索粤港澳在商务服务、金融服务、通信和信息服务、教育服务、健康服务、文娱服务、旅游服务合作、其他专业服务等8个服务领域的合作，积极推进商事登记制度改革，打造国际化、法制化的营商环境。西安长安路CBD作为丝绸之路经济带上的"经济创新引擎"，重点深化与中亚地区的交流与合作。银川阅海湾CBD是宁夏内陆开放型经济试验区、银川综合保税区和中阿经贸先行区的重要组成部分，目前正在积极建设中阿跨境电商及金融业务等对外开放平台。

表4 中国部分CBD对外开放政策先行先试情况

CBD	先行先试政策	建设重点
北京CBD	北京市服务业扩大开放综合试点；国家文化产业创新实验区	按照北京服务业扩大开放综合试点总体方案的要求，放开会计审计、商贸物流、电子商务等领域外资准入限制，鼓励外资投向节能环保、创业投资、知识产权服务等商务服务业，支持外资以参股、并购等方式参与国内商务服务企业改造和重组；为国内企业在全球范围内提供对外投资、融资管理、工程建设等领域的高端咨询服务搭建"走出去"交流合作平台；落实和探索金融开放政策
广州天河CBD	粤港澳服务贸易自由化省级示范基地	加强粤港澳在商务服务、金融服务、通信和信息服务、教育服务、健康服务、文娱服务、旅游服务合作、其他专业服务等8个服务领域合作，深化行政管理体制改革，打造国际化、法制化的营商环境
西安长安路CBD	丝绸之路经济带上的"经济创新引擎"	重点深化与中亚地区的交流与合作，助推西安市着力打造"一高地六中心"，即内陆改革开放新高地、金融商贸物流中心、先进装备制造业中心、能源储运交易中心、文化旅游中心、科技研发中心、高端人才培养中心
杭州武林CBD	中国（杭州）跨境电子商务综合试验区	重点打造跨境贸易创新引领区、传统产业嫁接跨境电商的服务枢纽区、跨境电子商务的商务集聚区，建设集聚跨境电商总部、O2O国际街区、大通关服务平台、跨境电商众创空间、跨境生活体验综合体等功能于一体的"跨贸小镇"
银川阅海湾CBD	国家跨境贸易电子商务试点城市；宁夏内陆开放型经济试验区；银川综合保税区；中阿经贸先行区	重点面向对阿开放，服务中阿贸易，立足建设"一带一路"中阿合作示范区，重点引进基金、证券、信托、担保、离岸金融、资产管理，以及互联网信贷、支付工具等金融电子商务企业；着力打造宁夏保税国际商品展销中心、中阿跨境电商及金融业务的重要平台
重庆解放碑CBD	中国（重庆）自由贸易试验区；中新（重庆）战略性互联互通示范项目	重点在金融创新、总部贸易、保税贸易、对外文化贸易、跨境电商、融资租赁、"互联网＋"等方面进行探索和尝试，大力推进投资和贸易便利化，搭建"引进来、走出去"的双向开放平台
陆家嘴CBD	中国（上海）自由贸易试验区	探索建立与国际通行规则相衔接的金融制度体系，持续推进投资便利化、贸易自由化、金融国际化和监管制度创新

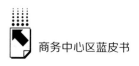

续表

CBD	先行先试政策	建设重点
天津滨海 CBD	中国（天津）自由贸易试验区	重点发展创新型金融、总部经济、新一代科技及 ICT 产业、跨境贸易和电子商务
厦门岛金融中心	中国（福建）自由贸易试验区	重点建设两岸新兴产业和现代服务业合作示范区、东南国际航运中心、两岸区域性金融服务中心和两岸贸易中心
福州五四路 CBD	中国（福建）自由贸易试验区	重点建设先进制造业基地、21 世纪海上丝绸之路沿线国家和地区交流合作的重要平台、两岸服务贸易与金融创新合作示范区
深圳前海 CBD	中国（广东）自由贸易试验区（深圳前海蛇口片区）	重点发展科技服务、信息服务、现代金融等产业，建设我国金融业对外开放试验示范窗口、世界服务贸易重要基地和国际性枢纽港
珠海十字门 CBD	中国（广东）自由贸易试验区（珠海横琴新区片区）	重点打造珠海乃至珠江口西岸的"两基地一平台"（金融产业基地、总部经济基地、商务服务平台），成为南中国乃至全国的离岸金融中心、跨境产权（股权）交易中心、多币种产业投资基金投资中心
郑东新区 CBD	中国（河南）自由贸易试验区	以促进流通国际化和投资贸易便利化为重点，重点发展金融、高端商务、会展服务和科技服务业，打造对外开放高端服务平台，建设成为"一带一路"倡议核心腹地

资料来源：根据中国商务区联盟城市提供数据以及国家自贸区政策文件整理。

三 结语与展望

2015～2016 年，中国 CBD 在创新智慧发展、对外开放与合作等方面取得了显著成就，在促进中国经济转型升级、引领经济发展新常态方面做出了积极贡献。然而，面对日益复杂的国际形势，受制于现行的体制机制、政策条件，中国 CBD 的持续健康发展仍面临较多问题与挑战。例如，政府深度参与 CBD 经济决策的倾向依然明显、政策申请热情高而项目落地难度大，尤其是中西部地区 CBD 普遍存在有政策没项目、有项目没有产业规模的现象，现有的 CBD 管理体制无法在减少行政审批、激发企业创新活力、保护企业合法权益等方面发挥应有的作用。因此，在中国经济发展进入新常态的背景下，国家相关部门和地方政府应突破地方政绩考核的思维定式，重新审视 CBD 在地区经济发展中的作用和面临的发展瓶颈，转变政府深度参与经济决策的模式，培育市场主体创新活力。

一是在政策导向方面，应以供给侧改革为突破点，回归到增长创新的本源，结合自身发展阶段与特点，在顶层设计、发展规划、运营模式、管理服务等方面做出调整和创新，促进经济组织方式的转变，加强效率提升、技术创新和制度供给，推动 CBD 由"外延型数量增长"向"基于效率的内生增长"转型。

二是在对外开放方面，适应贸易自由化和投资便利化的全球发展趋势，适当放松管制，鼓励 CBD 在现代服务业领域创新发展、先行先试，改革外商投资管理模式，试行负面清单的管理模式。

三是在软环境建设方面，应加快建立与国际规则和惯例接轨的商事登记制度、服务标准、商业规则，构建公平、透明、稳定、国际化的营商环境，提升中国产品、技术、标准与服务在国际市场上的供给能力、供给水平和供给质量。

参考文献

Murphy R. E., Vance J. E. Delimiting the CBD. *Economic Geography*, 1954（3）：189 – 191.

武占云、王业强：《CBD 现代服务业集聚机制与发展对策》，《开发研究》2016 年第 4 期，第 133～138 页。

杨保军、陈鹏：《新常态下城市规划的传承与变革》，《城市规划》2015 年第 11 期，第 9～15 页。

丁国胜、宋彦：《智慧城市与"智慧规划"——智慧城市视野下城乡规划展开研究的概念框架与关键领域探讨》，《城市发展研究》2013 年第 8 期，第 34～39 页。

智慧建设篇

Smart Construction

在信息化和服务经济时代，物联网、移动互联网、云计算、大数据等新一代信息技术正深刻改变着 CBD 的建设模式和管理方式。高速、泛在的新一代信息基础设施网络，安全、稳定的智能电网和智慧管线，绿色、高效的智能交通系统，低碳、安全的智慧楼宇成为 CBD 发展的先决条件和基础保障。本篇以协同创新的智慧园区、智慧北京 CBD 和智慧虹桥 CBD 为重点案例，着重分析中国 CBD 在智慧建设领域取得的成就，为各地区建设高效安全、开放共享、绿色智慧、持续创新的世界一流智慧商务区提供经验借鉴。

B.3
基于产城融合构建智慧园区的理论与模式

徐振强　尹晓杰*

摘　要：　我国已成为世界创建智慧城市的主试验场，园区的智慧化是智慧城市实践的关键。当前智慧园区研究总体偏技术示范和产能驱动，对空间产业生态组织、协同性和基于大数据的关键指标认知等存在显著不足；既有解决方案和指标体系的科学性、指导性和可操作性较弱，基础研究不足，直接制约智慧园区运营理论与模式的建立。本研究基于空间生态学、协同论和产城融合理论，聚焦园区产城关系、治理能力、创新动力、运营水平和生态宜居性等领域，初步构建智慧园区理论与模式；基于国内外典型案例、相关标准体系和园区大数据研究，识别智慧园区的关键领域、要素指标化和参数化建模，将模式与实证相统一，以期为 CBD 的管理效能升级与智慧经济发展提供借鉴。

关键词：　智慧园区　产城融合　空间生态论　协同论　大数据

当前，园区与城区的分工协作、空间交互和要素流通，使得园区在发挥

---

* 徐振强，北京大学博士，副研究员，中国城市科学研究会数字城市工程研究中心副主任，金砖国家智慧城市峰会中方代表，研究方向为城乡规划、智慧城市；尹晓杰，爱尔兰国立高威大学商学院硕士，研究方向为智慧教育、国际金融。

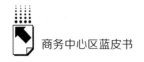

经济引擎作用的同时，社会效益和城市功能日趋强化。城市智慧化建设当中实现智慧园区，有助于加快实现对园区治理、功能、经济和社会等属性的认知、解析、把握和调控。智慧园区规划建设和运营应创新支撑理论，提振经济引擎的同时补足功能短板，对接城市双修，从产城融合的空间安排出发，对园区内主体依据空间生态理论形成充分的自组织，并基于协同的方式，促进主体间协同经济的育成和释放。

CBD 在很大程度上是以现代商务功能为主体的一种特殊园区，智慧园区的理论基础、建设模式、创新理念对于 CBD 的智慧建设具有很重要的借鉴和指导意义。因此，本文基于产城融合、空间生态组织和协同发展等理念，从智慧园区的可持续发展出发，具体剖析各类智慧园区建设的理论基础与核心思维，并提出模式构建的具体路径设计，以期对智慧 CBD 的建设有所借鉴。

一　深度城镇化需要智慧城市作为支撑

城市的发展、演进与社会生产力水平高度适应，伴随城镇化进程，依次经历农业社会、工业社会和信息社会，并伴随第四次工业革命进入智能社会，与此同时，通信产业进入后摩尔时代，空间组织与要素的智慧化成为城市物质信息基础设施的支撑。自 2011 年，我国城镇化率首次突破 50%，资源生态环境压力日趋严峻。未来 30 年，中国应走向智慧的城镇化，即人、物和环境三位一体地提升。通过大数据的支撑，我国智能城市建设将推动 21 世纪中国的城市实现巨大进步，其中依托人工智能等构建城市大脑成为重大的技术创新趋势。

二　我国智慧城市试点与智慧园区实践概况

智慧城市是新时期我国政府在城市领域实施的重大创新，智慧城市建设已然上升为我国新型城镇化发展的主要目标之一。随着国家智慧城市战略的深入推进，我国已经成为全球智慧城市建设的主试验场，已经由最初的吸收借鉴国外智慧城市理念，转向融合创新推进中国特色智慧城市建设的新范式。从空间形态看，智慧城市正从城市、乡镇向城市群发展；战略上，与"互联网＋"、大数据等快速融合；应用理念和实施与城市创新协同更加紧密，"智慧城市＋"的效应在培育中。湖北武汉率先将智慧城市理念与城市规划相结合，创新性地编制了智慧城市总体规划。同时，各地不断探索智慧城市建设与政务信息化、简政放权的融合发展，北京市海淀区、宁夏银川和天津滨海新区等率先实施了智慧政务建设。随着国家智慧城市试点建设的深入实施，各地重点围绕数据的开放共享，探索成立了专门的大数据行业管理机构，同时，市场化的大数据交易机制不断完善。

截至 2016 年，全国所有的副省级以上城市、85％以上的地级以上城市提出或在建智慧城市，这些城市数量高达 500 多个，达到全球智慧城市创建总数的一半以上。当前，中国已从学习借鉴国外经验的后发国家，转型成为世界智慧城市创新的主试验场，智慧城市市场规模在 2.3 万亿～4.1 万亿元，具有全球规模最大的智慧城市产能市场。以新城新区为代表的智慧园区建设，是我国城镇化的重要平台，也是推动经济增长的发动机。全国范围内，东部地区省级和市级以上较大的新城新区数量达到了 1173 个，中部、西部和东北地区则分别为 819 个、872 个和 310 个。长三角、珠三角和京津冀等 7 个城市群聚集了 1473 个新城新区，占全国新城新区总数的 46.9％。国家级加省级开发区全国约有 3500 家（发改委 2013 年统计），不包括部分地市或省直部门建立的园区。目前我国开发区主要分为国家级经济技术开发区（219 家）、国家级高新技术产业开发区（146 家，扩充为156 家）、国家级的海关特殊监管区域（开发区，数量在 200～300 家），还有自贸区（4 家），自创区、新区（17 家）以及省级开发区（由省一级人民政府批准设立）等。2016 年，国家级经济技术开发区加国家级高新技术产业开发区的 GDP 占全国的 25％～30％，全国开发区的 GDP 总量约占全国的一半。

当前，各地在智慧应用领域进行了积极创新和探索，不仅有效促进了城市系统的结构完善和功能升级,也切实改变了市民的工作与生活方式。例如,北京市朝阳区积极推进移动电子政务,房山区长阳镇以"微服务中心"为核心着力打造智慧养老;重庆两江新区积极打造智慧总部基地、智慧应用集群;重庆永川则在智慧试点建设中率先采用 PPP 模式;贵阳市以打造中国"数谷"为目标,积极发展大数据、云服务、智能终端等智慧产业;浙江嘉兴乌镇规划建设"互联网智慧小镇"。城市与园区,传统的认知是整体与部分的关系,目前有两种发展态势:一是园区逐步融合成为内城组团;二是园区以产促城,进而促进新城的建设。农村推进的"三产"融合同期促进了产城关系的新发展。在经济结构的调整过程中,作为承载产业与经济发展的重要载体,园区在所属城市的经济、社会发展中举足轻重。

目前,中国智慧新城(园区)建设呈现出集群化分布的特点,"十三五"期间,中国不同地区对创建智慧城市园区总体呈现需求态势(见表1、表2)。

表1 "十三五"期间中国不同地区智慧园区建设基础分析

区域	定性特征
华北地区	大型企业总部和重点科研院校集群,园区经济对城市贡献强劲,智慧新城(园区)建设需求强烈,如雄安新区、滨海新区等。
华东地区	经济和社会发展基础扎实,产业配套和延伸总体发达,在产业升级当中处于前位,现代化园区密度较高,创建中的智慧新城(园区)建设总数位居全国之首,旧城市更新领域的智慧化已开展实践。
华南地区	经济和社会发展稳健,区域产业集中度较高。园区建设位居全国前列,以智能制造为代表的现代工业化园区建设成效显著,产业升级转型处于优势位置。
华中地区	在长江经济带和《促进中部地区崛起规划(2016～2025年)》的促进下,沿江城市群园区发展得到良好机遇,因保持经济平稳等动因,以园区为承载主体的招商引资强度和产业升级呈现双高。
西南地区	重庆和成都等城市引领区域园区建设,智慧园区建设已经部署具体工程项目。
西北地区	因区域先天条件局限,起步较晚,但在西咸新区、银川和兰州等带动下,陕西、甘肃、青海等省的智慧园区建设逐步启动。

表 2　各类新城新区特点以及代表性园区信息化投入强度

序号	新城(新区)类型	数量(个)	5 年信息化投入/亿元	备注	参考
1	国家级新区	19	130.5	平均 1.45 亿元/个/年	2015 年浦东新区信息化建设和应用专项支持 1.45 亿元
2	国家级经开区	219	87.6	平均 0.08 亿元/个/年(预算的 10%)	2015 年苏州工业园公共财政拨款资金 7917.53 万元
3	国家级高新区	148	29.6	平均 0.04 亿元/个/年(预算的 10%)	2016 年张江高新技术产业开发区管理委员会财政拨款收入预算 3491 万元
4	国家级绿色生态城区	8(第一批)	77	平均 0.7 亿元/个/年	吴中太湖新城三年 2.2 亿元
5	高铁新城	截至 2016 年底已规划或在建 130 多个,已建 55 个	25	平均 0.1 亿元/个/年	估算
6	空港新城(临空新城)	约 16	32	平均 0.4 亿元/个/年	武汉临空新城五年智慧城市投入 2 亿元
7	临港新城	—	32	—	
8	保税港区	14	7	平均 0.01 亿元/个/年	2015 年宁波梅山保税港管委会经济发展局支出预算 1122.55 万元,2014 年宁波梅山保税港管委会经济发展局支出决算 60943.64 万元
9	未来科技城	4	8	平均 0.4 亿元/个/年	估算(北京、天津、杭州、武汉)
10	综合型新城(新区)	614	921	平均 0.3 亿元/个/年	吴中太湖新城三年 2.2 亿元
	合计		1349.7		

　　注:统计数据截至 2017 年 4 月,由于新城新区类型众多,且概念不统一,本次统计以政府确定的名称为准。

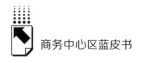
三　智慧园区建设存在的关键问题

基于文献计量学分析,智慧城市和智慧园区研究总体偏技术方面。研究文献总量和增长均较快,智慧园区研究偏低,占比约为2.5%,但对智慧城市的内涵、目标、形势判断、问题剖析还缺乏有效的理解和陈述。园区总体上存在招商困难、产业过剩、人气不足、开发粗放、管理成本高、创新不足、资金紧张和规划欠缺等问题。成为智慧园区,有助于提升产业、空间开发、管理—运营和可持续等方面的竞争力。当前我国智慧园区建设存在的主要问题包括以下几点。

(1)产能驱动和空间组织认知模糊。当前,我国各地的智慧城市建设普遍存在重视技术和产能驱动,而对城市空间规律的认识和适应不足。智慧城市应治城市病,园区最核心产业的有机导入、空间布局的良好组织与人气的充分带动。

(2)协同的系统性缺乏。截至2017年3月,国家层面超过27个部、委、办、局和行将智慧城市理念融入工作之中,并出台了智慧城市建设、运营和管理的相关政策文件、实施意义,但由于部门壁垒、信息孤岛的存在,造成了重复建设、资源浪费和业务无法衔接等问题。

(3)关键指标提取从园区开发运营角度考虑不足。国内针对智慧园区的标准体系主要从信息化技术、系统建设和发展水平等切入,园区开发运营的考虑,提取的关键指标存在独立性强、技术性强、互动性弱和协同性弱等缺点(见表3)。与问题1具有耦合性。

(4)既有智慧园区解决方案重技术、重系统、重全局难以运营。智慧园区建设需要考虑智慧新城(园区)的规划、建设、运营和维护等环节,是复杂的系统工程,具有跨部门、跨行业等特点,实施难度大、建设周期长、涉及范围广、技术难度大、管理要求高。因此,需对智慧园区的规划设计、建设和运营有空间生态组织和协同上的认知,强化运营导向。

表3 国内智慧园区的既有标准体系

发布年度	评价标准名称	发布机构
2013 年 10 月	智慧园区建设与管理通用规范 . DB/T747—2013. 上海市地方标准	上海市质量技术监督局
2013 年 9 月	上海市智慧园区建设指南	上海市经济和信息化委员会
2014 年 9 月	青岛市智慧园区规划与建设指南(试行)	青岛市经济和信息化委员会
2015 年	中国开发区信息化发展水平评估指标体系(智慧开发区建设领先区)	中国开发区协会
2015 年 4 月 13 日发布 2015 年 5 月 13 日实施	智慧园区建设与管理通用规范 DB37/T2657～2015	山东省质量技术监督局
2015 年 10 月	智慧园区与综合体智能化系统工程设计要点与技术导则	住房和城乡建设部科技促进中心
2015 年 11 月	江西省智慧园区建设基本内容指导目录(试行)	江西省工业和信息化委员会

（5）面向智慧园区的大数据研究与应用尚处于初级阶段。面向城市空间的大数据研究与应用主要集中在城市各个系统、组织和界面上，将园区作为独立研究对象的系统性研究较少，特别是考虑城市产业的产城融合、园区主体间的空间生态组织和协同机制。

四 构建基于产城融合的智慧园区空间生态自组织与协同经济模式

（一）理论基础

行业协同是智慧城市创新的核心模式。开展智慧城市规划建设是数字城市和平安城市等的升级性目标。为有效保障智慧城市建设质量，需要信息技术、规划建设、行政管理、用户消费和融资运行等多元化集成创新，需要跨行业整合、行业内部升级、跨平台协同和跨领域衔接等。因此，智慧城市行业协同机制是实现以上需要的关键性路径，行业协同是智慧城市创新的核心模式。智慧城市创建成功与否的标准，是该城市是否培育出了有效的智慧城市行业协同机制与生产力，是否形成了成规模的属地化智慧城市产能。

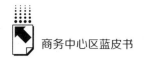

（二）核心思维

智慧园区的建设必须有理论支撑，应重点开展如下创新：（1）产城融合、空间生态组织和协同性，是奠定智慧园区理论与模式的关键维度；（2）园区有机代谢、信息化创新、大数据应用和物联网感知等智慧化要素蕴含海量复杂信息。聚焦对关键领域、关键要素、指标化、大数据辅助参数建模，并构建产城融合型智慧园区大数据平台，是将模式研究与园区实证结合的方法工具，这些方法包括：构建产城融合型智慧园区的空间生态协同理论；构建定量分析模型工具提升园区评测效能；为园区智慧化产城融合治理提出有价值强操作性的指标体系；有效支撑智慧化产能在园区的精准落地。智慧园区作为一种新兴理念和产业组织方式，目前尚处于创新发展阶段，未来，需要进一步整合不同业务部门的职能，有机衔接规划设计与硬件配套设施。

（三）理论意义

1. 将研究聚焦到智慧园区是实现智慧城市建设模式创新的关键

智慧城市，因2012年起的试点而标志性启动，但作为新兴前沿交叉领域，尚未形成学科方向，缺乏多学科集成创新支撑。基于管理学理论构建中国特色智慧城市学科方向，事关智慧城市事业的可持续性。"十三五"期间，2.3万亿~4.1万亿元的智慧城市市场必须构建有效的理论模式。

2. 将产能驱动提升为产城协同是智慧园区空间生态协同的关键路径

智慧园区的建设必须从产能驱动到产城协同，通过产城融合来构建新型经济引擎，形成智慧经济。这就需要扭转产能驱动的粗放思维，纠正重视技术和项目的发展视角，精确诊断"城市病"问题，为城市精准决策提供工具和方法。

3. 园区开发运营空间生态协同是构建智慧园区模式的关键

智慧园区的建设实质上是城市开发和城市运营模式的协同创新，是实现园区关键的主体、要素和指标，以此来实现园区的自我纠正、自我完善、自我提升的一种可持续发展状态。这一过程包括城市规划、城市建设和城市运营管理的全流程，以及城市公共政策的制定和实施。

4.开展关键领域识别、要素识别和指标化是应用理论支撑开发运营的核心依据

在智慧城市基础研究中，从空间生态—协同论出发，基于产城融合，识别智慧园区的关键领域、关键要素，进而将其指标化，是促进公共管理、环境科学与工程、建筑学、城市规划学、城市交通学和产业经济学等学科与信息技术深度融合的核心依据。在智慧城市的具体建设过程中，应高度重视政府职能部门之间、政府和行业之间以及行业与行业之间的协作、协同，强调用"小跨界"代替"外科手术"式大动作，避免资源浪费和重复建设。关键要素指标化就是促进智慧园区"关节"识别的唯一路径，特别是重点考虑空间、资本和政策要素的位置。与此同时，将园区大数据辅助关键要素遴选和参数化建模是提升研究方法与结果科学性的重要参考。

5.服务数字经济从园区出发探讨智慧经济的要素作用机制

智慧城市创新的核心之一就是通过智慧园区实现集群式智慧经济。政府债务、经济新常态等客观条件要求园区形成更大的规模经济和吸纳城镇化人口。2016年5月，李克强总理在贵阳大数据峰会上指出，当前中国经济正处于转型升级的关键阶段。大数据、云计算等新一代信息技术和分享经济的蓬勃发展，有利于发展新经济、培育新动能，通过智慧园区建设，可催生出"智慧经济"。

五　模式构建的路径设计

城市建设以人为目的，以人为尺度，以人为标准。城市是为居民提供生活上和工作上的良好基础设施。城市要适合人的本性，使人生活方便。以园区人群为核心，本研究基于产城融合和空间生态协同，构建智慧园区模式和关键要素大数据辅助支持平台。注重研究和尊重城市自身的规律，构建有效的城市模型（City Information Model，CIM），依托智慧城市思维、技术、方法和手段，更好地促进现有城市"工具"效率和科学性的提升。2016年，

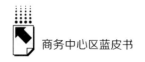

我国城镇化率达到57.35%，园区巨系统的脆弱性链条、斑块和覆盖面都处于相对模糊的状态，局部和系统性风险、空间功能和结构性不足、跨界脆弱性叠加耦合不确定性等，正在通过城市内涝、交通拥堵、灰霾和高房价等典型现象表现出来。协同论有助于剖析主体间协作机制与方式的研究，促进智慧协同的实现。

（一）智慧园区产城融合理论与模式

智慧园区的建设实质上是城市开发和城市运营模式的协同创新，是实现园区关键的主体、要素和指标，以此来实现园区的自我纠正、自我完善、自我提升的一种可持续发展状态。这一过程包括城市规划、城市建设和城市运营管理的全流程，以及城市公共政策的制定和实施。空间生态的自组织是实现智慧城市的理想静态架构。协同经济是构建智慧城市动态运行的要素作用形式。从产城融合的理论出发研究国内外园区产城组织的特征、具体方式和管理体制，将理论解析、文献调研、实地调研和专家研讨等相结合，其中在北京、上海、唐山、重庆、深圳等提炼典型案例。将产能驱动通过在园区尺度空间生态自组织，并提升为产城融合，是催生智慧城市新动能的关键路径。智慧园区的建设必须从产能驱动到产城协同，通过产城融合来构建新型经济引擎，形成智慧经济。这就需要扭转产能驱动的粗放思维，纠正重视技术和项目的发展视角，精确诊断"城市病"问题，为城市精准决策提供工具和方法，提升智慧城市顶层设计和规划实施的质量与权重。系统跟踪和梳理"十三五"期间与智慧园区发展直接相关的宏观政策（国家、省和代表性地市）、产业经济形势，特别是针对园区的系列政策文件、投融资机制、开发运营的既有问题、新情况和发展障碍等。国内外智慧园区案例调研与模式经验解析。研究国内外代表性案例园区的开发运营体系，基于产城融合、空间生态—协同论，识别其中的模式经验，重点案例包括：中关村国家自主创新示范区、上海浦东新区、重庆两江新区（中国）；Adlershof科技园区（德国）、Kalasatama住区（芬兰）和伦敦金融城（英国）等。从三类（行政型、市场型和复合型）运营主体出发，研究智慧园区产业、空间和产业空间三个维度的组织方式，特别是空间生态与协同性、刚性有效的产业组织方式、紧凑高效生态宜居的空间组织方式和产城协同的方式。从智慧园区的应用对象出发，对空间生态论、协同论、产城融合论进行理论解析，创新性地提出基于空间生态—协同论的产城融合型智慧园区的产业组织体系、开发和运营模式，初步实现对智慧园区关键问题的理论应用架构。

（二）关键领域、要素识别与指标化

智慧园区是兼顾理想与现实的统一体，是服务目标与解决问题的协同体。在系统分析研究国内七项智慧园区标准，避免生搬各类指标体系、避免技术主导、避免信息化项目的机械堆积、避免项目运营困难、避免投入与产出严重不对等，补充完善国内调研的同时强化对国外相关标准的综述，分析标准对智慧园区关键领域、关键要素的把握情况和优缺点，为本研究提供标准及支撑。基于以上研究基础，根据构建的智慧园区理论架构，分别自上至下和自下至上，结合本研究主题，从智慧园区产业组织、开发和运营模式等处罚开展关键领域的识别，重点考虑产城融合、政府治理、园区创新、园区运营和生态宜居等。通过公交刷卡数据、网络签到数据和网络文本分析等实现并增强对园区的感知，基于大数据对智慧园区领域、要素和指标等给予辅助支持。通过智慧园区关键要素的识别，发现我国园区智慧化存在的以下关键问题：公众参与与沟通不足、建设模式相对单一、投资经济性思维不足、与生态城市和人文城市等以人为本的历史传承和生态文明衔接互动不足、信息安全和信息孤岛问题仍然存在、社会资本参与机制和水平有待提高等。确认对空间生态—协同的位点、对象和内容的影响，并结合任务九大数据的辅助功能予以支持，将要素转化为定性和定量指标，并通过大数据予以验证。

（三）参数化建模、园区验证与模型完善

埃森哲指出 2020 年数字经济将贡献中国 3.5 万亿元 GDP。数字经济的实现必须依托科学的模型体系，参数化建模能够促进战略定位的强化，扭转

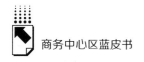
常规智慧城市设计误区，从理论、策略、战略、规划、设计、计划、实施和项目的路径开展工作，避免用项目整合来代替战略规划，从决策者和市民切身诉求出发考虑园区验证，并完善模型。从智慧园区运营主体的绩效出发，根据绩效理论，应用对应的模型进行建模，识别出能够科学支撑空间生态—协同论的数学模型，并构建参数权重动态可变的人工智能评价原型。通过定性、定量和专家判断等方法，通过比对北京、重庆和江苏等地的智慧园区，开展模型验证和完善工作。

（四）产城融合型智慧园区关键要素大数据平台

当前，数字经济尚处于初级阶段，具有粗放性，智慧城市建设应催生出智慧经济，成为数字经济的优质形态。因此，基于智慧园区产城融合理论与模式探究，依托信息化方法构建标准化的大数据平台，包括需求分析、系统设计、系统开发和安装部署。设置传统数据版块（统计数据、普查数据和 GIS 地图等）、大数据版块（空间、产业和活动等维度）、园区主要绩效版块、园区五个能力建设集阵，从产城融合、空间生态—协同论出发，按照本研究提出的智慧园区模式，初步实现对园区实施动态表征、水平评估和治理调控的措施，实现场景化驱动。吸收国外智慧城市协同的体系优势，实现智慧园区强可运营（市场化）、强可感知（市民化）、强广泛参与（社会化）和强创新（能扩散）。优先考虑建立人口、功能、产业和规划建设的统筹机制，精准协同功能疏解、产业导入和规划支撑的关系，并以此构建相应的大数据运营平台。该平台可基于海量大数据分析、云计算等，构建城市模型，对编制的规划进行情景分析和预评估，使规划趋近科学化。

六　结语

"十三五"时期，中国常住人口城镇化率将达到60%，户籍人口城镇化率将达到45%。应将智慧城市作为专章或专题，纳入城市空间总体规划和经济社会发展规划，并从城市经济角度出发将其作为开发模式应用到城市重点地区的规划建设之中，强调智慧城市的经济属性。本研究在剖析现有智慧城市与园区发展概况的基础上，识别存在的关键问题，从智慧园区的可持续性出发，基于产城融合初步构建智慧园区空间生态自组织与协同经济模式，解析该模式的理论基础、核心思维与理论意义，并从模式实践出发，提出模式构建的路径设计，把握人口、城镇化和宏观经济相匹配的空间新形态。智慧城市同时也必须是经济发展的新引擎，注重服务于经济转型、城镇化矛盾预警防控、城市规划建设运营模式创新和市民服务的改善等。从原来的产能驱动到产城协同，精准针对城市问题和服务城市决策治理。从建设用地节约和城市实践出发，从人口科学合理流动和综合承载力精准合理安排等角度，将园区智慧化建设贯穿到战略研究、规划设计、建设运营等全过程。

参考文献

徐振强：《智慧城市新思维》，中国科学技术出版社，2017。

Michael Batty. *The New Science of Cities*. MIT Press. ISBN：9780262019521.

邬贺铨：《从 IT + CT 到 IT + CT + DT：通信产业 2017 走向后摩尔时代》，《通信产业报》2017 年 1 月 9 日。

方创琳、周成虎、顾朝林、陈利顶、李双成：《特大城市群地区城镇化与生态环境交互耦合效应解析的理论框架及技术路径》，《地理学报》2016 年第 4 期，第 531 ~ 550 页。

吴志强、杨秀、刘伟：《智力城镇化还是体力城镇化——对中国城镇化的战略思考》，《城市规划学刊》2015 年第 1 期，第 15 ~ 23 页。

潘云鹤：《中国"智能城市"要有什么样的"市长视野"》，《中国经济周刊》2012 年第 34 期，第 28 ~ 29 页。

徐振强、刘禹圻：《基于"城市大脑"思维的智慧城市发展研究》，《区域经济评论》2017 年第 1 期，第 102 ~ 106 页。

冯奎、郑明媚：《中国新城新区发展报告》，中国发展出版社，2015。

《中共中央、国务院关于深入推进农业供给侧结构性改革加快培育农业农村发展新动能的若干意见》，2017。

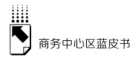

徐振强：《新型智慧城市的服务城市管理、服务社会治理的关键路径》，《上海城市管理》2016 年第 2 期，第 24～29 页。

仇保兴：《论深度城镇化——"十三五"期间增强我国经济活力和可持续发展能力的重要策略》，《中国名城》2016 年第 9 期，第 4～11 页。

ElielSaarinen：《城市：它的发展、衰败与未来》，中国建筑工业出版社，1986。

徐振强：《基于 28 个关键场景思维助推建设特色鲜明的智慧城市》，《中国名城》2016 年第 4 期，第 11～24 页。

B.4
北京智慧 CBD 建设的实践与探索

北京商务中心区通信科技有限公司

摘　要： 建设智慧 CBD 是北京 CBD "十三五" 时期的重要任务之一。围绕北京 CBD 发展目标，本文提出北京智慧 CBD 战略定位为 "国际化商务信息汇聚与决策枢纽、全球智慧化高端商务示范区、智慧北京的桥头堡和独特名片"，并研究提出了相应的发展思路和建设目标。基于此，本文从信息基础设施、信息系统、智慧管理、智慧应用、智慧服务等方面研究了北京智慧 CBD 的规划建设内容，提出了三阶段的智慧 CBD 建设路线图，并展望了智慧 CBD 建设的成效。最后，本文提出了智慧 CBD 建设的对策建议。

关键词： 北京 CBD　智慧 CBD　建设　规划

前　言

当前，全球正经历物联网、移动互联网、云计算、大数据、空间地理信息等新一轮信息技术变革，知识经济飞速发展，信息资源日益成为重要的生产要素，信息化在经济社会发展中的引领和支撑作用进一步凸显，智慧城市已经成为城市信息化建设的发展趋势，智慧城市亦是推动政府职能转变、推进社会管理服务创新的新手段和新方法，当今城市发展的新理念和新模式，是城市走向绿色、低碳、可持续发展的本质需求，其本质是城市对信息技术的深度开发和广泛应用。在此背景下，许多国家、地区、城市和园区纷纷提

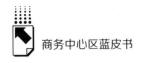

出其智慧国、智慧城市、智慧园区发展规划，并将其定位为国家、城市和区域中长期发展战略的重要组成部分。

党的十八大报告中明确提出"坚持走中国特色新型工业化、信息化、城镇化、农业现代化道路，推动信息化和工业化深度融合、工业化和城镇化良性互动、城镇化和农业现代化相互协调，促进工业化、信息化、城镇化、农业现代化同步发展"。"十三五"期间，全球经济格局仍面临深度调整，中国经济进入增速放缓和转型升级的"新常态"，京津冀协同发展深入推进，北京市围绕"四个中心"战略定位和城市副中心建设，提出了一系列战略部署，这些都对北京CBD的发展提出了新的要求和挑战。

北京商务中心区管理委员会编制的《CBD功能区"十三五"时期发展规划》明确提出，北京CBD将围绕"统筹推进首都服务业开放综合承载区、国家文化融合创新示范区和国际商务交往核心引领区"的发展定位，加快实现建设"国际一流的现代化高端商务中心"战略目标。此时，北京商务中心区管理委员会做出关于加快北京智慧CBD建设的决策部署，是落实国家信息化发展战略的重要举措，是以人为本、提升北京CBD智慧化服务水平的必然选择，为北京CBD抢抓经济社会创新发展的窗口期，占领城市发展的制高点指明了方向。

一 北京智慧 CBD 的建设诉求

（一）提高北京 CBD 运转效率，提升北京 CBD 服务能级

北京CBD是北京市乃至京津冀产业经济增长的引擎，具有大型高层建筑林立、人口密集、交通流量大、国内外大公司云集、紧邻使馆区、国际交流活动频繁、影响力巨大等显著特点，有别于城市管理的一般区域，这要求城市发展各要素的高聚集、高容量、高精度、高规格，更要求区域综合管理和服务体系的进一步高效、精准、安全、便捷、绿色、共享、协同和智慧。

做好智慧 CBD 是提高北京 CBD 运转效率，提升北京 CBD 服务能级，致力于北京 CBD 可持续发展的一个重要抓手。

（二）促进北京 CBD 创新发展，引领北京 CBD 升级转型

北京智慧 CBD 建设将打造开放的智慧化基础设施平台，形成北京 CBD 创新发展、升级转型不可或缺的重要支撑平台，同时，开放的智慧化基础设施平台将催生、培育、发展北京 CBD 的新业态和新经济。做好智慧 CBD 是促进北京 CBD 创新发展、引领北京 CBD 升级转型的一个关键举措。

二　北京智慧 CBD 的总体构想

北京商务中心区管理委员会委托北京 CBD 通信公司组织国内外专业机构，自 2010 年开始研究部署北京智慧 CBD 的相关工作，明确了北京智慧 CBD 的战略定位、发展思路和建设目标。

（一）北京智慧 CBD 的战略定位

北京智慧 CBD 围绕"统筹推进首都服务业开放综合承载区、国家文化融合创新示范区和国际商务交往核心引领区"三区建设，抢抓新一轮信息化升级机遇，以信息技术深度应用和广泛普及为核心纽带，构建新时期下"国际化商务信息汇聚与决策枢纽、全球智慧化高端商务示范区、智慧北京的桥头堡和独特名片"三大战略定位。

国际化商务信息汇聚与决策枢纽。构建信息高地，促进高端要素集聚，成为世界级商务信息汇聚与决策中心。

全球智慧化高端商务示范区。构建服务智能、高端个性，立足亚太，辐射全球的高端商务示范区。

智慧北京的桥头堡和独特名片。成为北京建设世界城市、智慧北京的桥头堡和靓丽名片。

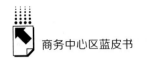

（二）北京智慧 CBD 的发展思路

北京智慧 CBD 的本质是通过信息科技等智慧化手段，网罗全球顶尖智力资源，汇聚高端人才的智慧和物件的智能，以信息流为纽带，促进域内商业流、物流、资金流、能源流等资源流的充分感知、实时监测、高效流动、优化配置，产业高端发展，智能治理精细科学，智能服务高效便民，从而增强北京 CBD 内生经济动力和公共服务能级，形成商务创新、科技创新、文化创新的创新引擎。

当前，北京智慧 CBD 建设和发展正处于战略机遇期。在外部机遇方面，一是国外智慧城市快速发展，国际上智慧城市以点带面，部署示范，如美国新一轮智能交通、欧盟开展 25 个城市的智慧城市试点，海外一流 CBD 所在城市如伦敦、纽约、新加坡均已开展智慧城市建设。二是智慧城市获得国家和地方政策支持。《关于促进信息消费扩大内需的若干意见》《国家新型城镇化规划（2014～2020年）》《促进智慧城市健康发展指导意见》等政策文件相继出台，住建部、科技部、发改委、工信部等部委开展试点，智慧北京、智慧朝阳稳步推进。三是为北京世界城市示范区建设创造良好条件。北京 CBD 完全可以先行先试建设世界城市试验区，区域更为聚焦、具备先行先试条件。在内部机遇方面，一是北京 CBD 近年来高速发展具备后发优势。北京 CBD 自身快速发展的历史进程中，可高起点谋划未来智慧发展蓝图。博采各家之长，实现后发超越。二是机制灵活管理创新。北京 CBD 已经形成建设联席会议制度，基层政府服务机构不断完善，并已形成跨国公司地区总部联盟、CBD 金融商会等行业协会和联盟。三是产业高端基础扎实。北京 CBD 是高端产业、高端人才的集聚地，产生了旺盛、巨大的对于信息化和智慧建设的需求空间。此外，北京信息化、信息水平国内领先，具备向更高层次跃升的基础。

基于对北京 CBD 发展形势的研判，北京智慧 CBD 的总体发展思路将围绕打造"国际化商务信息汇聚与决策枢纽、全球智慧化高端商务示范区、智慧北京的桥头堡和独特名片"三大战略定位，紧抓 CBD 核心区深化建设的机遇，以"智慧并举、产城融合"的先进理念贯彻北京智慧 CBD 规划、建设始终，坚持"创新驱动、前瞻未来、特色凸显、阶段突破"的发展思路，立足当前，着眼长远，从信息化基础设施硬环境和智能化应用软实力构建两大方面，通过夯实智慧信息基础设施、提升高端产业发展环境、强化智慧公共服务能力、增强智慧运行治理水平，为建设蜚声国际的一流 CBD 提供强大的支撑。

创新驱动。实现发展模式创新，以信息、知识、创意再造 CBD，以创新思维和理念驱动 CBD 发展；实现机制建设创新，在简政放权的统一部署下，进一步优化 CBD 管委会管理流程和运作机制，提供更为智能、便捷的政企交互与服务。实现应用服务创新，以互联网思维和平台化手段，应用先进科技创新发展多元智能应用服务。

前瞻未来。实现架构前瞻，北京智慧 CBD 总体架构设计实现智能化应用可插拔、核心平台架构可扩展；实现应用前瞻，融汇、吸纳国内外最先进智慧实践，与北京 CBD 实际相结合，因地制宜部署实施。

特色凸显。突出国际化，比如北京 CBD 国际通信专用通道、国际化协同办公环境、面向国际人士的社会服务等。突出定制化、个性化，比如 CBD 区域独享的个性化生活服务圈（智慧 CBD 圈）。

阶段突破。近期着重增强信息基础设施能级，丰富北京 CBD 域内城市运行、公共安全、公共服务等智能化应用，提升 CBD 综合服务水平和运转效率；中期侧重打造高端商务环境，定制化政企交互绿色通道，提高安全精细的政府治理服务能力；远期注重营造自由畅达的信息开放共享、创新应用共建共用的可持续发展生态环境。

（三）北京智慧 CBD 的建设目标

从当前至 2025 年，北京 CBD 将实施 iCBD2025 行动计划（暨北京智慧 CBD "2351" 行动计划）。iCBD2025 行动计划将围绕提高北京 CBD 运转效率，提升北京 CBD 服务能级；促进北京 CBD 经济创新发展，引领北京 CBD 产业升级转型的"两大核心诉求"，紧扣打造"国际化商务信息汇聚与决策枢纽、全球智慧化高端商务示范区、智慧北京的桥头堡和独特名片"的三大战略定位，充分利用物联网、移动互联网、云计算、大数据等信息技术，强化"技术"与"人"的互动，创新"CBD 城市运行、CBD 公共安全、CBD 公共管理服务、CBD 楼宇和企业运营、CBD 公众工作和生活服务"等五大领域智慧化应用，实现 CBD 区域治理更加高效和协同，CBD 产业发展更加融合和创新，CBD 公共服务更加智能和便捷，最终实现"一个战略目标"即打造世界一流的智慧商务区。到 2020 年（"十三五"末期），北京 CBD 将初步建设成为高效安全、开放共享、绿色智慧、持续创新的世界一流智慧商务区，辐射带动京津冀超级城市群高效、协同、创新、智慧发展。

三　北京智慧 CBD 的规划建设内容

北京智慧 CBD 规划建设内容主要包括夯实智慧 CBD 信息基础设施、搭建智慧感知系统和资源库、创建智慧 CBD 管理服务平台、深化五大领域创新智慧应用、打造多种综合智慧服务渠道、编制智慧 CBD 评价指标体系等六大工作任务。

（一）夯实智慧 CBD 信息基础设施

规划建设 CBD 高速泛在的通信网络工程、CBD 超速运算和海量存储的国际云计算中心。

信息基础设施建设是智慧 CBD 建设的先决条件和基础保障。通过对标分析能够看到北京 CBD 在宽带基础网络、国际互联网出口建设、信息化应用基础设施方面与国际一流 CBD 仍存有差距，区域信息基础设施服务能级亟待加强。以统筹、集约、高速、泛在为设计理念和服务宗旨，通过构建 CBD 本地极速全光网、无线 CBD、国际通信专用通道和集约统筹的国际云计算中心，优化完善第四代移动通信（4G）网络，探索启用 5G 商用网络，实现 100Tbps 到楼宇、1Tbps 到企业、万兆无线网全覆盖，筑基夯实北京信息化发展高地，提升北京 CBD 信息基础设施服务能级，为优化北京 CBD 国际化营商环境、打造世界级商务信息枢纽奠定坚实基础。

（二）搭建智慧感知系统和资源库

规划建设 CBD 全面覆盖的感知网络和设备工程、CBD 基础数据库、CBD 主题数据库。

广泛抽取、重组北京 CBD 现有信息资源，搭建包括 CBD 基础数据库（楼宇、法人、人口、市政设施、GIS 等）、CBD 主题数据库（城市治理、楼宇治理、楼宇经济、公共服务、社会管理、社会服务等）在内的北京 CBD 智慧城市信息资源库；建设 CBD 全面覆盖的感知网络和设备工程，获取北京 CBD 城市运行等方面的实时感知数据；建立跨部门的专业信息采集能力，从各行业业务系统广泛抽取、加工各业务领域应用数据，不断充实北京智慧 CBD 信息资源库数据资源；规范流程，统一标准，建设信息采集、更新和维护体系；持续积累和沉淀 CBD 城市数据，开展大数据技术应用，为北京 CBD 各项智慧应用、创新应用的开发部署提供统一、准确、及时的信息资源。

（三）创建智慧 CBD 管理服务平台

规划建设智慧 CBD 运营管理和服务中心、智慧 CBD 三维可视化综合管理和服务平台、智慧 CBD 大数据共享与交换平台。

智慧 CBD 运营管理和服务中心是集 CBD 城市运行中心、应急指挥中心、智慧城市展示中心、公众体验中心于一体的四合一中心，是北京 CBD 智慧城市运行的核心场所。智慧 CBD 管理服务平台是集 CBD 城市规划建设、经济运行、城市运行、公共安全、社会治理、应急指挥、大数据运营等功能于一体，技术、业务、数据高度融合的综合协同管理和服务平台，将汇聚政府和社会数据资源，实现对北京 CBD 城市运行状态的全面感知、态势预测、事件预警和决策支持，是北京智慧 CBD 运行管理的"大脑"和"中枢"。智慧 CBD 大数据共享与交换平台能以丰富的应用形式，开放给 CBD

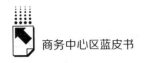

城市管理者、社会企业和公众使用，从而实现CBD智慧化治理和可持续发展新模式。

（四）深化五大领域创新智慧应用

深化"CBD城市运行、CBD公共安全、CBD公共管理服务、CBD楼宇和企业运营、CBD公众工作和生活服务"五大领域智慧应用，重点规划建设CBD产业经济管理、CBD城市和楼宇规划建设、CBD城市运行管理、CBD城市公共安全、CBD楼宇管理和服务、CBD产业促进发展服务、CBD企业运营服务、CBD公众工作服务、CBD公众生活服务等智慧应用工程。

实现CBD区域治理更加高效和协同，以北京CBD运营管理和服务中心为载体，广泛收集CBD区域治理大数据，然后对CBD区域治理大数据进行实时计算、分析、挖掘、研判、优化和预测，实现CBD城市规划建设、经济管理、城市运行、公共安全和楼宇治理的精细化、科学化、可视化、协同化和智慧化。实现CBD产业发展更加融合和创新，以北京CBD智慧基础设施平台、大数据共享交换平台为支撑，为CBD企业提供安全高速、无时差、智慧化、国际化的智慧基础设施和大数据云服务，全面提升CBD商务办公环境和专业支撑品质，全力支撑CBD总部经济与高端产业融合创新发展。实现CBD公共服务更加智能和便捷，以CBD大数据深度融合创新应用为抓手，主动为CBD公众推送并提供按需的数字化、个性化CBD属地公共服务，让在CBD工作和生活的人们都能够享受到CBD交通出行、餐饮、购物、娱乐、学习、社交等全方位的智能便捷的个性化公共服务。

（五）打造多种综合智慧服务渠道

规划建设智慧CBD移动App、智慧CBD网页WEB、智慧CBD服务热线、CBD公共场所智能多媒体信息交互屏、CBD多媒体智能可穿戴交互设施、智慧CBD运营管理和服务中心大屏。

向北京CBD政府管理者、企业和公众提供真实、准确、便捷的信息呈现、服务提供和互动交互渠道，为北京 CBD 不同的受众群体提供个性化、定制化、一站式的综合信息服务。

（六）编制智慧 CBD 评价指标体系

结合《新型智慧城市评价指标（2016 年）》，参考全球智慧城市、国际顶级 CBD 评价指标，根据北京 CBD 的需求和特点，因地制宜地编制"智慧商务中心区"评价指标体系，指明北京智慧 CBD 规划建设工作的大方向，科学评价北京智慧 CBD 规划建设的阶段成果。

四　北京智慧 CBD 建设路线图

（一）第一阶段：信息高地筑基，示范应用先行，公共服务引领突破

至 2018 年，筑基 CBD 智慧化基础设施，在 CBD 核心区试点示范精选成熟应用，政府主导 CBD 城市运行、CBD 公共安全、CBD 公共服务等智慧化服务引领突破。

（二）第二阶段：信息高地夯实，融合应用创新，智慧服务高端突破

2019～2020 年，进一步夯实 CBD 智慧化基础设施，在 CBD 深化融合场景创新应用，政府引导、市场主导加快实现助企、便民等智慧服务高端突破。

（三）第三阶段：信息高地开放，智慧应用全民参与，创新服务持续突破

2021～2025 年，开放 CBD 智慧化基础设施，鼓励全民参与，集全球企业和个人的资源和智慧来共同建设北京智慧 CBD，通过多种渠道在开放的

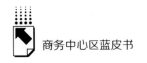

CBD 智慧化基础设施上不断增添智慧应用，不断推进智慧 CBD 创新服务持续突破。

五　北京智慧 CBD 发展愿景与应用

（一）CBD 区域治理更加高效和协同

以北京 CBD 运营管理和服务中心为载体，广泛收集 CBD 区域治理大数据（规划建设、楼宇经济、楼宇运行、视频监控、市政设施、交通出行、危险源等），然后对区域治理大数据进行实时计算、分析、挖掘、研判、优化和预测，实现 CBD 城市规划建设、经济管理、城市运行、公共安全和楼宇治理的精细化、科学化、可视化、协同化和智慧化。

CBD 智能绿色楼宇体验。践行 CBD 智能绿色楼宇管理和服务，实时采集 CBD 楼宇能耗数据，加以处理、分析和综合研判，奖惩并举，推动单位用能偏高的楼宇进行节能改造，激励一批具有可复制、可推广的智能绿色楼宇样板，整体促进 CBD 楼宇节能降耗，共建低碳、绿色、智慧 CBD。

CBD 智能安全运行体验。强化 CBD 城市管理、社会治理、公共安全领域实时视频智能分析和融合应用。通过三维多视频全景融合联动应用，掌控 CBD 全局；通过对 CBD 人/人群、车辆/事件进行智能监测、联动、预警和报警，全方位感知 CBD 安全态势，掌控 CBD 详情；通过对 CBD 安全的智能分析、评估、模拟和预测，进一步优化和更新 CBD 安全措施，全面提升 CBD 整体安全的体验。

（二）CBD 产业发展更加融合和创新

以北京 CBD 智慧基础设施平台、大数据共享交换平台为支撑，通过商业模式创新，政府引导、市场主导实现网络接入 100Tbps 到楼宇、1Tbps 到企业、万兆无线网全覆盖、价值大数据开放共享，为 CBD 企业提供安全高速、无时差、智慧化、国际化的智慧基础设施和大数据云服务，全面提升

CBD 商务办公环境和专业支撑品质，全力支撑 CBD 总部经济与高端产业融合创新发展。

CBD 企业专属的政府网上虚拟实境咨询和办事大厅。创新政府公共服务一站式协同办理模式，实现 CBD 企业专属的政府网上虚拟实境咨询服务和一站式办事服务，使 CBD 企业足不出户即可网上办理政府面向企业的各项业务，让 CBD 企业省时、省力、省钱，进一步提升北京 CBD 的商务环境和竞争力。

CBD 企业安全、高速享用全球 ICT 基础设施云服务。让驻地在北京 CBD 的企业和机构，可以安全、高速地享用全球顶级云服务提供商提供的 ICT 基础设施云服务，进一步降低 CBD 企业成本，提升 CBD 企业核心竞争力。

CBD 智慧经济创新无限未来。通过北京 CBD 高端服务业等实体经济与新一代 ICT 技术的有机融合，推动 CBD 高端服务业的智能化，创建 CBD 智慧经济可持续发展模式，智慧 CBD 发展模式有望促进北京 CBD 实体经济和新经济的融合创新快速发展，加速北京 CBD 产业经济的升级转型，引领北京市乃至京津冀产业经济的智慧创新发展。

（三）CBD 公共服务更加智能和便捷

以政府引导扶持、市场主导创新为牵引，以 CBD 大数据深度融合创新应用为抓手，主动为 CBD 公众推送并提供按需的数字化、个性化 CBD 属地公共服务，让在 CBD 工作和生活的人们都能够享受到 CBD 交通出行、餐饮、购物、娱乐、学习、社交等全方位的智能便捷的个性化公共服务。

CBD 国际人士医疗服务新体验。打造 CBD 国际智慧医疗健康服务中心，为工作、生活在 CBD 的国际人士提供一站式、多语种、国际化的全方位医疗健康服务。CBD 国际智慧医疗健康服务中心在引入、整合国内外一流医疗健康资源和品牌的同时，确立"市场化、高端化、国际化、集约化"定位，打造 CBD 国际医疗健康服务高地，满足 CBD 国际人士对医疗健康服务多层次、多样化的需求。

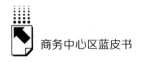
CBD 百老汇文化实境新体验。打造北京 CBD 国际文化中心，引进纽约百老汇、伦敦西区等全球优秀的戏剧和音乐剧当期演出节目，在北京 CBD 国际文化中心进行同步直播或录播，让工作和生活在北京 CBD 的国内外人士，能够第一时间享受到世界各地文化在北京 CBD 的聚集和交融。

CBD 公众智慧生活新体验。通过 CBD 楼宇智能快递柜、CBDPad、CBD 智能垃圾箱等智能街道家具和设施，让工作和生活在 CBD 的人们享受到更智能、更便捷的本地化公共服务。

CBD 公众大数据创新服务新体验。有约束地开放共享北京 CBD 政府、企业和公众大数据，集全球企业和个人的资源和智慧对 CBD 大数据进行开发利用，促使 CBD 产生企业对企业的服务、企业对公众的服务、公众对公众的服务、公众对企业的服务，共同建设发展北京智慧 CBD，催生、培育、发展北京 CBD 的新业态和新经济，促进北京智慧 CBD 可持续地生态发展，进一步增强北京 CBD 的活力和竞争力。

六　关于智慧 CBD 建设的一点思考

（一）探索智慧 CBD 建设、运行的可持续发展模式

目前，智慧城市建设很多是以政府投资为主，资金投入量大，北京智慧 CBD 在研究、规划的初期，就在探索智慧 CBD 建设、运行的可持续发展模式，坚持政府主导、市场运作原则，政府该做的由政府来做，市场该做的交还给市场。让智慧 CBD 具备自我造血能力，让参与智慧 CBD 建设、运行的各方共同受益，探索出一个可持续发展的模式。

（二）打造开放的智慧基础设施平台

北京智慧 CBD 建设将打造开放的智慧化基础设施平台，集全球企业和个人的资源和智慧共同建设北京智慧 CBD。让全球企业和个人在开放的智慧化基础设施平台上各显其能、大展拳脚，创新出更多更好的本地智慧化应

用，促进北京智慧 CBD 可持续地生态发展，进一步增强北京 CBD 的活力和竞争力。

（三）做好顶层设计，试点示范，分步推进

首先，谋划好北京智慧 CBD 的战略定位、发展思路和建设目标，做好总体规划；其次，因地制宜地做好 CBD 核心区各项试点示范工作，建设智慧化基础设施，分类推进智慧化应用服务；最后，根据北京 CBD 的特点和实际情况，分步推进智慧 CBD 全面建设。

B.5
上海虹桥商务区"智慧虹桥"建设

徐艋　施岩*

摘　要： 虹桥商务区作为上海未来重要的高端新兴商务区，近年来致力于"智慧虹桥"的建设，凸显了"特智慧"的发展理念，进一步推进了虹桥商务区智慧发展的步伐。"智慧虹桥"建设项目遵循"规划先行、标准确立、重点突破、全面推广"的思路，顶层设计和标准规范体系先行，着力进行信息基础设施能级提升、智慧交通、能源管理等公共服务领域内的智能化项目建设，从而有助于提升商务区内市民的智慧体验。分步建设，将前期核心区智慧建设积累的经验向全区域复制推广，实现全区同步智慧发展。

关键词： 智慧虹桥　顶层设计　低碳管理　智慧交通

引　言

2009 年，上海市启动规划建设虹桥商务区，并将其列入全市"十二五"规划的重点工程，以此促进上海经济发展方式转型、促进城市空间布局调整、助推上海国际贸易中心建设和推进国家长三角一体化发展；上海市"十三五"规划为虹桥商务区明确了下一步的发展目标："加强

---

* 徐艋，理学学士，上海信息化发展研究协会副秘书长，虹桥商务区推进"智慧虹桥"工作总顾问；施岩，经济学硕士，上海信息化发展研究协会，研究员。

整体统筹管理和功能开发，促进高端商务、会展和交通功能融合发展，打造成为服务长三角、面向全国和全球的一流商务区。"未来几年，虹桥商务区将紧紧围绕建设成为"世界一流水准商务区"的目标，加快形成"最低碳""特智慧""大交通""优贸易""全配套""崇人文"的发展特色，使商务区核心区建设形成新突破、主功能区建设形成新格局、拓展区建设打造新态势。其中，"智慧虹桥"作为"特智慧"理念的载体，更是其他 5 个理念的技术支撑与平台体现，是虹桥商务区建设的重中之重。

在国内外智慧城市建设热潮的新形势下，智慧商务区将承载更多推进城市、社会与经济发展的作用。虹桥商务区作为上海未来重要的新兴商务区，服务于长三角地区乃至全国的高端商务中心，推进"智慧虹桥"建设成为"必由之路"。

一　虹桥商务区发展现状

虹桥商务区位于上海市中心城西侧，处于长三角城市轴的关键节点，与长三角主要城市如苏州、杭州、无锡、宁波、南京等城市的距离均不超过300 公里。东起上海外环高速 S20，西至沈海高速 G15，北起沪宁高速 G42，南至沪青平高速 G50，总占地面积 86.6 平方公里，涉及闵行、长宁、青浦、嘉定四个行政区域，包括 4.7 平方公里的核心区、27 平方公里主功能区和59 平方公里的功能拓展区。

整个商务区域由市政府派出机构虹桥商务区管委会进行统筹规划，并统一进行布局和城市建设标准的提升。商务区前期主要对核心区 4.7 平方公里集中建设，2015 年以来，核心区主体项目基本建成，商务区工作重心开始向 86 平方公里拓展区延伸，通过探索创新联动的开发建设机制，加强与四区政府对接，整合区域资源优势，在产业发展、功能服务、配套建设等方面进行功能优化、科学规划，进一步提升商务区的开发能级和水平。开发建设五年来，商务区通过高起点规划、高标准建设，核心区进入全面发展阶段，

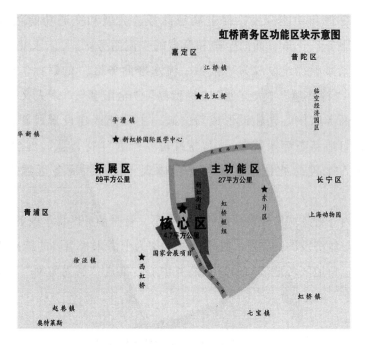

图1　虹桥商务区功能区块示意

"大交通、大会展、大商务"的三大功能服务日渐优化完善，重点片区实现差异化发展，取得了一系列阶段性成果。

（一）核心区三大功能服务日渐优化完善

虹桥枢纽运行平稳有序，"大交通"综合服务能级提升。虹桥枢纽是目前规模最大、功能最全的综合交通枢纽，集民用航空、高速公路、城际铁路、长途客运、地铁、地面公交和出租车等多种交通方式于一体。2016年虹桥枢纽全年总客流达3.5亿人次，日均96.2万人次，比去年增长13.3%，单日客流峰值达131万人次；枢纽联动机制和应急处理机制优化完善，空铁、公铁联合售票措施取得实效，远程值机、"空铁通"等创新探索受到市场欢迎，机场短驳、夜宵交通配套、公交配套进一步完善。多年来，虹桥枢纽保持了平稳、安全、有序运营，被国家交通运输部评为"全国平安交通建设示范点"。

会展项目全面建设运营，全方位打造"大会展"新格局。作为世界最大的会展单体项目，国展中心已于 2015 年 6 月全面建成并投入运营。2016全年举办展览活动 54 场，总规模达 427 万平方米，其中 10 万平方米以上的展览占比超过 90%，国际性展览占比超过 95%；其招商工作也已全面启动，综合体内已签约入驻客户 73 家；国展洲际酒店提前开业，完成大型展会、UFI 会议等重大接待任务。此外，周边市政配套工程建设加速推进，一条轨道交通、8 条地面配套道路和 3 个停车场建设正有序推进。

商务区招商引资实现突破，"大商务"磁吸效应明显。目前进入核心区的业主，既有实力雄厚的大型开发投资公司，也有在专业领域技术领先的制造业企业和发展中的商贸企业。如香港瑞安、北京万通、广州富力、深圳万科、重庆龙湖等知名企业参与开发建设，形成了一批带动能力很强的优质商业地产项目群。世界 500 强和行业领先企业罗氏诊断、壳牌石油、中国平安、长江商学院、伊顿国际教育集团等知名企业入驻，总部经济和现代服务业集聚发展显现出良好势头。

（二）拓展区四个重点片区呈差异化发展

2015 年以来，虹桥商务区功能拓展区内四个片区开发建设错位布局、协调发展，取得了明显的成效。

南虹桥地区智慧健康与创新创业成为建设抓手。卫生部和上海市的部市合作项目——新虹桥国际医学中心建设已经落成，规划面积 100 公顷，内配备医技中心、国际医院 2 所，特色专所 4 所、能源中心，涵盖"医教研养康"的智慧医疗产业链逐步形成。新型众创空间稳步发展，"大众创业、万众创新"氛围浓厚。

东虹桥地区航空服务业呈现规模集聚发展态势。东虹桥地区"高端航空服务业创新试验区"聚焦现有航空服务业、现代航空配套服务业、航空服务业功能性平台机构等三大类重点航空产业，推动实现保税免税、公务机产业功能、航空要素市场化配置、航空金融服务、航空专业服务等六大产业功能落地。

西虹桥地区围绕"四大平台"，打造特色产业。会展产业平台、北斗西

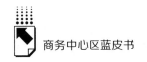

虹桥基地、网上国际贸易功能区、金融服务集聚区等四大平台加快发展，其中北斗产业园已引进17家北斗导航龙头企业和机构代表正式入驻，注册企业60多家，2016年上半年北斗导航产业产值达3.2亿元。

北虹桥地区产城融合发展稳步推进。北虹桥电子商务及生产性服务区的建设和老园区升级改造同时进行，电子商务产业、智能制造业和服饰创意业等特色产业蓬勃发展。新老园区错位发展、共同提升，产城融合发展稳步推进。

二 "智慧虹桥"建设成果

长期以来，虹桥商务区始终将"智慧虹桥"作为商务区开发建设的六大核心理念之一，遵循"规划先行、标准确立、重点突破、全面推广"的发展脉络，取得了一系列发展成果，核心区至今已被评为国家绿色生态示范城区、上海市低碳实践区、智慧城市示范区、首批智慧园区建设和智慧新城试点单位等诸多荣誉。

（一）规划先行：构建完善顶层设计（2010～2012年）

2010～2012年，商务区建设初期，管委会即联动四区政府及各相关部门，加强合作协调，确定了"智慧虹桥"建设规划，避免了后期建设的盲目性以及部门各自为政的问题，并在后期建设过程中对顶层设计不断调整和完善，促进"智慧虹桥"建设持续推进。

管委会联合铁路、机场、铁塔、电信运营机构等30余部门单位成立推进"智慧虹桥"建设领导小组，成立"智慧虹桥"推进办进行专门信息化工作，分别与所在四个行政区签订工作协议，从而提升"智慧虹桥"建设部门协调和工作效率。管委会引入市信息化发展研究协会作为信息化工作推进专业咨询机构，先后依托科研机构及国际"智慧城市"解决方案咨询商共同研究设计《智慧虹桥"十二五"规划》《推进"智慧虹桥"建设2013～2015年行动计划》《推进"智慧虹桥"建设2015～2017年行动计划》等规划，统筹推进商务区智慧虹桥发展，分步指导"智慧虹桥"各项信息化项目建设。2016 年底,《虹桥商务区"智慧新城"试点建设方案》获批,虹桥商务区将作为新一批市智慧新城建设试点,在"十三五"期间,打造智慧便捷的交通枢纽、国际高端的会展之都、创新活力的商务集聚区和宜人宜居的生活服务圈。

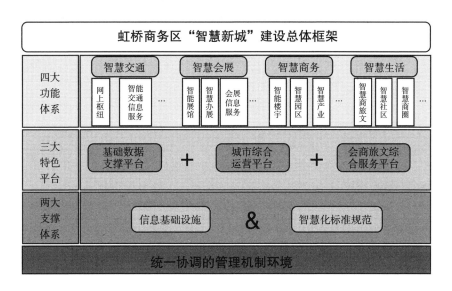

图2 《虹桥商务区"智慧新城"试点建设方案》框架

(二)标准确立:着力建设标准体系(2012~2014年)

2012~2014 年这一阶段,管委会着力信息基础设施集约化规划、楼宇建设智能化标准、交通等公共应用服务框架化的智慧城区标准体系建设。

信息基础建设方面,先后制定了《关于推进虹桥商务区公共建筑信息基础设施集约化建设的指导意见》《上海虹桥商务区智慧城区(地块与建筑)建设导则(试行)》《虹桥商务区核心区 WIFI 覆盖建设指南》等实施文件,对商务区入驻开发商、企业在智慧楼宇建设和信息化应用建设方面做了规范要求,指导和推进商务区信息基础建设工作。

智慧交通推进方面,管委会于 2014 年协同专业咨询机构进行虹桥商务区交通信息系统建设课题的研究,形成《商务区(核心区)交通综合信息

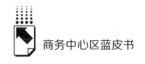

服务需求研究》报告，并提出了"智慧虹桥"建设三年行动计划中交通信息服务建设项目清单和预算，为"智慧虹桥"建设三年行动计划的制订以及后续的智慧交通的推进提供了有力支撑。

低碳实践推进方面，《上海虹桥商务区管理办法》明确了"鼓励虹桥商务区通过低碳经济发展方式，建设成为低碳商务区域"的总体建设目标，并制定了《上海市虹桥商务区低碳建设导则（试行）》（下称"低碳建设导则"），低碳建设导则从低碳建设技术和实施层面制定了满足低碳商务区建设要求的低碳规划指标。

（三）重点突破：推进建设重点项目（2014~2016年）

2014年开始，管委会重点进行信息基础设施能级提升、智能楼宇与地块建设、低碳能效管理平台、商务区内智慧交通等重点项目建设。

1. 信息基础

按照万兆到楼、千兆到层、百兆到桌面的要求，商务区核心区全面开展红线内信息基础设施建设，商务区城市光网、无线城市进程逐步加快，信息基础设施集约化建设有序开展；2015年初，管委会与中国铁塔上海分公司签订《共同推进上海虹桥商务区战略合作备忘录》，推进信息基础设施布局优化和规范管理，推动国内首创城市通信基础设施与城市地标融合的多功能通信宏基站建设，进一步完善了商务区移动通信覆盖能力。其中，位于商务区南北入口的两座标志塔，为国内首创的通信铁塔与城市建筑有机结合的"地标建筑"。此外，坚持高标准和适度超前的原则，跟踪国内信息化基础建设进展，应用国内外最新技术成果，虹桥商务区正逐步探索5G网络试用。

商务区核心区公共区域WIFI覆盖项目采用PPP模式，由上海电信和社会网络公司共同实施，按照核心区整体开发建设进度，根据《核心区WIFI无线网络建设标准》要求，目前正加快项目建设，预计将在2017年底实现核心区公共区域WIFI网络全覆盖。

2. 智慧交通

虹桥综合交通枢纽是目前全国乃至全世界屈指可数的超大型、现代化综合交通枢纽，对外交通条件十分优越，但由于前期规划建设存在"先天不足"的问题，虹桥商务区与上海市中心城区以及商务区区域内部各个功能版块之间的交通联系不尽如人意。因此，应用新一代信息技术实现智慧交通成为完善商务区市域交通的有效手段。

根据《"智慧虹桥"2015～2017年行动计划》中关于智慧交通的总体布局，以及商务区项目整体推进需求，启动枢纽西交通中心停车场智慧化改造项目，完成商务区静态道路诱导系统，同时动态道路诱导系统及停车诱导系统正按照工作计划有序推进。

以管委会为主体在虹桥枢纽地区内建立了虹桥枢纽应急响应中心（简称ERC），ERC主要承担虹桥枢纽应急工作的常态管理、应急值守、综合协调和指挥平台等职责，实现对整个区域重特大突发事件的协调联动与应急。应急过程中，技术上依托虹桥综合交通枢纽运行管理中心进行协调组织。在信息发布终端的建设方面，枢纽地区安装了约100台指路机，主要位于机场、火车站等区域，出行者可以查询民航、高铁以及市内交通的相关信息。

此外，为缓解商务区内交通压力，提倡低碳出行，商务区在区域内布局推广无人值守的新能源汽车和单车等分时租赁模式，交通共享经济在商务区内普及效果明显。目前，在西交通中心、公共事务大厦及其他运营地块上，截至2016年9月，新能源汽车分时租赁点共计提供车位数84个、保障运营新能源汽车40辆；摩拜单车、OfO等各式共享单车的普及也优化了商务区"最后一公里"出行方式，完善了商务区内低碳出行方式；虹桥天地远程值机平台于2015年10月建成并投入使用，一年时间已为1200多名旅客办理了值机手续，一站式便捷值机服务为旅客们节省了大量时间成本。

3. 低碳实践

作为中国第一个低碳商务实践区，上海市三大低碳实践区之一，商务区在规划之初便同步推进全方位的低碳规划研究，并将"低碳虹桥"的概念融入规划、设计、建设及运营等各个阶段，截至目前，商务区在绿色建筑和能源管理方面成果尤为显著。

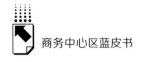

（1）绿色建筑

2011 年出台的低碳建设导则对绿色建筑提出规划要求：核心区新建商务办公类项目100%达到绿色星级建筑一星级及以上标准，其中达到二星级标准的不低于50%，部分标志性项目达到绿色三星级标准。

近五年来，商务区严格遵循低碳建设导则的要求，推进区域内绿色建筑的建设管理。通过制定绿色建筑从项目立项、规划、设计、建设到竣工验收等阶段的实施管理机制和办法，明确相关部门在项目建设不同阶段的服务与监管职责，同时指导开发商分阶段落实绿色建筑建设目标要求。例如在进行土地"招拍挂"阶段，就明确提出了绿色建筑建设要求，纳入常规建设程序；工程施工阶段，监理单位必须对绿色建筑工程实施动态监管；竣工验收阶段，必须审核绿色建筑专项内容、形成验收报告。

同时，随着商务区整体建设进程推进，竣工与运营项目不断增多，管委会也将绿色建筑管理重心由设计标志转向运营标志，出台了《关于推进实施建设工程绿色施工的若干指导意见》，进一步夯实绿色建筑运营标志认定基础。

通过贯穿全寿命周期绿色建筑的实施，目前核心区实施的情况已远高于预期。截至2016 年9 月，核心区内所有建筑已全部达到国家星级标准，已获绿色建筑标志的项目51 个，已获得设计标志的建筑面积总计435.58 万平方米，占核心区总建筑面积（585 万平方米）的75%左右。其中，三星级项目34 个，二星级项目17 个，其总和约占上海市二星级以上项目数的21%。与此同时，其中一些项目还拥有中国绿色建筑及美国 LEED 双重认证，已完成双认证的建筑面积达101 万平方米，约占核心区一期楼宇建筑面积的33%。此外，商务区拓展利用地下空间，在不同的地块采用地下通道以及二层连廊系统连接，鼓励建筑采用屋顶绿化形式，使整个核心区成为一个绿色、立体、复合、多元化的公共活动空间系统。

（2）能效管理

虹桥商务区依托区域集中供能系统，研究区域综合能效监测系统，突出低碳设计和商务社区的规划理念，是发展低碳经济的重大实践。

虹桥商务区是目前全市最大的"三联供"区域集中供能实践区，2011

年3月,作为国内首个区域冷热电"三联供"项目开建,该区域集中功能系统以天然气为一次能源、分布式功能为核心技术,建成后将满足商务区核心区内近345万平方米建筑的冷热电供应需求。项目共规划建设五座能源站,目前第一、第二能源站已建成并供能。系统每年为整个核心区节省近3万吨标准煤,减排 CO_2 超8万吨,集中供能使核心区能源综合利用率达到80%以上。

2016年6月,低碳能效运行管理信息平台建设完成并顺利上线,目前平台运行良好,已接入29个地块,接入建筑350幢。该平台覆盖核心区内全区域的能效数据,集数据采集、传输、汇总、利用和展示功能于一体,通过信息技术手段对全区域能效数据全面采集和实时监测,使能源信息可监测、可核查、可评估、可报告,使商务区管理者准确掌握区域内各个开发商用户的实时和历史用能情况,从而为区域内用户诊断评估、计量收费、用能方案优化等提供个性化节能服务,为实现整个虹桥商务区能源使用与碳排放的数字化管理提供有效支撑。低碳能效平台作为一个对外展示低碳成果的窗口,提高了企业和公众低碳意识,更好地引导低碳实践。

图3 虹桥商务区虹桥天地能效监测界面

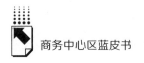

（四）全面推广：复制推广成功经验（2016年以后）

2016 年开始，按照"核心区先行，四区联动，独具特色，协调发展"原则，商务区将核心区建设积累的标准、项目、模式等成功经验向主功能区、拓展区复制推广，实现各片区信息化同步发展。

核心区经过前期的建设，已初步建成独具特色的智慧城区框架；南虹桥正着重推进国际医疗教育、休闲文化的智慧建设；东虹桥全力打造世界领先的航空服务业创新试验区，搭建了资源统筹共享、覆盖广泛的一体化、开放式的产业服务平台和园区运营管理体系；西虹桥为建设成为国际会展之都、高端居住配套区的承载区，加快推动国家会展中心、北斗西虹桥基地等平台的建设；北虹桥聚焦智能社区服务推广应用，打造联勤和城市网格化指挥管理平台、智能云服务系统，以信息化手段促转型、强管理、优服务。

三 建设经验和创新特色

（一）建设经验

统筹规划、分步实施。坚持规划引领、统筹协调、分步实施的建设思路，以统一的标准和规范指导"智慧虹桥"建设，发挥"智慧虹桥"建设领导小组的组织协调作用，按照"智慧虹桥"三年行动计划，分步进行各项智慧项目建设实施。

聚焦项目、务求实效。聚焦商务区交通、会展、商务等功能需求的信息化项目，重视对应用项目的分析和总结，逐步推进项目建设进程，务求项目建设实效。明显提升商务区内市民的感知度和满意度，以项目建设带动"智慧虹桥"建设。

功能切合、彰显特色。围绕交通枢纽、会展服务、贸易平台、智慧生活圈等区域功能特征，着重进行"大交通、大会展、大商务"功能特色的"智慧虹桥"建设，高标准推动符合虹桥商务区功能定位、彰显虹桥特色的智慧应用项目建设。

多元推进、形成合力。建立了四区政府联动创新、统一协调的工作推进机制，围绕商务区发展规划和各片区产业功能定位，全力配合推进"智慧虹桥"工作；探索市场化运营模式，鼓励社会广泛参与、公平竞争，形成了政府引导、社会企业及其他多元力量合力推进的良好局面。

（二）创新特色

区别于其他地区的商务区，虹桥商务区作为新兴的 CBD，通过统一规划标准和经验示范推进整个区域的智慧化建设。由虹桥商务区管委会和区域内所涉闵行、长宁、青浦、嘉定等四区政府牵头，坚持"标准统一、示范推广"的方式，统筹协调各市场主体力量，按照上海市智慧城市"十三五"规划对商务区的定位，以及虹桥商务区发展"十三五"规划对商务区各片区的功能定位，因地制宜地制定和完善商务区智慧项目建设统一的指导意见、标准规范和评价体系。基于虹桥商务区开发建设的先后顺序，优先进行核心区集中建设，完善核心区信息基础设施布局，提高智慧应用项目建设水平，再将核心区建设积累的原则理念、技术标准、项目模式等经验向拓展区复制推广，形成经验示范作用，整合商务区范围内所涉及的相关资源，有效推动拓展区域智慧化建设。

四 "十三五"发展展望

"十三五"期间，虹桥商务区将通过实施"4321"战略，着力打造以智慧便捷的交通枢纽、国际高端的会展之都、创新活力的商务集聚区和宜人宜居的生活服务圈为核心要素的四大智慧化提升行动，着力构建以基础数据支撑、会商旅文综合服务、城市综合运营为特色的三大集成平台，着力强化以信息基础设施和智慧化标准规范为抓手的两大支撑体系，着力完善商务区统一协调管理的机制环境，为建成具备世界一流水准、虹桥功能商务区基本框架奠定基础。到"十三五"期末，虹桥商务区实现智慧城市建设水平位居

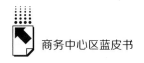

全市前列，初步建成特色鲜明、特点突出、特惠便捷的新型智慧城市标杆商务区。

参考文献

陈建平、沈丽华、周一军：《上海虹桥商务区能源中心低碳建设探索》，《区域供热》2014年第3期。

上海虹桥商务区管理委员会：《2016上海虹桥商务区发展报告》，2016。

成迟蕙、闫霜、徐鑫：《打造智慧的中央商务区——智慧CBD案例研究和对智慧虹桥的启示》，《中国信息界》2012年第3期。

詹歆晔：《构筑上海虹桥中央商务区低碳典范》，《上海节能》2011年第9期。

李芳：《虹桥商务区绿色建筑创新管理模式探索》，《智能建筑与城市信息》2013年第10期。

陈争霞：《上海虹桥商务区核心区城市综合体开发对策与建议》，《上海企业》2014年第7期。

上海虹桥商务区管委会：《虹桥商务区信息基础设施专项规划》。

上海虹桥商务区管委会：《虹桥商务区信息基础设施集约化共建共享指导意见》。

上海虹桥商务区管委会：《虹桥商务区WIFI网络建设指南》。

上海虹桥商务区管委会：《虹桥商务区智慧城区（地块与建筑）建设导则》。

上海虹桥商务区管委会：《虹桥商务区低碳平台能耗监测实施细则》。

上海虹桥商务区管委会：《关于加强绿色建筑实施以及建筑能耗分项监测平台建设管理的有关通知》。

创新发展篇

Innovative Development

在这科技日新月异快速变化的新时代，互联网等信息技术正在重塑从制造业到服务业等各类市场，全球产业变革的步伐远远超出人们的预期。传统金融正面临新金融的全面渗透，各种新金融工具层出不穷，移动支付市场空前繁荣；移动视频和移动广告快速增长，网络直播的变现能力已超过了广播、电视、报纸等传统传媒，新兴媒体繁荣发展；电子商务改写了全球零售业的既有格局，"内容营销＋消费体验"、线上线下协同销售已成为重要的发展趋势，跨境电商成为国际贸易新方式和新手段；楼宇经济转型升级，打造安全、绿色、低碳、智能的智慧楼宇成为CBD提升硬实力、优化软环境的重要方面……本篇将聚焦信息化时代的经济变革和CBD转型发展，从新媒体、跨境电商、互联网金融、楼宇经济等方面梳理分析CBD的创新发展。

B.6
中国新媒体产业发展现状、问题及趋势

黄楚新　任芳言*

摘　要：　如今，媒体行业的融合转型程度逐步加深，传统媒体与新兴
　　　　　互联网行业都在融合转型中积累到一手经验，调整策略的效
　　　　　率正在逐步提高。同时，以互联网产业为基点，媒介与各个
　　　　　行业的关系逐渐发展到新的高度，经济关系、产业化特点逐
　　　　　步增强。本文重点分析了近年来媒介融合发展的现状和特点，
　　　　　结合行业发展报告，对媒介融合的发展趋势及产业化发展方
　　　　　向提出一些对策与建议。

关键词：　新媒体　深入转型　产业化　现象盘点　对策建议

一　总体概况与发展态势

（一）国家政策引导越发细化，由宏观逐渐转向微观层面

继"互联网＋"受到国家政策推动后，中国媒体的融合发展如今已经
逐步来到深化中坚阶段。政策引导层面，诸如《国家网络空间安全战略》、
《"十三五"国家信息化规划》、《关于促进移动互联网健康有序发展的意

---

* 黄楚新，中国社会科学院新闻与传播研究所新闻学研究室主任，中国社会科学院新媒体研究
中心副主任兼秘书长，研究员，研究方向为新媒体；任芳言，中国青年政治学院新闻传播学
院研究生。

见》，以及《信息通信行业发展规划》、《"互联网＋政务服务"技术体系建设指南》等文件对我国的互联网发展引导和管理逐渐加强。

2017年1月，中共中央办公厅、国务院办公厅印发了《关于促进移动互联网健康有序发展的意见》。面对快速演进的新技术、层出不穷的新平台及新应用，党中央意识到移动互联网发展管理工作还存在一些短板，如体制机制有待完善、政策扶持力度不够、自主创新能力不足、核心技术亟须突破等问题。与此同时，国家对媒体融合、移动互联网在产业发展层面的引导逐步加强，如引导多元化投资市场发展、积极稳妥推进电信市场开放，推动形成多种资本成分和各类市场主体优势互补、相互竞争、共同发展的市场新格局。

于同月印发的《"互联网＋政务服务"技术体系建设指南》是继"互联网＋"之后又一落实到具体业务层面的引导。以"坚持问题导向、加强顶层设计、推动资源整合、注重开放协同"为原则，以服务驱动和技术支撑为主线，围绕"互联网＋政务服务"业务支撑体系、基础平台体系、关键保障技术、评价考核体系等方面，提出了优化政务服务供给的信息化解决路径和操作方法，为构建统一、规范、多级联动的"互联网＋政务服务"技术和服务体系提供保障。随着互联网行业垂直领域、媒介融合生态环境的逐步细化，国家在政策引导方面的工作也逐步从宏观到微观。

（二）互联网资本化程度加深，内容生产形式多样化

1. 内容资源重要性越发凸显，"产品—平台"成普遍发展模式

2015年末起，内容资源再度成为新媒体平台上的重点发展对象。2016年被业界赋予了"内容创业元年"一说，移动资讯媒体平台在2016年密集出现。今日头条、腾讯、阿里、百度、搜狐、网易、新浪、一点资讯、凤凰等纷纷推出自媒体平台。以今日头条为首的自媒体平台，在算法和推荐机制上不断更新进化。在技术机制逐渐完备的情况下，优质内容成为各大平台争相追逐的稀缺资源。门户网站、科技公司开始了吸引内容创作者的"补贴战"。如今日头条推出的"千人万元"计划，腾讯推出的"芒种计划"、一点资讯推出的"点金计划"等。

115

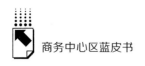

表1　资讯类自媒体及所属平台、项目计划一览

	产品名称	所属平台	项目计划	补贴方式
1	微信公众号、企鹅号	天天快报（腾讯）	芒种计划	2亿元补贴
2	百家号、知道日报账号	百度百家（百度）	百亿元分润计划	100亿元补贴
3	UC订阅号	UC头条（阿里巴巴）	量子计划	10亿元补贴
4	头条号	今日头条	千人万元计划	保证优质作者每月有万元收入
5	一点号	一点资讯	点金计划	广告收益、平台补助
6	搜狐公众号	搜狐新闻	暂无	—
7	网易号	网易新闻	自媒体亿元奖励计划	1亿元补贴
8	新浪财经头条号、微博问答	新浪微博	摘星计划	提供融资对接
9	凤凰号	凤凰新闻	暂无	—

除却资讯媒体平台，直播平台也为内容生产者提供了分发渠道。直播平台与资讯平台类似，功能不局限于单一产品，众多类别的内容均可以通过直播平台进行传播。以游戏解说和秀场主播两大类为首，靠观众打赏、品牌合作等渠道拉动了行业发展。据统计，截至2016年12月，PC端用户数超过9500万人、移动端设备数超过8700万台。其中，43.6%的用户每天至少使用一次直播平台。寻求陪伴型、电竞游戏型、放松消遣型用户均属于高频次高付费群体，在总用户群中占比共计56.6%。直播平台辐射到电子竞技、服饰美妆等现有产业，新媒体的发展已经不仅仅局限于单一的产品形式，更涉及多个行业领域。

2. 资本市场风口频出，内容生产在新媒体领域快速扩张

政府支持以及循环意识的增强使分享经济有强劲的势头，同时也让新媒体的发展领域快速扩张。除了开发自己的产品外，以BAT为首的互联网巨头开始将目光放到资本市场上。由于移动互联网及新媒体与医疗、外卖、出行、教育等各个领域合作程度加深，加之技术进步使人们的分享成本降低，催生了多种多样的产品。互联网巨头也纷纷开始对分享经济领域进行投资。阿里巴巴投资滴滴打车、58同城、百城旅游、淘宝教育等；腾讯投资饿了么、新美大、艺龙、京东等；百度投资优信二手车、美味不用等、去哪儿、蜜芽、沪江网等。

2016 年，我国分享经济市场交易额约为 34520 亿元，比 2015 年增长 103%。分享经济平台就业人数约 585 万人，比 2015 年增加 85 万人。① 国家发改委就《分享经济发展指南（征求意见稿）》公开向社会征求意见。② 从市场准入、监管机制等十大方面促进分享经济发展，降低政策风险。分享经济将个人闲置资源、企业闲置资源、公共空间乃至整个城市的闲置资源调动起来。2017 年的政府工作报告中，提到要将分享经济作为提高社会资源利用效率、便利人民群众生活的途径之一，并指出要支持和引导分享经济发展。③ 在帮助新生产品发展的同时提高资源利用效率，形成合作共赢的局面。

短视频一直以来也是国内外关注的热点。随着移动流量资费的降低，以及用户越来越适应视频类的动态传播方式，短视频愈有成为热点的趋势。2015 年，Facebook 宣布其平台用户日均播放量达到 80 亿次；2016 年，日均播放时长达到 1 亿小时。路透社一项报告显示，Facebook 平台上，原创类新闻视频平均时长为 75 秒，8% 的新闻视频时长超过 2 分钟。有 56% 的新闻视频时长在 1 分钟以内。④ Facebook 于 2017 年 2 月开始在平台视频内容中插播广告，帮助内容生产者获得广告分成。截至 2017 年 2 月，国内主流短视频平台的母公司中，获得 C 轮（包括 C 轮）以下的有 11 家。⑤ 国内互联网领域的先头部队纷纷开始布局：今日头条继宣布获得 3 年中超短视频版权后，

---

① 国家信息中心分享经济研究中心：《中国分享经济发展报告 2017》，http：//www. sic. gov. cn/News/250/7737. htm。

② 《发改委都出手了，你对分享经济还有疑虑吗？》，http：//news. xinhuanet. com/politics/2017 - 03/01/c_ 1120551673. htm。

③ 《李克强说，以创新引领实体经济转型升级》，http：//www. gov. cn/premier/2017 - 03/05/content_ 5173481. htm。

④ The Future of Online News Video, http：//digitalnewsreport. org/publications/2016/future - online - news - video/。

⑤ 《垂直短视频 App 行业报告，谁正站在风口？》，https：//community. jiguang. cn/t/app/14266。

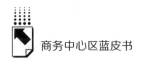
又与芒果TV达成战略合作；网易创始人丁磊宣布旗下网易云音乐将重点突出短视频功能；2017年3月24日，腾讯宣布以3.5亿美元投资短视频平台快手；同时，旗下拥有优酷土豆平台的阿里巴巴，向业内一些在短视频领域较有经验的自媒体发出了参加阿里文娱短视频战略暨新土豆发布会的邀请。

二　当前热门现象盘点

（一）大浪淘沙、强者更强，中央与市场化媒体共同发展

在当前融合转型大背景下，不少媒体抓住机会，充分发挥自身特色及优势，为新老用户提供一如既往的优质内容，在新的平台空间上逐渐站稳脚跟。以微信公众平台为例，多家媒体拥有更为垂直细分的微信公众号。如《人民日报》海外版旗下的评论类微信公众号"侠客岛"、《北京青年报》旗下评论类微信公众号"团结湖参考"，《北京日报》旗下的时政新闻类微信公众号"长安街知事"，《新京报》旗下人物报道类微信公众号"剥洋葱"等。通过亲身参与微信公众号内容生产及运营，媒体人由传统媒体式的传播节奏向新媒体式的传播节奏转变，并在此过程中积累了宝贵经验。《新京报》深度部副主任张寒表示，对于微信文章来说，"最好的效果应该是击鼓传花。我被这篇文章感染，然后我愿意把这感染传递下去"。通过文章的阅读、转发数等量化传播指标迅速判断公众号内容的调整方向，以优质内容为基础，但不单纯做"大自然的搬运工""需要一个成体系的吸附力"①。

另外，众多垂直类微信公众号不仅有传统媒体参与运营，更有来自互联网行业的竞争。以媒体观察类微信公众号为例，多家媒体、公司或个人都拥有同类型公众号：如创始人为"中国青年报"资深记者的"刺猬公社"、腾讯旗下的"全媒派"、网易旗下的"网易新闻学院"、《新京报》旗下的

---

① 《剥洋葱：传统媒体人的一场"裸奔"实验》，http://www.nfmedia.com/cmzj/cmyj/sysj/201505/t20150528_366871.htm。

"新京报传媒研究"以及百度旗下的"百度新闻实验室"。此类垂直号内容聚焦于中外媒体发展变化,从传播、学术研究等角度介绍前沿数字媒体技术。由此可以发现,同一垂直领域的微信公众号可以有来自不同背景、不同行业的运营者。

但不论是传统媒体、市场化媒体还是互联网内容运营,不论是否借助移动端以及新型分发模式,众多媒体从业者聚集在北京等一线城市的现象十分明显。《2016 年媒体内容与媒体从业者生态报告》显示:一线城市仍是媒体人的最佳从业地点。新媒体从业者有 71.74% 位于北京、上海、广州及深圳。其中,来自北京的媒体从业者比例达到 53%。杭州超过广州,成为新媒体人占比 5.43% 的"媒体第四城"。其中,北京、上海、深圳成为媒体行业平均月薪前三的城市,分别为 10110 元、9570 元及 9280 元。

传统媒体在融合转型过程中逐渐走出旧有的传播节奏和分发模式,更多地参与到与新媒体的合作竞争中去。但调查显示,技术开发、视觉设计、大数据分布式计算等前端、后端的开发是传统媒体急缺的几类岗位,但传统媒体并不能提供与互联网新媒体行业同等水准的薪酬及待遇。[1]

(二)直播与 IP 相结合,成为新媒体领域新风向

截至 2016 年 11 月,国内针对文化娱乐产业领域的投资额已经达到 7032 亿元,国家政策支持以及年轻受众群体的消费热情让泛娱乐类 IP 得到较大的发展空间。用户购买正版手游、观看正版影视作品的意识加强。2015 年,由小说、动漫、影视等 IP 改编的手机游戏占据了游戏畅销榜中的半壁江山。世界排名前 100 的手机游戏中,49 款 IP 游戏来自中国,IP 游戏收入占比达到 59.3%。2016 年,移动端游戏收入超过了 PC 端游戏收入,实际销售达到 819.2 亿元,同比增长 59.2%。[2] 以各类 IP 为核心的产业链发展模式逐渐成熟,并形成了文字—视频—游戏—电商等多个领域的转换循环。

---

[1] 《媒体价值升级与技术融合——2016 年媒体内容与媒体从业者生态报告》,http://www.prnasia.com/story/168342 - 1.shtml。

[2] http://www.199it.com/archives/563028.html。

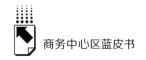

另外，直播作为近两年互动形式较为新颖的行业，平台上产生的新晋 IP 数量越来越多。以游戏直播为例，据统计，2017 年 1 月，直播平台前十类用户类型中，重游戏和轻游戏分别位列第四和第十，占据了 56.1% 的比例。① 在斗鱼、虎牙、战旗等平台上的游戏主播通过线上游戏解说积累粉丝，主播本身即可成为新的 IP。2016 年上半年，视频直播领域融资超过 10 亿元大关，直播开始进入泛娱乐时代。除了游戏直播外，综艺、电商等垂直领域的主播数量增多，用户黏性进一步增强，逐渐从 IP 产品过渡到 IP 人物，新媒体领域中不同平台的内容和人物相互融合，形成了以主播为核心的 IP 经济链条。

三 存在的问题及可能的后果

（一）假新闻泛滥，在世界范围内产生恶劣影响

信息呈几何式增长、信息过载现象的出现以及社交媒体逐渐成为获取信息的主要方式为假新闻的泛滥提供了潜在机会。人工智能的发展既能够催生出自动抓取内容的算法、为机器新闻提供可能，也为僵尸号和假新闻带来可乘之机。2016 年美国总统大选期间，Facebook 上甚至出现了专门发掘并制作、传播假新闻的账号。由于社交平台允许在阅读量高、粉丝数量多的账号页面上投放广告，一些账号专门靠收集并传播假新闻来赚取高阅读量和粉丝数。

对海量信息进行专业事实核查的必要性由此凸显，一些专业的事实核查机构随之兴起。谷歌开始在新闻搜索中强调新闻是否经由事实核查，用户对某个关键词进行搜索时，搜索结果会显示消息源，并由专业事实核查机构进行标注。Facebook 在推文平台中对假新闻进行识别，并根据情况给出不同标签：用户对不实信息进行分享动作时，平台会给出相关提示，并给出相关事实链接。与专业核查机构或联盟进行合作之外，Facebook 与谷歌等平台均开

---

① 《Trustdata：2016 年移动直播行业分析报告》，http://www.199it.com/archives/573466.html。

始加强与专业新闻媒体机构的合作，包括美联社、法新社、法国世界报、ABC 新闻等机构，向"传统"新闻业吸取经验。

但是，虚假信息在互联网得以广泛传播，往往是利用了用户的猎奇心理，用虚假内容迎合人们的阅读取向，用户对内容的记忆力远比对新闻源的辨识度更活跃，因此，类似的假新闻及谣言难以从源头上彻底清除。虽然 Facebook、Google 等科技公司已经开始着手改进平台设置、与 BBC 等权威媒体、事实核查机构进行合作，以对抗假新闻传播现象，但仍然显得较为被动。

（二）营销号违规操作增多，扰乱自媒体平台健康生态

品牌凭借优质文案和专业营销手段赢得粉丝注意力，本可以形成行业内的良性循环，但自媒体平台仍然存在灰色利益链条，甚至有产业化趋势。内容受到重视既为一些优质的原创者提供了平台与机遇，也因为一些监管漏洞和不成熟的条款规范招来一些不速之客。

各大内容平台大打补贴战的同时，一群紧盯平台补贴"羊毛党"应运而生。购买点赞数、阅读量，雇用网络水军炒作、刷流量，耗费预算资源成为行业内"公开的秘密"。一些自媒体账号对其他作者的原创内容进行变相抄袭，通过保留文章基本结构、撤换文章所举事例等动作"洗稿"，以逃脱机器审查。据《南方都市报》报道，抄袭、标题党及伪造事实成为"羊毛党"在短时间内炮制爆款文章的要诀，有些文章仅用极低的时间成本就能获得十万次以上阅读量，由此带来巨大的经济利益，有些运营靠"洗稿""整合原创"等行为甚至能够保证每月 3 万元的收入。营销号脱离基本道德束缚，对虚假信息没有进行事实核查的自觉，反而跟风炒作，从而赚取更多阅读量和转发量。平台补贴无法到达真正的内容创作者手中、原创者的积极性被打击、内容平台的生态被破坏，可谓百害而无一利。

对此，内容平台对原生内容的定义及把控亟待进一步细化，不仅要依靠算法和机器对文章内容进行判定，人工监管和用户举报系统应进一步完善。有关部门应当及时出台有关规定，协助平台及内容生产对此类破坏平台生态的行为进行严惩，让此类违规行为不再"零成本"。

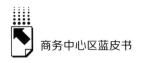
（三）群控、薅羊毛等技术型违法犯罪现象出现，打击难度加大

除了内容生产环境中，为账号刷粉丝、刷阅读、从"人为营销"变成"机器营销"的现象外，还存在不法分子靠模拟器软件、多台移动端建立群控设备盗刷火车票、骗取平台抽奖活动礼品等违法犯罪行为。但因为涉事范围不仅仅局限于内容创作平台，此类技术应用范围之广，难以靠某个单独平台或系统的力量进行约束。机器算法目前也不易做到大规模、长时间、持续追踪的精准打击。

以 QQ、微信公众平台为例，2017 年 2 月，腾讯展开了"网络有害信息专项清理整治"行动，针对刷阅读、垃圾营销、假货微商等违法违规现象对大批微信号和 QQ 号进行了封禁处理，共关停违规 QQ 群 1500 余个、账号 1300 余个。其中一些账号的违规操作已持续一段时间，内容原生平台之外，P2P 网贷平台中，靠相对较低风险获取实际理财实惠的行为也被称为"薅羊毛"，并且有不法分子在社交媒体平台中传播类似"经验"，长此以往，对整个网络环境与生态的影响会越发恶劣。若非平台展开专项清理工作，此类灰色产业链仍有缓冲时间。单凭用户监督及平台自觉，难以彻底打击类似灰色产业链的形成。

四 趋势分析与政策建议

（一）技术应用需与互联网思维进一步结合

新技术的发展让新媒体领域的内容呈现方式更加多样化。2016 年两会期间，新华社将 VR 作品带到人民大会堂，除了用 VR 设备记录总理、外长发言等两会实况，人大代表与新华社记者一同用 VR 设备拍摄云南贫困村状况，将 VR 视频与关于扶贫的议案一起带上了全国两会。2017 年两会，人民日报中央厨房推出了 8 款融媒产品，其中一款 H5 作品"全国两会喊你加入群聊"上线 24 小时即获得超过 600 万次的点击量。网友点击 H5 可以进入群聊界面，还可将"总理给我发红包""总理成了我的微信好友"等截图分享到朋友圈。以人与人之间的沟通交流为出发点，选择了微信聊天的形式制作H5，具有更强的互动性，拉近了和用户间的距离。媒体在运用新型技术手段进行报道或内容呈现时，不应再仅仅把VR、无人机等设备作为吸引注意力的主要手段、为了"炫技"而使用高科技产品，而应将优质内容和技术设备更好地融合起来。

新技术不仅可以用于前端的视觉化呈现，更能够广泛应用于后端管理。2017年春运期间，阿里云为铁路12306网站提供技术支持，对其网站架构进行调整，承受住了日均250亿次的访问量，12306与阿里云的合作关系进一步加强。阿里巴巴财报显示，2016年第四季度阿里云收入同比增长115%，达到17.64亿元。这一实例也充分说明了利用云计算、云平台管理数据，是提高企业运营效率的有效手段。公共服务、电子政务与云计算相结合，正逐渐成为"互联网＋政务"的新晋场景。截至2015年9月，超过2/3的省份提出建设政务云平台的要求。BAT、华为、浪潮等企业都参与到地方的政务云平台建设中。有数据显示，2014年全球共有云服务市场价值达到1580亿美元，2017年将达到2440亿美元。[1] 2017年3月，厦门市政府为其政务外网云服务项目展开招标，腾讯云以1分钱价格参与竞标，最终成功赢得了包括云主机、云存储、云数据库等外网云服务的项目。[2] 云计算已经逐步与政府管理相结合，让政府公共服务更有效率、更加透明，管理服务得到进一步创新发展。

2017年，也是人工智能首次被写入政府工作报告的一年。李克强总理在政府工作报告中指出，要加快培育壮大包括人工智能在内的新兴产业。人工智能开发与逐渐成熟的云计算配套环境相结合，伴随着如腾讯云等GPU、FPGA云服务器的相继上线，人工智能业务将吸引越来越多的关注，迎来规

---

① 《腾讯报告：政务云建设进入爆发期》，http：//m.21jingji.com/article/20150930/herald/dff935a06c341fdf8340d2cb163f6222.html。

② 《1分钱，真中标了：腾讯云拿下厦门预算495万政务云项目》，http：//www.ce.cn/xwzx/gnsz/gdxw/201703/18/t20170318_ 21134439.shtml。

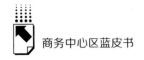

模化发展时期。同时，行业内缺乏资深人才、入行门槛较高的现象会阻碍 AI 产业发展。可以考虑将渐趋成熟的大数据、云计算研发环境相结合，利用云端体量较大的数据进行测试应用。可开发诸如语音输入、视频图像捕捉、图像识别、机器同传等更加智能化的服务。

互联网技术逐渐覆盖到公共领域后，在共享经济等领域出现了一些新的问题。如劳动者对商业组织的依附性减弱、平台、平台用户及消费者三方责任承担不明确、监管标准难以统一、缺乏有效的监管措施等。互联网思维不仅要应用在各个行业的前端，后方的管理、经营手段也应该有相应的进化。相应的售后、运维平台也应该逐渐形成规模、沉淀成较为成熟的专业服务提供商。

（二）及时总结经验和规律，找准未来发展路径

2017 年 3 月 19 日，《人民日报》在头版头条中报道：以阿里巴巴为代表的新实体经济正在迅速崛起。集团去年合计纳税 238 亿元，带动平台纳税至少 2000 亿元，相当于 4000 家大型商场的销售体量，创造了超过 3000 万个就业机会。① 明确指出阿里巴巴通过线上电子商务拉动线下制造业进步，与实体经济和谐共处的局面。以互联网巨头为领军的发展模式逐渐成为经济领域的"新常态"之一。值得注意的是，以百度、腾讯、阿里巴巴、万达等集团为首的企业在发展过程中覆盖到的领域越发多元化，如电商、影视、共享经济平台，涉足垂直领域之间的独立性越发明显。业务多元化对公司管理和整合带来了难度。另外，以华为、中兴为代表的企业关注点更多聚焦在某一类专业领域上。

一些公司涉足影视、足球等领域，但投资布局并未看到明显收益，反而有数亿元人民币的亏损。以阿里影业为例，2017 年 2 月 17 日，集团发布盈利预警，预期集团截至 2016 年 12 月 31 日年度将净亏损 9.5 亿～10 亿元。

---

① 《低小散转向高精尖　高质量取代高增速　浙江实体经济正质变》，http：//paper. people. com. cn/rmrb/html/2017－03/19/nw. D110000renmrb_ 20170319_ 2－01. htm。

此前该集团 2016 年中期业绩显示，六个月期间亏损约 4.657 亿元。[①] 付出短期试错的成本后，应当及时调整发展策略，涉足新媒体领域的公司对相关产业应有更为清晰的认识，围绕选定的产品群建立业务。

新平台结合新内容形式更替频繁，受众注意力不断转换，分发渠道对内容差异化的重视程度逐渐提高。各个平台纷纷对优质内容生产者进行鼓励和补贴。但除了靠补贴吸引优质作者，平台本身能否构建合理的、可良性循环的盈利模式，将成为日后长久发展的关键。内容变现、广告变现的重点在于用户对内容价值的衡量，而不是仅仅依赖数量或时长。除了优质的内容生产者之外，能否吸引优质用户也很重要。不同层级的受众群体对内容的优劣认知不同，需要根据自身发展策略在实际运营中进行区分。

（三）内容变现手段多样化，质量水准将成重点区分指标

2016 年 3 月，腾讯召开"UP 腾讯互娱 2016 发布会"，公开了涉及游戏、动漫、文学以及影视四个领域的泛娱乐行业布局。2016 年 6 月，阿里巴巴宣布成立"阿里巴巴大文娱版块"。包括旗下的阿里影业、阿里音乐以及视频、文学、体育和游戏产业都将被囊括进该体系。2017 年 2 月，百度 CEO 李彦宏发表了一封以"迎接新时代"为题的内部信，主要阐述了内容分发、连接服务、金融创新以及人工智能四个方面的发展。李彦宏在内部信中提到，从本质上看，百度最核心的东西是内容分发。以 BAT 为首的互联网巨头纷纷于近年涉足文化产业，并且逐步确定和落实了在各个行业内的发展规划，对优质内容的发展竞赛正式展开。

近年来关于"渠道为王""内容为王"的讨论一直在业内存在一定的关注度。当行业的各个平台逐渐成形，即渠道逐步完善之后，优质内容将成为继分发算法和硬件设备之后的另一个差异化竞争热点。在逐渐发展成形的自媒体内容平台上，用户习惯逐步养成之后，优质内容将成为带动用户积累和

[①] 《阿里影业盈利警告》，http://www.alibabapictures.com/upload/1006/0752f7c9 – d837 – 4ae1 – 9223 – d0bd3ab14282.pdf。

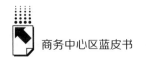
平台发展的关键。随着自媒体用户数量越来越多，移动互联网发展早期的红利模式正在逐渐收紧，利用掌握多种渠道获得竞争优势的方式可行性正在减弱。

平台、表现方式的快速迭代意味着内容生产不仅要迅速适应各种新的表现形式，更要突出自身在某一垂直细分领域的知识积累和专业程度，而不是根据当下的投资热点猜测下一个"大风口"。移动互联网大背景下的内容生产领域，市场需求不再仅仅满足于内容提供，更需要有专业、新颖的运营手段以及对传播节奏、市场热点敏感的把关人。分工明确将成为未来各个平台逐渐进化的结果，每个岗位各司其职，协力完成优质内容分发将成为常态。

（四）受众媒介素养逐渐提高，促进内容平台生成良性循环

媒介融合发展逐渐整合成型，规模化、产业化发展将对受众媒介素养带来积极影响。用户将习惯于从不同内容平台获取内容，对信息的负载能力及消化能力将逐渐增强。对不实信息、网络谣言的辨别核查能力也将逐步提高。

从另一个角度看，用户媒介素养逐渐提高，将有利于内容生产者传播更优质的内容。国外如美国的《华尔街日报》推出无广告数字版、法国媒体平台 Mediapart 自成立之始即无广告，以订户付费为网站采写、运营资金来源。由此可见受众媒介素养提高、付费意愿增强、内容优质程度提高。媒介平台除了广告盈利之外，可以找到维系发展的新增途径，从而形成媒介生态中的良性循环。

（五）媒介融合程度随产业化发展加深，垂直领域生产者合作加强

中观层面上，分工明确意味着内容生态环境的发展逐渐走向成熟。当垂直细分领域发展到产业化程度，形成公司化、规模化的集合体时，具有前瞻性的发展策略将更加重要，媒介融合程度进一步加深。不同的媒体利用多种平台将自己的专业储备转化成优质内容，同时力争传播效率最大化。同一垂

直领域内可以存在多个内容生产者或团体，如湖南卫视旗下的芒果 TV、财新传媒旗下的 Enjoy 雅趣等，传统媒体与新媒体在形态、传播方式上的界限将更加模糊。

内容层面，科技类媒体平台如 36 氪、钛媒体、品玩等的报道范围进一步扩大，除去前沿技术、科技公司发展等技术类新闻外，科技、媒体和通信（Technology，Media，Telecom，TMT）行业动态、公司财报、融资并购等偏向金融经济类的新闻也成为此类媒体的关注对象。这意味着如《中国证券报》、《经济观察报》、《财新周刊》、《21 世纪经济报道》、《财经》等媒体将与互联网行业的联系更加紧密。诸如此类的权威媒体报道及数据报告将成为越来越多自媒体内容的援引对象。经验和态度将比资历成为更能证明信息源权威程度以及媒介融合程度的标准。媒体、传播平台及内容形态之间的融合程度将进一步加深，垂直细分领域的内核将渐趋完整。

对大部分用户乃至内容生产者来说，保证持续且准确地预测下一个热点或舆论环境变化并非易事。但可以持续追踪当前热点、对舆情变化及用户习惯迅速做出反应并调整策略。媒体融合的前景，与市场以及用户密切相关，对市场变化迅速反应，对多个渠道进行整合、不断试错，更易积累扎实的经验。

当媒体融合逐渐进入深水阶段，媒介在线上或线下的表现形态并非区分新旧的要点。线上和线下渠道同时整合，把握好不同渠道之间的运维策略和内容平衡，如互联网运维思路的灵活与传统媒体线下流程控制的严谨相结合，将成为内容平台建设中打磨及调和的关键。

B.7
中国互联网金融的创新发展：
现状、演进及未来趋势

章华 唐菲*

摘 要: 近年来，中国互联网金融飞速发展，行业规模跃居前列，各
细分业态百花齐放，技术创新不断涌现。但同时，非法集资、
信息安全等不断暴露的风险事件也让人质疑其发展前景。本
文首先介绍我国互联网金融各业态的最新发展现状，而后分
析迄今为止互联网金融演进的一般路径和背后逻辑。其次重
点关注互联网金融规范发展中的关键点——风险控制，以
P2P 行业为例阐明在当前发展阶段下互联网金融如何进行有
效的风险控制。最后对互联网金融的未来发展趋势做了简要
展望，指出我国互联网金融未来将呈现出规范化、混业化、
科技化、移动化、普惠化以及绿色化六大发展趋势。

关键词: 互联网金融 演进 风险控制 科技金融

一 中国互联网金融的发展现状

互联网金融，根据央行会同有关部委联合印发的《关于促进互联网金融健
康发展的指导意见》，指的是传统金融机构和互联网企业利用互联网技术和信息

---

* 章华，浙江大学金融研究院院长助理，副教授，经济学博士，主要研究方向为区域金融、互
联网金融和绿色金融；唐菲，浙江大学经济学院金融学专业硕士研究生。

通信技术实现资金融通、支付、投资及信息中介服务的新型金融业务模式。在我国，互联网金融的主要业态包括互联网支付、网络借贷、股权众筹融资、互联网基金销售、互联网保险、互联网信托和互联网消费金融及以区块链金融为代表的其他创新品类。根据麦肯锡的统计①，截至2015年，我国互联网金融的市场规模便已达到12万亿～15万亿元人民币，约占GDP的20%；同时互联网金融用户人数超过5亿，位居世界第一。其中，互联网支付规模占比最大，超过80%，互联网信贷、理财等其他版块虽然相较之下体量稍小，但近年来增长十分迅速（见图1）。互联网金融各细分行业的最新发展简要概述如下。

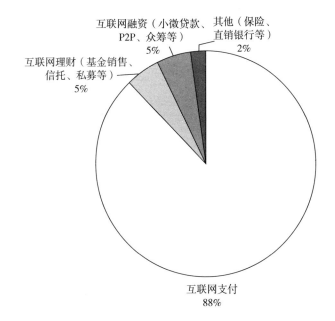

图1　2015年中国互联网金融各业态规模占比

资料来源：麦肯锡。

（一）互联网支付

互联网支付指的是通过计算机、手机等设备，依托互联网发起支付指

---

① 倪以理等：《颠覆与连接——解密中国互联网金融创新》，麦肯锡中国，2016。

令、转移货币资金的服务。互联网支付的经营主体包括银行业金融机构和第三方支付机构两个类别。从第三方支付市场来看，我国互联网支付业态主要呈现以下三个特征。一是市场规模扩张迅速。根据艾瑞咨询的统计①，2016年第三方支付交易规模达57.7万亿元，同比增加139%，自2011年至今已扩张25倍有余。二是移动支付异军突起。根据艾瑞咨询数据，2016年我国第三方移动支付规模达38.5亿元，占第三方支付市场比例已从2011年的4%快速跃升至2016年的67%。三是竞争格局趋于稳定。得益于监管部门对支付牌照的严格准入要求，第三方支付市场向着健康有序平稳迈进，目前基本形成了支付宝、财付通、银联商务三足鼎立的寡头垄断格局（见图2）。

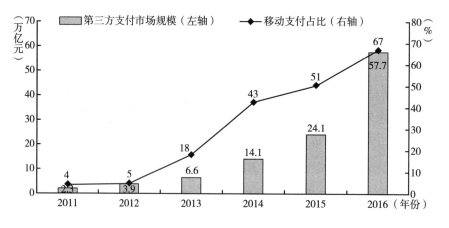

图2 第三方支付市场发展历程

资料来源：艾瑞咨询。

（二）网络借贷

网络借贷包括个体网络借贷与网络小额贷款。其中，个体网络借贷即

① 艾瑞咨询：《2016年第三方支付交易规模预计达57万亿》，http://www.jiemian.com/article/1054283.html，引用日期2017年1月5日。

P2P网络借贷，指的是个体与个体之间通过互联网平台实现的直接借贷。网络小额贷款则是指互联网企业通过其控制的小额贷款公司，利用互联网向客户提供的小额贷款。2015年以前网贷行业总体呈现"野蛮生长"的态势，平台数量高速增长的同时，"跑路""欺诈"的案例也层出不穷。根据网贷之家的统计①，截至2015年，全国累计成立P2P网贷平台5121家，其中问题平台数量累计为1573家，占比高达31%。2016年4月，互联网金融专项整治开始在全国范围内展开。整治将网贷行业列为重点之一，这标志着网贷市场逐步走向规范发展。根据网贷之家的数据，截至2016年底，网贷行业正常运营平台数量为2448家，较年初减少了985家，其中正常停业的平台数量已经超过了"跑路"平台数量。平台数量下滑的同时，市场成交量则逆势上扬，2016年全年成交量同比增长110%，这表明行业整治取得了初步成效。目前，备案登记制、银行存管等监管制度仍在深入推进，P2P网贷行业格局尚未尘埃落定，但合规经营与集中度提升的趋势已然不可逆转（见图3）。

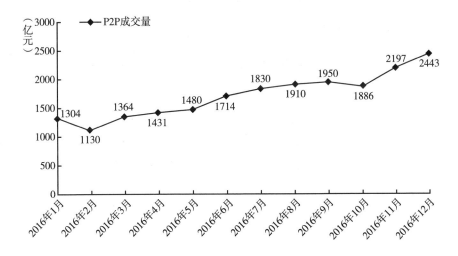

图3 2016年P2P网贷成交量逆势上扬

资料来源：网贷之家。

---

① 网贷之家数据库（http://shuju.wdzj.com/）。

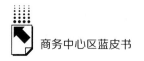

（三）众筹融资

众筹融资指通过互联网形式进行公开小额股权融资的活动。监管部门强调，股权众筹具有"公开、小额、大众"的公募特征，目前除阿里、京东和平安三家已取得公募股权众筹试点的平台外，其他原互联网股权融资平台所开展的业务均属于"互联网非公开股权融资"的私募范畴。2016年互联网金融专项整治中针对股权众筹的整治对互联网股权融资平台的业务范畴、融资来源与资金存管等进行了严格限制。监管政策的收紧与商业模式的不成熟使股权众筹融资市场仍处于艰难摸索阶段。从三家公募股权众筹试点平台来看，京东东家、蚂蚁达客、前海众筹或业绩平平，或被质疑涉嫌欺诈；从私募领域的互联网股权融资平台来看，根据中关村众筹联盟的统计①，2016年平台新增项目数量共计3268个，同比减少4264，降幅达56.6%，总体来看，股权众筹行业前景尚不明朗。

（四）互联网基金销售

互联网基金销售指基金销售机构与其他机构通过互联网合作销售基金等理财产品。目前国内较具有代表性的互联网基金销售平台主要有天天基金、蚂蚁聚宝、陆金所等，这些平台大多定位为"一站式理财平台"，一方面为客户汇集了不同基金公司的多样化理财产品；另一方面也会推出独家合作的货币基金，例如蚂蚁聚宝旗下的余额宝。根据Wind资讯数据②，截至2016年底，我国互联网基金交易规模达13.3万亿元，同比增长19%（见图4）。

（五）互联网保险

互联网保险指保险机构依托互联网和移动通信等技术，通过自营网络平台、第三方网络平台等订立保险合同、提供保险服务的业务。受车险互联网

---

① 中关村众筹联盟等：《2017互联网众筹行业现状与发展趋势报告》，2016。
② Wind资讯经济数据库。

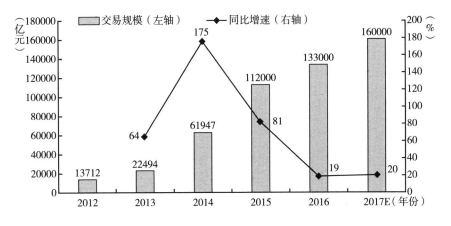

图4 互联网基金交易规模变动

资料来源：Wind 资讯。

化的推进与退运险、航延险以及碎屏险等基于碎片化场景的保险产品创新设计带动，近年来，互联网保险市场规模实现平稳增长。根据保监会数据①，2016 年共有 117 家保险机构开展互联网保险业务，实现签单保费 2347.97 亿元，新增互联网保险保单 61.65 亿件，占全部新增保单件数的 64.59%（见图5）。

（六）互联网信托和互联网消费金融

虽然互联网信托已被监管方面明确列为互联网金融的主要业态之一，但限于信托私募、非标、中心化的特征与互联网公开、标准化、去中心化的精神存在矛盾，因此目前已落地的产品影响较为有限，服务于高净值大客户的信托行业如何与互联网相结合仍处于探索初期。消费金融一般指机构或企业为满足个人消费目的而提供的线上或线下信贷服务。相比较于传统消费金融，互联网时代的消费金融覆盖人群更年轻化、覆盖商品更多样化、用户互动更深度化、消费场景更小额高频化。目前互联网消费金融市场主要有三类

---

① 保监会：《2016 年保险业持续快速发展服务大局能力显著提升》，http：//www.circ.gov.cn/web/site0/tab5207/info4059362.htm，引用日期 2017 年 2 月 14 日。

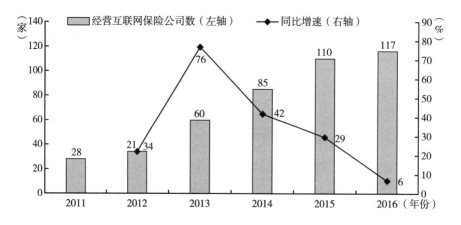

图5　经营互联网保险公司数量变化

资料来源：保监会、中国保险业协会。

构成主体，一是银行系，截至2017年2月，已取得正式牌照的20家消费金融公司中①，银行主导的有16家，参股2家；二是产业系，例如海尔、苏宁通过为自身品牌打造个性场景切入消费金融业务；三是电商系，如蚂蚁金服、京东金融、唯品金融等主要依靠用户流量与数据优势展开消费分期或现金借贷业务，但目前还不具备官方牌照。根据Wind资讯数据②，截至2016年，互联网消费金融交易规模达4367.1亿元，是2015年的3.7倍，前景可期（见图6）。

（七）其他互联网金融创新品类

如区块链金融、智能投顾，其中最具代表性的创新业态是区块链技术与金融的结合。区块链与大数据、云计算等技术一同被视作互联网基础设施，其本质是一种去中心化的数据库，能有效保证信息的安全性、唯一性与不可灭失性。目前区块链与金融结合主要有以下三类应用场景。一是数字货币，2017年1月中国人民银行推动的基于区块链的数字票据交易平台宣布测试

① 银监会网站金融许可证信息查询系统（http：//xukezheng.cbrc.gov.cn/ilicence/licence/licenceQuery.jsp）。

② Wind资讯经济数据库。

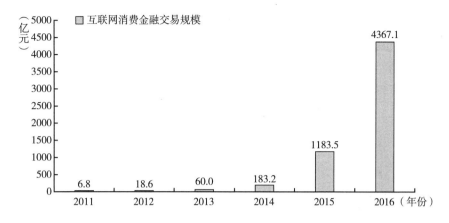

图6 互联网消费金融交易规模变化

资料来源：Wind 资讯。

成功，由央行发行的法定数字货币已在该平台试运行，但目前尚为阶段性成果，有待进一步地完善。二是跨境支付结算领域，区块链可直接替代银行的中转作用，点对点达成快速且低成本的跨境支付。根据麦肯锡的测算①，从全球范围来看，区块链技术与 B2B 跨境支付与结算业务相结合，可降低每笔交易高达40%的成本。三是智能合约与供应链金融，区块链具有毋庸置疑的公信力，融资方与资金方通过区块链平台进行交易，将保证智能合约上的票据信息、参与方信息和交易信息不可篡改，直切票据交易信用缺失的核心难题。目前这部分应用已经落地，代表案例有邻客科技与复杂美共同开发的"海票惠"区块链票据撮合系统、浙商银行基于区块链技术搭建的移动数字汇票平台。

从整体看，我国互联网金融的各个细分业态主要呈现如下发展态势：互联网支付无论从技术应用或是市场格局上都基本趋于成熟稳定；网络借贷目前处于行业洗牌期，但随着监管整治的深入，向好势态已初步显现；互联网基金销售、互联网保险与互联网消费金融增长平稳；股权众筹融资与互联网信托仍处于摸索阶段但具备发展潜力；区块链等新金融业态前景无限。应当

---

① 麦肯锡中国：《区块链：银行业游戏规则的颠覆者》，2016。

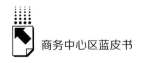

说，随着监管政策的进一步落实与基础设施的进一步完善，我国互联网金融将走向规范发展和创新驱动相结合的发展道路。

专栏1　蚂蚁金服
——互联网金融探索先行者①

蚂蚁金服作为国内互联网金融业务模式探索的先行者，自2014年10月成立以来不断推陈出新，拓展自身业务蓝图，目前已依托支付宝、芝麻信用、网商银行等旗下品牌发展成为估值600亿美元的全球互联网金融巨头。蚂蚁金服以支付、信用、普惠金融、农村金融、基于人工智能的风险管理五大主流业务版块为核心，着力于服务小微企业创业者、农户以及生态体系内广大客户群体。

支付领域：强势进军海外市场。截至2016年10月，支付宝在国内已有4.5亿名实名用户。随着国内市场竞争格局趋于稳定，蚂蚁金服积极响应"一带一路"政策，国际化战略亮点频出。2015年蚂蚁金服收购印度企业Paytm，向其提供全套金融服务指导，使Paytm用户数量在一年内从1760万名增长到1.2亿名，一跃成为世界第四大、印度第一大的电子钱包产品。

信用领域：全面渗透生活场景。一是以芝麻信用为基础携手第三方合作伙伴提供租房、租车免押金等多元线下场景服务；二是对接司法机关协助开展反欺诈行动，"让诚信的人畅通无阻，让失信的人寸步难行"，有扬有抑打造中国诚信体系；三是依托信用数据建立一站式智慧城市平台。

普惠金融：深入贯彻小微服务。在小微贷方面，蚂蚁金服贯彻"310模式"（即3分钟申请、1秒钟放贷、全程0人工干预），已累计发放纯信用无抵押的中小微企业贷款7800多亿元，累计服务438万个小微企业。在财富管理方面，蚂蚁金服打通支付和理财的边界，为3亿名理财用户创造收益超过600亿元；在互联网保险方面，蚂蚁金服覆盖人群已达到4.6亿人。

农村金融：率先开荒"三农"蓝海。截至2016年7月，蚂蚁金服旺农

---

① 专栏1根据作者赴蚂蚁金服调研资料整理而成。

系列三大平台旺农贷、旺农付、旺农保用户数分别达到 2000 万名、1.4 亿名、1.2 亿名，并先后启动精准扶贫、千县万亿计划、谷雨计划，布局农村金融。

风险管理：重点巩固基础架构。 蚂蚁金服将安全视作互联网金融企业最重要的生命力，其安全团队员工人数逾 1200 人，占总员工人数的 20%。此外，蚂蚁金服自下而上搭建了"原始数据、中间层数据、应用数据集市、基础数据模型、业务数据策略、数据决策引擎、业务平台"六层大数据风控体系，将交易资损率控制在十万分之一以下，远低于 Paypal 千分之二的资损率水平。

二　中国互联网金融发展的演进之路

中国互联网金融发展在全球范围内具有"后发先至，一枝独秀"的特征。虽然互联网支付、融资、信贷或理财等现有业态最初都并非诞生于国内（例如第三方支付的海外代表 Eway 与 Paypal 早在 1998 年就已创立，而支付宝则成立于 2004 年），但中国互联网金融却在短时间内取得了世界瞩目的发展成绩。就规模而言，第三方支付、P2P 网贷等交易量均占据世界领先位置；互联网理财领域以余额宝为代表规模已破 8000 亿元，3 年时间翻了 4 倍，一跃成为全球第二大货币市场基金[①]。就估值而言，根据 KPMG 2016 年评选的前五十大金融科技创新企业，前五名中中国企业便占据四席[②]；2016 年 1～7 月亚太地区在金融科技的总投资（90% 以上由中国贡献）达 96.2 亿美元，远超同期北美的 45.8 亿美元及欧洲的 18.5 亿美元[③]。

根据我们的观点，中国互联网金融迅猛的发展态势得益于需求端和供给端两端的合力助推，即一方面是互联网金融的特征迎合了国内需求变化；另

---

① Wind 资讯经济数据库。

② H2 VENTURES, KPMG, 2016 FINTECH100：Leading Global Fintech Innovators, 2016.

③ Accenture Research, China Leads Global Fintech Investments, http：// www. accenture. com, 2016 – 8 – 24.

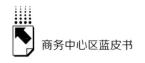

一方面是政策导向与示范效应强有力地坚定了市场信心。

在需求端，互联网金融开放、共享、普惠的精神内核正中经济高速增长中后期的国民金融需求痛点。在互联网金融风起云涌的 2012 年，我国宏观经济已经维持了整整十年增速 9% 以上的高位运行，居民人均可支配收入大幅提高，金融资产管理配置的意识逐渐觉醒，这积累了财富能力基础。而与此同时，互联网与移动通信技术在国内迅速应用普及，根据 CNNIC 的数据①，截至 2012 年，中国网民规模已达到 5.64 亿人，互联网普及率达42.1%，智能手机渗透率快速攀升，国民生活数据化与信息化成为趋势，这为互联网金融发展奠定了技术能力基础。最重要的是，由于我国当时的金融体系架构尚不完善以及经营成本得不到有效降低，传统金融从业者缺乏拓宽市场的动力，有相当部分以中低收入家庭与小微企业为主的"长尾"客户金融需求虽然极为迫切，但却被传统金融机构拒之门外。小额、分散、个性化的互联网金融正是对这些呼声给予了回应，在财富与技术条件都已成熟时迅速契合了这部分需求，实现良好发展是恰逢其时的。

在供给端，开放包容的监管环境为互联网金融创新的不断涌现创造了可能。互联网金融连续三年被写入国务院政府工作报告，央行等部委更是多次出台指导意见促进互联网金融健康有序发展，这都显示出国家层面对互联网金融给予高度重视，且这种重视在发展初期以鼓励、扶持的态度为主。尽管目前由于互联网金融市场风险点频出，审慎监管态度开始占据主导，但仍未对已有业态采取"一刀切"的做法，而是给市场创新留出了较大余地。此外，行业示范效应也刺激了市场创新活力的迸发。阿里巴巴等企业的成功崛起让众多创业者看到科技与金融相结合的巨大力量，也令他们看清了时代变革的方向，从而纷纷投身于互联网金融创新的浪潮中。

从总体上看，中国互联网金融的演进大致分为三个阶段。第一阶段是原子式消费领域萌发的互联网金融。这一初始阶段的参与主体主要是消费级的原子式个人，最具代表性的案例就是由阿里带动的第三方支付争夺战与"宝

---

① 中国互联网络信息中心数据库（http：//www.cnnic.cn/hlwfzyj/jcsj）。

宝"类理财产品的兴起。这一阶段的重点是"流量为王"，互联网金融的发展方式相对粗放，获客能力是竞争的核心。第二阶段是"互联网金融＋行业"发展阶段。随着互联网金融的概念逐渐深入人心、政策导向渐趋明显、传统金融机构被倒逼转型、数据与征信技术有所突破，消费级互联网金融的边际收益开始递减，发展模式由 B2C、C2C 的个人互联网金融向 B2B、B2B2C 的产业互联网金融变迁。我们称这一阶段为"互联网金融＋行业"，参与主体为众多企业，同时纵向深耕特定行业，典型企业如生意宝、海宁皮城、熊猫金控等。第三阶段是科技创新驱动的互联网金融发展阶段。在这一阶段互联网早期的流量红利基本被侵吞完毕，大数据、移动金融、人工智能、区块链等科技要素正在成为核心驱动力。此阶段的发展尚属起步，仍需要后续观察。

以互联网金融中最受关注的网贷行业为例，其同样经历了三个发展阶段的演进。第一阶段是金融产品互联网营销，即将传统金融产品的销售渠道简单向线上平移。第二阶段是垂直领域资产挖掘或者一站式理财产品互联网销售。网贷机构或是专注于某一特定人群（例如车贷用户），或是将用户覆盖面横向铺开，向其提供多样化的理财产品，个体流量还是平台盈利的关键。第三阶段是网贷平台对接"互联网＋"行业（例如跨境电商、长租公寓等）的金融需求。在这一阶段，平台已无须采用"地推"等形式获客，而是坐享特定企业的流量，为其提供专业化的金融需求解决方案。

纵观我国互联网金融的演进历程，从消费级的原子式到与产业相结合，从以流量用户为核心到受科技要素所驱动，互联网金融与产业经济全局的融合与互动愈加复杂深入。相应地，在这种高融合度下，隐含风险一旦爆发，其后果将无法估量。因此行业的演进也倒逼着监管不断升级，规范发展已成为现阶段的主旋律。

三　互联网金融发展的关键点：风险控制

互联网金融的本质是金融，而金融的核心是风险控制。当前风险控制已经成为互联网金融发展过程中最突出的一个问题。在网络借贷领域，泛亚有色、e租宝等平台非法吸收公众存款，易九金融等企业出现债务违约与兑付危机，造成了巨大的社会负面影响；在众筹融资领域，部分企业通过虚构、夸大平台实体股东的项目信息等形式进行虚假宣传，涉嫌欺诈投资者；在消费金融领域，行业坏账率高企，代表公司如苏宁消费金融不良率达10.37%，且开业以来持续亏损①。这些风险隐患的爆发已经严重制约了互联网金融行业的可持续发展。

那么怎么才能使互联网金融行业得以持续规范发展呢？我们认为，"靠谱"的风控体系方可造就"靠谱"的互联网金融，这具体体现在对资产端与交易过程两个方面风险的严格把控。与传统金融中介一样，互联网金融中介通过对接资金端与资产端实现资源的合理有效配置，只是交易过程的整体运转基于互联网技术。资金端即资金的供应方，通俗而言就是互联网金融企业需要着力争取的客户。而资产端即资金最终所要投向的产业项目。根据互联网金融的演进过程，资金端（流量用户）的重要性正在被弱化，资产端与交易过程的优劣成为衡量一家互联网金融企业是否"靠谱"的关键。

仍以网贷行业为例。风控既是其演进的内在要求，更是现实需要。一方面，网贷行业目前正在向网贷平台对接"互联网＋"行业的金融需求阶段发展，网贷平台在为特定行业的"互联网＋"企业提供资金的同时，要相应负责相关资产的风控，这就对网贷平台的风控能力提出了更高的要求。只有规范发展，同时在资产端具有定价和风控能力的网贷平台才能持续发展。另一方面，P2P平台频繁跑路、涉嫌非法集资的现实也呼唤着风控的回归。换言之，风控体系架构是否严谨完善不仅决定着企业能否在监管趋严的大环境中生存下来，更决定着其是否有能力追随市场演进的步伐，从而真正在行业内扎根苗壮成长。

1. "靠谱"的网贷平台基本特征

以P2P网贷行业来说，"靠谱"的资产端具有三个特征。一是交易标的

---

① 谢水旺：《消费金融"跑马圈地"不良率超10%"可承受"》，《21世纪经济报道》，http://epaper.21jingji.com/html/2016-11/02/content_49618.htm，引用日期2016年11月2日。

真实有效，即最终所投资的项目以真实交易场景为基础；二是优质资产风险可控，这样未来现金流的实现才能有所保障；三是信贷资产小额分散，包括人群分散与场景分散，尽可能降低非系统性风险。而"靠谱"的交易过程则要求平台成为纯粹的信息中介，进行资金托管、不设资金池，平台交易真实闭环、信息披露完整及时，以及资产与资金一一匹配。如果上述诸多特征无法满足，平台将极易陷入违约风险与操作风险的囹圄。近期的监管思路也基本印证了上述观点，强调平台风控的重要性。银监会于2016年8月出台的《网络借贷信息中介结构业务活动管理暂行办法》将P2P网贷平台明确定位为"信息中介"，同时禁止其非法集资、期限拆分等行为，并对平台应选择银行业金融机构作为资金存管方提出了具体要求。随后的10月，中国互联网金融协会正式下发《信息披露自律管理规范》，更是列出了一系列负面清单，对P2P网贷平台的信息披露做出了严格规定。2017年2月银监会发布了《网络借贷资金存管业务指引》，明确了商业银行为唯一的合法存管人，并指出银行不对网贷交易行为提供保证或担保。但可以看出，监管层面聚焦的主要是交易过程的操作风险，更侧重于为市场划定风控底线。

2. 网贷行业现有风控模式

除了在公司治理层面引入战略合作方、分散化产品开发与配置、风控架构借鉴商业银行成熟经验等传统手段以外，部分网贷平台根据互联网特点，通过风险管理模式创新、引入云计算和大数据等技术及以互联网方式加强信息披露和外部监督来进一步强化风控体系。（1）风险管理模式创新。考虑到互联网金融企业的产品类别较为广泛且经常变化，整个风控体系在一个基本框架下采用插件式模块化的风控管理模式，在维持风控体系相对稳定的前提下提升与产品多变特性相匹配的风控能力的弹性和适应性。（2）将更多云计算和大数据等技术手段引入风控。借鉴Lending Club等公司的信贷工厂模式，利用云计算和大数据技术进行行为分析和建模，并采用模型进行贷前识别，尽量减少人工干预；与高校和相关企业合作，开发并使用计算机自动反欺诈预警系统。（3）信息披露和外部监督更互联网化。平台创造条件，便利投资者进行线上和线下相结合的"查标"，同时通过网络社区或App推

送等方式进行信息披露，引导投资者在其网络社区上进行互动。

总体而言，风险控制是互联网金融的核心。如果行业风险无法得到良好控制，市场失序将不仅仅制约行业进一步发展，更将通过互联网的多维开放性与多向互动性无限放大风险溢出效应。而只有风控体系得以完善健全，互联网金融行业才能生机不减。当前我国互联网金融行业进入阵痛期，市场针对风控手段创新进行的不懈探索已经取得了一定成绩。这些积极变化无疑将成为推动行业变革的力量，指示行业未来发展的方向。

专栏2　网贷平台的风险控制：以聚有财为例①

聚有财是浙江省互联网金融企业中以风险控制见长的P2P网贷平台代表，曾于2015年获得中国小额信贷联盟等单位联合颁发的"年度P2P平台创新奖"与第一财经等媒体联合颁发的"最佳风险控制奖"。

聚有财上线于2014年5月20日，产品类型涉及个人消费金融、供应链金融、保证保险等。2016年平台总投资额达28.57亿元，为投资者赚取收益2.6亿元，客户本金损失比例为0。极具前瞻性的风控手段是聚有财发展的一大特色。

一是多方展开战略合作。2016年8月，誉衡药业战略入股聚有财，平台正式成为上市系P2P企业，规范性与安全性进一步得到市场认可。同时，聚有财与新华社直属的中国经济信息社签署了战略合作协议，双方将在信息咨询、媒体合作、行业研究等多领域展开深入合作，业务与风控资源得以强化。

二是资金存管引入中信银行智能清结算系统。平台对于募集专户只有查询权限，进出账划款指令需要通过银行三道交易背景审核方可执行。倘若投资者质疑平台一方提供的数据，可从银行入口比对资金流水。这一交易操作风险控制机制大大保障了投资者的资金安全，降低了平台暗箱挪用资金的可能性。特别是早在银监会规范网贷平台资金存管的意见出台之前，聚有财就

---

① 专栏2根据作者赴聚有财调研资料整理而成。

已率先建立这一风控架构，成为行业内规范发展的典型代表。

三是支付通道对接平安大华货币基金。聚有财采用了与余额宝类似的模式，在支付通道方面对接平安大华货币基金，使基金份额与平台产品间可快速切换。这一模式区别于传统网贷平台以网银或者银联为支付通道的做法，在保证了互联网快捷支付的同时降低了支付成本，避免了资金池嫌疑。

四　互联网金融的未来发展趋势

展望未来，中国互联网金融发展前景广阔。随着监管顶层设计的逐步完善、智能数据科技的推广应用以及业务模式创新的深入实践，互联网金融将呈现出规范化、混业化、科技化、移动化、普惠化以及绿色化六大发展趋势。

（一）规范化——行业生态环境走向规范

2016 年被称为"互联网金融监管元年"，3 月全国性行业自律组织中国互联网金融协会正式挂牌成立；4 月国务院印发《互联网金融风险专项整治工作实施方案》，对各个重点业态进行整肃，致力于建立健全互联网金融监管长效机制；7 月《国家信息化发展战略纲要》再次强调引导和规范互联网金融发展。在顶层监管的基础上，各地监管细则也相继筹备出台，例如 2017 年 2 月 13 日广东省金融办就网贷机构业务活动管理暂行办法向社会征求意见。纵向完备的互联网金融监管体系雏形初现，预示着行业生态将告别混沌无序，逐步走向规范化、法制化、阳光化的轨道。

（二）混业化——业务经营模式趋于混业

从发达国家经验来看，金融混业是市场发展的必然走向。一方面，金融市场竞争的日益加剧将推动经营主体开拓多元化业务，以实现机构内部资源共享，从而降低经营成本，创造新的营收增长点。另一方面，在互联网思维

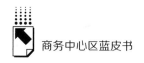
的影响下，用户不再满足于单一业务窗口服务，对综合一站式的金融需求也越发强烈。随着监管手段的升级与监管能力的提高，未来对互联网金融业务经营模式的持牌限制将有所放开，综合经营趋势将更加明显。

（三）科技化——科技驱动力量成为核心

大数据、云计算、人工智能、区块链等颠覆性的基础科技将首先变革早已数据化的互联网金融行业，成为市场最主要的驱动引擎。相较于传统技术，新兴技术将更低成本地实现长尾资产的收集与证券化，更高效率地完成金融需求的精准匹配，更具兼容性地串联金融信息采集、信用中介、风险定价、投资决策过程等各个版块。同时，区块链等科技创新公开、脱媒、透明的特性将能极大地简化监管的手段，提高监管的效能，与行业生态的规范化趋势相互促进。

（四）移动化——移动金融趋势愈加显著

根据工信部的数据①，截至2016年我国移动互联网用户规模已达到10.9亿户，市场非常广阔。随着智能手机、平板电脑、智能POS机等移动智能终端的快速普及与渗透，移动互联网和金融服务将实现深度融合创新发展。金融服务的时空边界与场景预设将进一步被打破，有机分散的开放式金融组织架构将迅速搭建，以用户体验为导向的社交金融成为未来发展的方向之一。

（五）普惠化——农村金融需求深度覆盖

互联网金融将凭借无间断服务、无时空限制、低成本性与开放性的优势惠泽更广大的人群，特别是覆盖仍为金融"半荒地"的中国农村地区，充分发挥实体经济"毛细血管"的作用。当前蚂蚁金服等先行者已经积累了

---

① 工信部：《2016 年 12 月通信业主要指标完成情况（二）》，http：//www. miit. gov. cn/n1146312/n1146904/n1648372/c5471031/content. html，引用日期2017 年 1 月 22 日。

一定的实践经验，探索出了一套以信贷拉动的农村金融解决方案。针对普通农村消费者，蚂蚁金服投入 100 亿元推出农村淘宝合伙人模式，鼓励大学生回乡创业；针对种养殖户与小微企业，蚂蚁金服联合中和农信通过线上数据＋线下熟人模式开展放贷；针对家庭农场合作社、种粮大户，蚂蚁金服采用供应链金融模式与产业金融模式解决其融资需求。这些实践显示，未来互联网金融将与农村"蓝海"进一步融合，推动中国农村实现跨时代变革。

（六）绿色化——绿色金融发展大势所趋

当前，绿色金融已经上升为国家层面的战略目标与发展规划。2016 年绿色金融首次被写入政府工作报告；同年 8 月，央行等七部委联合印发的《关于构建绿色金融体系的指导意见》中明确指出"大力发展绿色信贷、推动证券市场支持绿色投资、设立绿色发展基金、发展绿色保险"；随后的杭州 G20 峰会，绿色金融更是作为"十三五"国家金融业发展的重点被纳入峰会议程，得到全球的广泛关注。与传统金融服务绿色行业相比，互联网金融能够更加有效地提升资源配置速度，通过大数据技术的应用降低审查成本和违约风险，将优质的民间资本引入绿色环保产业，疏解绿色小微企业的融资困境。可以预见，随着未来国家政策的出台与国内投资者环保意识的增强，绿色互联网金融发展将成为大势所趋。

参考文献

中国互联网金融协会：《2016 中国互联网金融年报》，2016。
方德华：《农村互联网金融报告之一：在希望的田野上》，《阿里研究院》，2015。
艾瑞咨询：《2016 年中国互联网金融发展报告：不再野蛮》，2016。
章华、王义中：《关于加强风险控制》，《规范发展我省 P2P 平台的思考》，《浙江省金融研究院》，2016。

B.8

"跨贸小镇"

——下城全域 CBD 创新实践与特色

沈凯波　金媛媛*

摘　要：　下城区是"杭州的心，城市的眼"。打造"跨贸小镇"是
　　　　　下城区积极融入中国（杭州）跨境电子商务综合试验区
　　　　　建设、加快推进下城全域中央商务区建设的重要平台和抓
　　　　　手。本文从"跨贸小镇"建设背景、空间布局、发展现
　　　　　状等方面的分析出发，归纳总结了"跨贸小镇"发展过
　　　　　程中存在的问题，并提出"跨贸小镇"可持续发展的相
　　　　　关建议。

关键词：　跨贸小镇　跨境电商　全域中央商务区建设　产城融合

杭州市下城区"跨贸小镇"是浙江省省级特色小镇，2015 年，下城
区积极依托中国（杭州）跨境电子商务综合试验区下城园区，通过整合
各类平台项目和多种载体资源，以跨境电商为产业特色，集跨境贸易、
旅游文化、城市生活等功能要素为一体，积极打造"产城融合"的"跨
贸小镇"。

---

* 沈凯波，中共下城区委常委、"跨贸小镇"党委书记；金媛媛，管理学硕士，杭州市下城区
商务局 CBD 办公室，研究方向为楼宇经济和 CBD 发展。

一 "跨贸小镇"建设背景

（一）适应跨境电子商务行业蓬勃发展的需要

跨境电子商务作为一种新兴业态，能大大缩短甚至消除国际贸易的地理界限（Estrella Gomez-Herrera et al.，2013），其命脉是跨境物流及全球化布局，根本是信息化的产业整合（金虹和林晓伟，2015）。严圣阳（2015）认为包括物联网、大数据等在内的新一代信息技术可以大大提升产业供应链的跨境配套能力和物流效率，从而改善跨境电子商务模式。韩琳琳和田博（2016）系统研究了上海自贸区跨境电子商务的出口模式，研究发现通过提升信息化水平可以有效促进各种产品的出口。随着跨境电子商务的发展优势和技术条件的成熟，全球市场跨境电子商务需求空间巨大，跨境电子商务已经成为国际贸易的新方式和新手段，对扩大海外营销渠道、提升企业品牌竞争力、实现外贸转型升级都具有重要的意义。

（二）打造全域中央商务区目标要求的需要

下城区早在2003年就提出了"中央商务区"概念，只是当时的中央商务区仅指南部武林商圈2.5平方公里的"武林CBD"。2014年，区委审时度势，提出将中央商务区的范围拓展到下城31.46平方公里的全区域。位于下城北部的"跨贸小镇"是下城积极融入杭州跨境电子商务综合试验区建设的探索实践，是下城区全面推进全域中央商务区建设、打造跨境电商CBD的关键布局，对提升下城北部区域整体投资营商环境、加快南北融合协调发展将产生积极影响。

（三）跨境电商企业以及传统企业转型升级的需要

近年来，传统国际贸易增速放缓让传统企业面临更大挑战，急需有新的突破口。跨境电商平台让外贸链更加"扁平化"，利于自主掌握营销渠道和

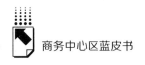

自主品牌的创建，摆脱"价值链低端"困境，让"中国制造"走向了"中国智造"；同时，借助跨境电商的"单一窗口"线上综合服务平台，提高通关查验效率，重构生产链、贸易链、经营链，将助力于传统企业乃至传统产业的转型升级。

（四）构建"产城融合"协调发展的需要

"产城融合"主要是指产业与城市的融合发展。城市为产业发展提供布局合理、高效安全的空间载体，产业的集聚有效促进了城市公共服务配套的完善以及城市功能的更新升级，从而实现城市、产业与居民之间的协调、有机、融合发展。

2013 年 7 月，下城区跨境产业园正式成立，成为全国首个跨境电商产业园，由此开启了跨境电商在下城发展的新篇章。在此基础上，2015 年 3 月，杭州市成为全国首个跨境电子商务综合试验区。在产业先行的基础上，以创新驱动为核心，整合周边资源，优化资源配置，引领示范跨境电商产业改革创新，打造跨境电商服务生态链；构建"跨贸小镇"的整体发展格局，实现跨境电商综合试验区和城市综合体的完美结合，带动下城区北部区域经济的转型升级。

二 总体规划与发展概况

（一）总体规划

"跨贸小镇"建设于 2015 年正式启动，旨在建设成一个集跨境电商总部、O2O 国际街区、大通关服务平台、跨境电商众创空间、跨境生活体验综合体等功能于一体的特色小镇。"跨贸小镇"位于下城区北部，总体规划面积约 2.9 平方公里，空间上呈"一镇、两核心、多园区"的布局模式，北至石祥路、兴业街、长城街，南至沈家路，东至重工路、秋石高架一线，西至东新东路。目前，中国（杭州）跨境电子商务产业园、杭州新天地、经纬国际创意园、新华创意园等若干园区和版块已经建设成熟。

未来将以跨境商品贸易、跨境服务贸易、信息经济、文化创意、智能物流、旅游休闲六大产业为发展重点，全力打造跨境电子商务集聚区、创新创业集聚区、智能物流集聚区建设三大集聚区，实施园区转型升级工程和重点项目的建设实施，实现产业发展导向与空间布局优化的有机结合。

预计至 2020 年，入驻企业 1000 家、特色产业占比 70%、特色企业占比 50%、引进"新四军"创业人员 40 人、实现进出口贸易额 6.67 亿元、税收 2.5 亿元、集聚创业者 10000 名、接待旅游人数 20 万人次。

作为中国（杭州）跨境电子商务综合试验区的核心组成部分，"十三五"时期，"跨贸小镇"将打造成为跨境贸易创新引领区、传统产业嫁接跨境电商的服务枢纽区、跨境电子商务的商务集聚区、产城融合示范区，实现享受地球村生活。在"跨贸小镇"，你只需动动手指，便可以尽享全球购的便利；立足于杭州新天地 6 万余平方米工业遗存街区，未来还将享受到加拿大太阳马戏团常驻精彩表演，国际时尚灯光秀，体验不一般的异域风情，感受现代和传统文化的碰撞与互鉴。

同时，规划依托下城区北部总体发展空间框架以及跨贸产业发展优势和方向，根据"跨贸小镇"发展战略导向、总体定位、功能定位、空间定位的总体要求，综合区位交通条件和项目资源分布情况，将总体形成"两核、三轴、五区"空间布局，构建多层次产业发展、旗帜形空间支撑体系，以进一步优化资源配置，促进"跨贸小镇"的健康持续发展。跨贸小镇空间布局如图 1 所示。

（二）发展阶段

总体来看，卜城区"跨贸小镇"的发展大致可以分为两个阶段。

1. 探索实践阶段

2013 年 7 月，下城区政府积极探索，敢于创新，以投资主体的身份建立中国（杭州）跨境电子商务产业园区，运营模式采取政府主导的方式。该园区是全国首个正式营业的跨境电子商务产业园，具备进出口双向业务，

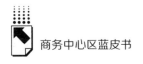

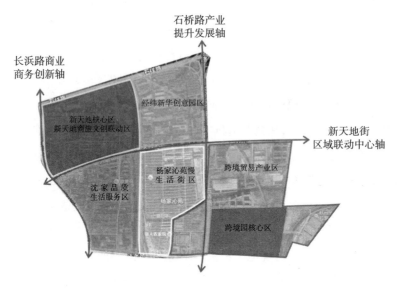

图1　杭州市下城区跨贸小镇空间布局

资料来源:《杭州市下城区跨贸小镇"十三五"发展规划》。

积极探索出了跨境小包出口模式,成为全国首个进入实单运作的园区。园区的创新运作模式获得了国务院、海关总署、商务部等国家主管部门的认可,随后作为范本在全国范围进行推广。园区建有10000平方米的封闭式海关监管场地,拥有进、出口两条高效流水线。海关、商检等通关监管职能部门均在现场办公和开展服务。

2.发展提升阶段

2015年7月,下城区与杭实集团签署共同打造"跨贸小镇""浙商总部(杭州)基地"战略合作框架协议,紧紧与新天地180万方综合体相结合,全力打造"跨贸小镇"核心区,实现了小镇投资模式由政府投资为主到政府引导、国有企业投资的升级。

2015年10月,又与"西狗国际"签订全面合作协议,小镇投资模式进一步升级到由政府引导、国有企业搭建平台、包括民营企业在内的各种资本参与的新型模式。通过转型发展,"跨贸小镇"投资主体逐步由政府主导转向政府引导、国有企业主导,继而又转向国有企业与民营企业合作的模式,多元投资主体的参与进一步拓宽了小镇融资渠道，筑牢小镇建设坚强后盾。

2016 年可以说是"跨贸小镇"次第开花的关键一年，年初"跨贸小镇"正式开业，中国（杭州）跨境电子商务综合试验区展示中心、"海彼购"跨境保税国际街区、众创空间等也同时正式运营。年中，"跨贸小镇"的"十三五"发展规划完成编制，不等不靠，主动作为，为小镇未来五年发展指明了前进的方向。年终，全国首家跨境综合体"西狗茂"正式对外营业，通过线上电商、线下综合体打造"跨境生活"云平台。

三 主要做法及经验

（一）平台招商，实现跨境电商产业集群

为加快推进全域中央商务区建设，促进企业集聚、产业集群、税源集中，将杭州新天地区块打造成省内领先的跨贸小镇、浙商总部基地和"大众创业、万众创新"集聚基地，从小镇建设之初开始，就采取了统一的平台招商政策——《下城区支持新天地经济发展新平台的财政扶持政策》，并建立新天地平台招商服务协调会议机制，为小镇跨境电商产业链集群发展打下了坚实的基础。

短短 1 年多时间，仅"跨贸小镇"新天地平台已正式落户企业近 150家，注册资金近 20 亿元，其中跨境电商、创新型、总部型企业共 100 多家，占引进企业数的 75% 以上，产业集聚度较高。

（二）生态服务，打造跨境电商生态服务链

2016 年前 11 个月，杭州跨境电商出口额达 354.5 亿元人民币，增长1.9 倍，占全市出口总额的 12.7%，跨境电商交易规模发展势头良好。跨境电商的竞争实际上是服务链之争，常规仓储、运输、报关、信息整合、采购、融资等增值服务是否完备，能否拥有深化整合、高效有力的供应链成为转型关键。

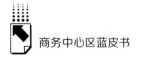
目前，"跨贸小镇"建成了浙江省大数据通关服务平台——浙江电子口岸，为园区内进出口企业提供数据对接平台，以及政务申报、信息查询、口岸业务代办等综合服务；同时，为了满足跨境电商企业的报关、报检、退税、融贷等服务需求，"跨贸小镇"打造了外贸综合服务平台——融易通；积极引进创梦谷等孵化器企业，为园区的创业孵化提供发展机遇。此外，借助邮政速递加快商业快件落地运作，对现有进出口监管场地、外部道路及内部仓库进行升级改造，着力搭建一站式专业化公共通关平台。

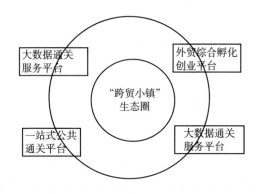

图2 "跨贸小镇"生态圈示意

（三）特色小镇，打造"产城融合"发展新样本

城市是产业发展的重要空间载体，产业则是城市可持续发展的重要根基。城市没有产业支撑，即使再漂亮也是"空城"；产业没有城市依托，即使再高端，也只能"空转"（张道刚，2011）。因此，在"跨贸小镇"建设之初，小镇规划建设者们就把如何促进产业集聚发展，并在此基础上完善功能配套，加快南北融合和全域中央商务区建设，将"以产促城、以城兴产、产城融合"放在突出位置。

"跨贸小镇"从打造之初就坚持产业、文化、旅游"三位一体"和生产、生活、生态融合发展的原则，以跨境电商为核心产业，积极进行跨境电商全产业链招商，引进并培育孵化器、大数据、通关服务、物流服务、外贸综合服务等多种类型企业。融易通、泛远国际等一批优质企业纷纷落户，"海彼购"商业街和跨境生活综合体西狗国际不断升级"跨贸小镇"O2O 模式，从线下体验到线上购买，在小镇就可享受轻松"买全球"的便利。未来，"跨贸小镇"国际街区旁的重机厂厂房工业遗存项目会被打造成杭州新天地文化旅游中心，最大的厂房将建成全亚洲最大的 IMAX 影院，影院南面 1.7 万平方米的演艺大厅，将是加拿大太阳马戏团常驻演出地；而地铁 3、4 号线同台换乘新天地街站点，将给小镇出行提供便利的条件。

四 促进"跨贸小镇"优化发展的对策建议

特色小镇的发展需要创新要素的集合，所需要的创新、所对应的时空条件，都跟以前迥然不同，创新的难度、强度是以往所有的开发所没有的。下城"跨贸小镇"以中国（杭州）跨境电子商务产业园、杭州新天地两大区块为核心，形成了"一镇、两核心、多园区"的战略布局。但是小镇未来发展依然任重道远，需要一张蓝图绘到底，需要撸起袖子加油干，需要集体的智慧和创新，需要产业资本的力量汇集，需要在"平台建设、配套服务、产城融合"等方面下足功夫。

（一）加大项目平台建设，力求多点突破

一是在现有平台招商基础上，加大对细分特色领域有影响力龙头企业的招商引资力度，从"招商引资"转变为"选商择资"，探索创新产业链招商新模式新机制；二是深刻总结新天地招商平台经验，以小镇产业发展重点为导向，带动中国（杭州）跨境电子商务产业园、创新中国产业园、经纬国际创意园等园区转型升级，实现产业发展导向与空间布局优化的有机结合；三是支持"跨贸小镇"企业拓展上下游产业链，以政府背书、信用支持等形式开展收购、参股活动，构建国际化的供应链体系和协作体系，发挥小镇里各市场主体的协同效应，增加小镇综合实力和竞争力，为下城区全面建设全域中央商务区添砖加瓦。

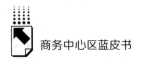
（二）加强协调推进工作，补足配套短板

着力在基础设施配套、人才吸引、金融支持等环节下足功夫。一是完善基础设施配套，建立综合交通体系，优化内、外部交通组织：全面打通小镇交通路网，推进永福桥路（石大路—新天地街）、西文街（长浜路—费家塘路）等支路开通；积极建设综合交通体系，全面配合完成地铁建设，增设公交线路及换乘点，完善多种公共交通工具及配套设施，建设小镇居民安全便捷出行的慢行交通系统，以提升交通服务的便捷性和可达性。二是贯彻落实人才优先战略，创造环境和条件，培育集聚专业人才，既加大对海外高层次人才的招引，又注重对草根人才的再培养，建设职业发展培训基地，完善专业人才智库，筑牢人才发展高地。三是加大金融扶持力度和深度。创新投融资体制机制，研究发展设立引导性产业基金，探索多种类型 PPP 模式，通过市场化运作方式，吸引更多金融资本和其他社会资本共同投入，重点向跨境电子商务价值链相关产业方面倾斜，构建互联网大数据推进贸易融资发展机制，鼓励跨境电商"新三板"上市，让市场主体活力竞相迸发，成为小镇建设的中坚力量。

（三）加快"产城融合"建设，实现持续发展

坚持"以产立镇、以产带镇、以产兴镇"，促进从小镇资源到小镇产业，小镇产业到小镇经济，小镇经济到小镇发展，最终实现产镇一体、协调发展。一是加强土地资源整合开发，通过加快城中村改造，土地收储、合作开发等形式，实现区域的连片开发与整体打造，打破现有相关配套碎片化的困局，不仅改善人们的出行环境和生活环境，而且还为小镇持续发展提供拓展空间。二是加强小镇内各特色产业园区与城市转移产业的对接，加强政策引导，强化分工协作关系，既要差异发展，又要培育完整产业链，不断增强小镇内各产业、产业链上下游之间的协同作用，形成产业更高密度的集聚发展和更合理布局。三是特色小镇要有深厚的发展根脉，将它的基因、文化等元素深深地渗透下去。未来，小镇发展还需要在旅游带动小镇人气、生活品

质和文化底蕴方面付诸行动。以"镇区景区化，产业旅游化"为目标，原有的农耕文化和工业遗存为基础，充分整合现有自然水系、绿道系统、工业遗存街区、太阳马戏团、大型城市灯光秀、"海彼购"街区等旅游资源，挖掘小镇独特文化，开发小镇旅游线路，打造国家旅游基地。四是要坚持智慧管理和运营方向，加大投入，实现小镇无线网络全覆盖，小镇客流数据自动化采集和大数据分析，加强媒体宣传和推送，讲好"小镇故事"。

参考文献

魏鉴：《跨界电子商务发展研究的文献综述》，《电子商务》2016 年 16 期。

张道刚：《产城融合 ERLIN》，《决策》2011 年第 1 期。

B.9
中国楼宇经济的转型发展与对策建议

韩镇宇*

摘　要：　在宏观经济和信息技术发展因素的影响下，中国楼宇经济已经发展到创新转型阶段，主要特征是楼宇经济推动力的协同化、楼宇业态的专业化和内生化、租售市场的增长态势分化，出现了楼宇招商做法创新、楼宇服务形式创新和内容创新、楼宇经济内生协调机制创新等机制创新。但与此同时，中国楼宇经济还面临着区域差距较大、楼宇库存增加、区域性建设空间不足、楼宇同质竞争等问题，而本文针对这些问题给出了对策建议。

关键词：　楼宇经济　创新　转型　CBD　中央商务区

　　"楼宇经济"首先是一个从空间角度描述经济形态的概念，即指在城市产业分工趋势和土地竞租规律的驱动下，集聚于办公楼、综合体、都市工业厂房等城市楼宇载体中的现代服务业经济，楼宇经济的集聚形成了现代城市的中央商务区（CBD）。由于经济密度大、附加值高、财税贡献度高，楼宇经济常被视为城市经济的一个重要导向，见之于地方的政策意见和规划文本中，于是"楼宇经济"在实践中还是一个规划概念，即指发展楼宇经济以及为之配套的一系列产业和服务。尽管在理论上，楼宇经济是城市生产分工不断细化、城市经济集聚度不断提高的内生产物；但在世界经济产业链全球

---

　　*　韩镇宇，中国社会科学院城市发展与环境研究所，博士，研究方向为城市与区域经济。

化布局的现实背景下，楼宇经济很大部分是跨国公司的总部经济，有很高的外向程度。中国楼宇经济便是在对外开放背景下，依托大批寻求拓展生产和消费空间的跨国公司（尤其是金融企业）所设立的区域总部发展起来的。[①]

在新常态过渡期，随着内外需对中国经济拉动潜力的转换，新技术、新业态的发育，中国楼宇经济亦具有了新的特征。

一　中国楼宇经济已进入创新转型阶段

改革开放以来，中国楼宇经济的发展受外需因素影响较大。从外需影响看，中国楼宇经济已经历了两个发展阶段，并进入创新转型阶段。

第一阶段是楼宇经济的萌芽期，即从 20 世纪 80 年代到 2001 年中国加入世贸组织。此时的楼宇经济集中出现在开放较早的"北上广深"CBD，其始于外企落地的需要和城市土地使用权可有偿使用的改革。这段时期的楼宇数量并不成规模，办公楼年度新建规模较少[②]，配套也不成体系，并且此阶段的楼宇建设虽然主要依托政府推动，但在楼宇空间、产业导向等方面并没有明确且科学的规划。

第二阶段是楼宇经济的成型期，即从中国"入世"到 2008 年全球金融危机。在此阶段，随着经济外需依存度的大幅提高，开放红利逐渐深入到非一线城市，同时各地的城市建设也开始加快，中国楼宇经济的规模不断扩大，近半的中国商务区联盟城市的 CBD 建设启动于这个时期。从图 1 可看出，自 2003 年起，办公楼年度新建规模明显增加，租售规模也明显扩大，呈现出楼宇供需齐增的景气态势。从发展质量来看，此阶段的楼宇经济在规划引导、楼宇招商、楼宇服务等机制方面尽管仍不尽完善，但也已基本成型。

第三阶段是楼宇经济的创新转型阶段，即从 2008 年至今。全球金融危机的发生使外需逐渐萎缩，楼宇经济由此出现了景气拐点——从图 1 可见，

---

① 景体华主编《中国首都发展报告（2005 年）》，社会科学文献出版社，2005，第 112～122 页。
② 参见图 1，在 2002 年之前办公楼新开工面积的年度同比变化并不大，数据来自历年《中国统计年鉴》和《中国房地产统计年鉴》。

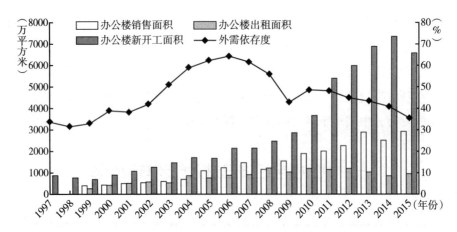

图1 中国办公楼开发和租售面积以及经济外需的变化趋势

注：外需依存度＝货物进出口总额/国内生产总值；办公楼租售数据仅自1999年起有统计。

尽管自2008年起国内办公楼年销售面积和新开工面积仍保持了扩大趋势，但办公楼出租面积的增加态势已经停止甚至逐年有所减少，出售面积的增加态势从2013年起转为了波动态势。在经济动力亟待转换的宏观背景下，国内在楼宇经济的业态创新和服务创新方面开始了探索；同时也是在信息化的背景下，以各地楼宇经济信息系统为代表的信息技术逐渐在楼宇经济领域得到应用，尤其推动了楼宇经济服务和管理方面的创新。

总之，中国楼宇经济在创新转型阶段的发展特点与经济新常态过渡期的宏观特征相比，既有相似之处也有不同之处，主要是区域分化、动力转换、结构优化，更准确来说是楼宇经济发展态势分化、发展动力协同化、业态发展集聚和内生化三个方面，本文接下来将对这些方面展开具体分析。

（一）楼宇租售市场走势从同涨同降向区域分化转变

当前中国楼宇经济的一大特点是楼宇经济发展水平在各线城市之间出现分化，其主要反映就是办公楼宇租售市场景气态势的分化。这种分化态势主要表现为办公楼租售行情和库存压力的区域分化。总体而言，非一线城市的办公楼库存租售行情最差、库存去化压力最大。

1. 租售行情的区域分化

首先，不同区域办公楼平均售价上涨与停滞的分化明显。按数据可获得性，国内城市可分为全国城市、35 个大中城市和商务区联盟城市三组，各组所包括的二、三线及以下的城市依次增多。从 2001 年至 2015 年（如图 2 所示），① 商务区联盟城市的均价一直为最高而全国均价为最低，并且三组城市的组间变异系数表明，尽管三组城市的办公楼售价长期来同涨同降，但近年来其增速出现了分化——在 2004 年之前三组城市之间的办公楼均价差距曾持续缩小，随着宏观经济增速自 2012 年开始放缓，三组城市之间的办公楼均价差异更是明显地扩大了；此外，商务区联盟城市的办公楼售价近年来仍保持着一定的增势，其他两组城市的办公楼平均售价则均已停止了长期上涨趋势，进入了平缓波动期。

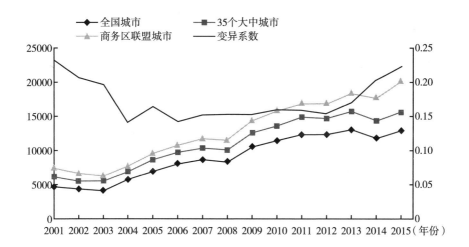

图 2　2001～2015 年国内三组城市的办公楼平均售价及其差异

注：办公楼平均售价单位为"元/平方米"，按总销售额除以总销售面积计算，而非各城市均价的算术平均，35 个大中城市即各省会、直辖市、计划单列市，由于数据缺失，商务区联盟城市中未包括珠海市（下同）；变异系数是无量纲指标，其值越大所表示的变异程度（不平等程度）就越大，在此变异系数为组间差距。

① 若无特别说明，本文的所有统计或描述均截至 2015 年。

其次，从办公楼租金水平来看①，一线城市办公楼租金水平远高于二、三线的内陆城市（见图3），并且各线城市之间办公楼租金的增速有三种分化。具体来说，从图4可见，一是出现了办公楼租金增速一快一慢两组城市——平均而言，武汉、深圳、北京、沈阳、长沙五个城市的办公楼租金增速明显较快，其中武汉的增速最快，其2015年的办公楼租金已接近基期（2006年）的3倍，而增速最慢的天津，其办公楼租金水平变化一直较平稳；二是局部与整体的分化，自2012年开始大部分城市的办公楼租金增长就已基本停滞，但由于所在区域腹地有较好的产业支撑，武汉和深圳的办公楼租金仍有较明显的上涨趋势，此外南京作为江苏省金融中心也有较小的增势；三是城市内部不同区位办公楼的租金增速发生分化，其可见于北京、上

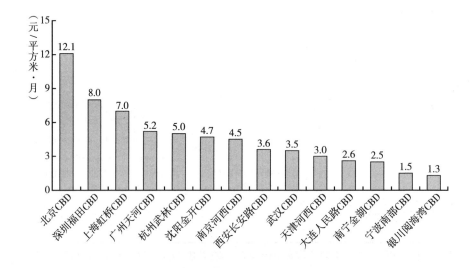

图3　2015年商务区联盟城市的办公楼日均租金

注：北京、上海、广州、沈阳、南京和西安的数据来自第一太平戴维斯公司（http：//savills．com．cn/research），其余的来自各CBD管委会，因数据缺失个别商务区联盟城市未显示。

---

① 办公楼租金并无全国范围的官方统计，故租金分析仅限于数据可获得性较好的商务区联盟城市。在下文中，有的商务区联盟城市因为数据缺失而未列出。

海、广州、天津、杭州等多 CBD 并存的城市，因此尽管这些城市有的属于图 4 中的租金低增速组，但深入分析可发现，其核心 CBD 的办公楼租金基本都有一定的上涨态势。

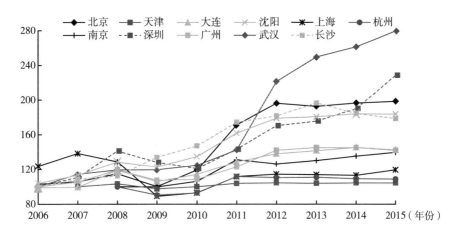

图 4　2006～2015 年商务区联盟主要成员城市的楼宇租金指数

注：图中所示均为全市平均水平的办公楼租金指数，其中，北京的以 2000 年为基期，大连、上海、沈阳分别以 2003 年、2004 年、2005 年为基期，武汉、广州以 2006 年为基期，天津以 2007 年为基期，杭州和南京以 2008 年为基期；沈阳的租金指数为 2015 年上半年数据。

资料来源：戴德梁行公司（http://www. dtzcushwake. com/research-report/p1. html？expert = 0），因数据缺失其余商务区联盟城市未显示。

2. 库存压力的区域分化

各线城市的办公楼租售价格水平差距，在根本上是来自城市之间的产业基础及其内生动力差距，进而导致了办公楼租售需求的差距。受到经济下行压力和投建楼宇上市的影响，二三线及以下城市办公楼累积供给过多，库存压力较大。

从绝对的空置规模来看，如图 5 所示，在 2009 年之前，全国城市、35 个大中城市、商务区联盟城市三者的空置面积差距没有明显变化，但自 2009 年起，三者的组间差距开始扩大，表明空置办公楼主要增加在二、三线及以下城市。从相对的空置规模（空置率）来看，以商务区联盟城市为例，在其内部也存在着库存压力分化，参见图 6，商务区联盟中不同城市的空置率

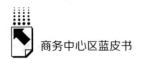

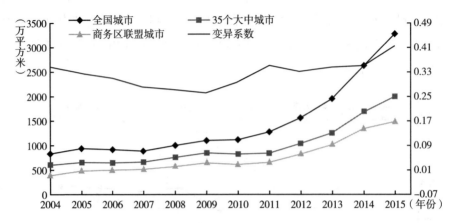

图5　2004～2015年国内三组城市的办公楼空置面积及其差异

资料来源:《中国房地产统计年鉴》。

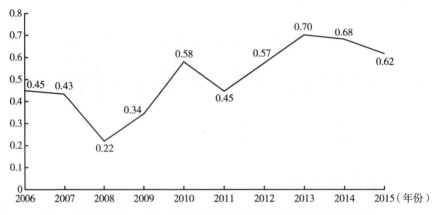

图6　2006～2015年商务区联盟主要城市的办公楼空置率

注:因数据缺失个别商务区联盟城市未显示。

资料来源:戴德梁行公司(http://www. dtzcushwake. com/research-report/p1. html?
expert=0)。

水平差距扩大同样是始于2009年。仅从2015年的数据并按照业内惯例标准
看,[①] 在当前,空置率问题最严重的城市是长沙和沈阳,较严重的是大连、

---

① 按业内惯例,商品房空置率在5%～10%为合理区,在10%～20%为空置危险区,在20%
以上为商品房严重积压区。

天津、西安、南京、武汉、杭州；但从长期趋势来看，商务区联盟城市总体的办公楼市场一直存有较好的去化能力，这是 2013 年后商务区联盟城市空置率变异系数再次缩小的原因。实际上，一些城市的高空置率很大程度上是个别年份新楼盘入市的结果，而新楼盘入市后这些城市的空置率实际是在下降的，比如表 1 中的长沙、南京、杭州。

表 1　商务区联盟城市 2006～2015 年历年平均空置率

单位：%

城市	2006 年	2007 年	2008 年	2009 年	2010 年	2011 年	2012 年	2013 年	2014 年	2015 年
北京	10.83	11.35	15.00	20.57	14.37	4.34	4.57	3.68	4.66	4.59
天津	26.08	19.90	20.48	17.94	16.35	20.80	16.83	16.35	21.32	19.28
大连	20.55	23.90	15.70	15.97	15.00	11.29	27.95	24.69	16.80	19.77
沈阳	19.08	20.20	14.52	26.55	13.17	16.26	13.30	14.39	37.74	38.85
上海	5.26	2.17	16.09	14.74	7.46	4.90	7.25	8.53	8.96	8.47
杭州	24.46	22.32	11.32	24.24	31.77	8.79	18.78	18.56	18.44	11.78
南京	16.61	16.43	20.69	23.55	25.93	14.35	9.25	9.92	9.34	17.51
西安	30.73	25.85	19.87	17.95	13.03	14.94	11.99	14.21	11.99	18.70
深圳	14.46	9.43	10.34	10.57	17.06	14.51	8.89	8.18	4.38	5.00
广州	9.06	9.96	13.94	11.23	7.83	10.25	8.61	9.71	7.73	8.06
武汉	22.96	25.00	12.76	10.79	1.51	13.53	19.57	15.75	17.67	15.36
长沙	9.85	20.00	14.93	9.95	8.11	4.74	3.53	46.13	35.83	30.57

注：因数据缺失个别商务区联盟城市未显示。

资料来源：戴德梁行公司（http://www.dtzcushwake.com/research-report/p1.html？expert＝0）。

总之，商务区联盟城市由于经济实力较强，总体的办公楼库存问题并不严重，仅个别联盟城市存在较大的库存压力，全国范围的办公楼库存压力主要存在于二、三线及以下城市。

（二）楼宇经济发展从以政府主推向政商协同推进过渡

楼宇经济从起步期的载体建设到后来的日常运转，不仅需要土地、资金、人力等可界定产权的、可由市场配置的资源支持，同时也需要交通配套、公共政策等公共品或准公共品的支持。因此，市场的驱动和政府的推动

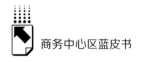
对于发展楼宇经济是互补的，二者都不可或缺。由于中国经济市场化起步较晚，在政府主导改革的大背景下，中国楼宇经济主要是随着政府推动CBD建设而发展起来的。经多年探索，各地政府在发展楼宇经济方面已经有了一套与市场主体合作的成功经验，政商协同作为楼宇经济发展动力的重要性不断提升。

政商协同发展楼宇经济主要表现在两方面：一是政府与市场组织、政府之间的招商协同，即招商方式协同化；二是政府或党组织与楼宇物业公司、行业组织、入驻企业等多方的服务协同，即楼宇服务方式的协同化。

1.楼宇招商的协同化

随着楼宇经济发展到成型期，尤其是随着楼宇经济规模的不断扩大，政府的招商竞争带来的压力越发增大，势必需要探索新的招商做法、拓宽招商渠道。而在各类市场组织不断发育的条件下，政府与楼宇开发商、楼宇业主、专业中介等市场组织的招商合作，以及政府间的楼宇招商合作应运而生，并且已成为当前楼宇招商的常规做法。

当前，楼宇经济的潜在招商主体包括政府、开发商、商会、专业中介等。其中，政府是当前各招商主体中的主导者，其主导作用主要体现在四个方面：一是政府作为楼宇经济规划建设的主导方，划定了楼宇招商导向；二是组织和参与举办招商活动，比如由地方领导带队面向龙头总部企业"上门"招商，与开发商等市场组织协同策划和举办规模较大的、区域性的楼宇推介会；三是主导成立了一些市场组织的招商主体，比如楼宇商会、行业组织、多方组成的招商队伍等；四是在一些跨城、跨省乃至跨国的商业合作中出面沟通进行协同。在这些做法中，后两者是成型期以来出现的新内容，尤其是不同政府间的协同招商——政府间的协同较常见的模式是纵向层级政府之间的协同招商，一般是在辖区楼宇办公室、商务区管委会、街道办三级之间；而横向跨区域的政府间协同招商在目前则较少见，属于新近出现的招商做法创新。目前各地横向政府协同的招商，比如南京河西CBD与周边城市关于探索设立苏南金融园区合作联盟的合作意向，按计划相关各地将协同开展招商引资和产业培育；又比如在西安长安路CBD管委会与周边区县、部分街道（乡镇）围绕电商企业及其物流基地的落地，协同进行了企业上门沟通。考虑到当前日益激烈的楼宇招商竞争，区域间协同的楼宇招商对于今后在不同 CBD 之间协调分工有着可观的政策潜力。

开发商是在中国楼宇经济发展过程中，楼宇招商参与度仅次于政府的招商主体。其传统的楼宇招商方式是在楼宇建成后，按利润最大化原则将楼宇进行"散售"。然而在今天看来，"散售"模式导致了楼宇产权碎片化，不利于业态的集聚发展和转型升级。而在重视规划引导的当前，开发商的招商已经逐渐转变为遵循规划导向的楼宇二次招商，以及与政府协同进行招商活动的策划和举办。开发商与政府协同招商的传统方式则是座谈会、联席会议等商议模式；而近来的一些后起 CBD 则创新地使用了更为市场化和专业化的企业模式，即由政府与开发商组建或在政府引导下由开发商组建载体建设与运营的平台公司，负责楼宇的招商、建设等工作，比如武汉 CBD 的"王家墩中央商务区建设投资股份有限公司"、郑州郑东 CBD 的"中交（郑州）投资发展有限公司"、宁波南部 CBD 的"宁波广告产业园区服务中心有限公司"。

专栏 1　产权碎片化的楼宇"散售"模式

国内早期建设的商务楼宇多采用开发商拿地建楼再自主出售的模式，这种模式的优点是，在一定程度上，其可实现较快的投资回收。于是在利润最大化的目标下，开发商往往将一座楼宇分层甚至分间进行租售，导致一栋楼宇有众多的小业主。产权分散的直接影响就是楼宇的后续招租属于小业主的自主行为，政府或开发商很难实现物业服务和产业升级的整体规划，很难实现楼群功能结构的最优化。

北京的建外 SOHO 就是典型的"散售"项目，开发商将产权分散出售给小业主，而小业主再将商铺租给出价高者。"散售"模式最早出现于北京、深圳等较早开放城市，尽管有不足之处，但由于该模式对政府投入要求不高，因此在导向控制的前提下，仍在被一些新兴 CBD 所采用，如武汉 CBD、上海虹桥 CBD 等。

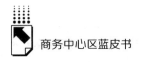

由于具有行业信息和社会资源优势，楼宇业主成为当前各地协同招商的又一重要主体，即楼宇的"以商招商"。目前的以商招商主要是两种模式：一种是政府和龙头企业利用后者入驻后的集聚效应进行产业链招商，主要是面向与其配套的商务商业行业和同行企业，产业链招商多见于楼宇载体建设的起步期；另一种是类似传统的开发商与政府协同招商的模式，即在成立楼宇商会、CBD商会等楼宇业主商会的基础上，由政府与商会共同策划和举办招商活动。从当前情况看，在业主商会和政府的协同招商中，商会较多负责楼宇招商的信息推介环节，包括"一对一"地定向推介和"一对多"地举办推介会。

专栏2 近年来商务区联盟城市以商招商的代表性做法

天津河西CBD：在2015年积极开展以商招商，通过现有金融企业对我区区位优势、政策优势和政府服务的宣传，在东北地区、华北地区、长三角地区陆续引进了众多地方商业银行。

西安长安路CBD：长安路CBD民间商会于2014年11底成立，在2015年举办了商圈企业座谈会，完成了抱团营销策划、联合促销主题活动。

长沙芙蓉CBD：在2015年，经芙蓉区楼宇商会介绍，与新加坡企业发展局武汉办事处建立了联系，并就擎天广场和"一带两区"项目做了推荐。

北京CBD：北京CBD传媒商会于2015年12月18日召开了企业推介会，参会企业纷纷展示了企业特色、介绍企业发展方向和合作需求。

南京河西CBD：在2015年，正筹备建立CBD商会、苏商会等平台的信息和资源共享机制，为企业提供招商、审批、落地、配套设施等全过程优质服务。

银川阅海湾CBD：在2015年，正筹备成立阅海湾企业家联合会，把商会作为招商引资的新载体，并引领园区企业抱团发展，提高园区整体竞争力。

专业中介一直以来主要是专业的地产咨询公司和招商公司，其通过向政府提供策划、推介、楼宇代理租赁等招商服务的方式与政府协同，即"中介招商"。国内目前较活跃的专业中介主要是外资地产咨询公司，① 其早在中国楼宇经济的萌芽期就进入中国市场，并在成型期随着中国楼宇经济的快速发展而发展。而近年来在中国互联网快速发展的背景下，一些基于网络平台的专业楼宇租赁中介也开始出现，比如"赢策网"利用"门户＋各地城市招商网"模式为多个城市的众创空间、写字楼、产业园等提供招商服务；"杭州写字楼网"则是仅聚焦一个城市、一种载体（写字楼）租售细分市场的网络中介。

专栏3　近年来商务区联盟城市专业中介招商的代表性做法

宁波南部 CBD：在 2013 年与沃德房产合作成立南部商务区招商中心，以沙盘、区位图、影像展示、专业讲解等形式进行推介。

广州天河 CBD：于 2015 年启动了"粤港澳服务贸易自由化"专题招商，期间邀请了仲量联行就可引进的香港服务业给出初步建议。截至 2015 年，广州天河通过借力五大地产行，加强了与外国领事馆、商协会的合作，同时借助天合、优利普斯等专业招商公司力量，成功引进了本田贸易、百事、日发投资、三井物产等项目。

西安长安路 CBD：在 2015 年，除王府井百货外一、三号楼的其他商业的物业、招商等由戴德梁行统一运营、管理。

杭州 CBD：杭州写字楼网成立于 2006 年，由杭州羽锐网络科技有限公司创立，是杭州较早专业从事楼宇招商和企业选址的写字楼门户网站，自成立以来积极配合杭州各招商部门，相继为 200 多幢办公楼宇进行招商，为数万家企业提供选址咨询服务，成功对接数千个项目。

目前各招商主体间采用的协同沟通制度主要是两种：一种是商议制度，如开发商与政府定期或不定期召开的招商座谈会或联席会议，采用该

---

① 国内活跃的地产咨询公司主要是所谓的"五大行"，即仲量联行、戴德梁行、世邦魏理仕、高力士和第一太平戴维斯。

制度的商务区联盟城市以上海虹桥 CBD、宁波南部 CBD、广州天河 CBD、杭州钱江新城 CBD 等 CBD 为代表；另一种是奖励制度，即政府通过制定招商资金使用条例，规定了以奖金激励招商主体按要求进行招商，采用该制度的商务区联盟城市主要是北京 CBD、深圳福田 CBD、广州天河 CBD、西安长安路 CBD、银川阅海湾 CBD、长沙芙蓉 CBD、杭州钱江新城 CBD 等 CBD。相较而言，商议制度可使各主体更紧密地协同，奖励制度可以给市场组织更大的决策自由；但目前而言，两种渠道并未表现出替代关系，有的 CBD 甚至两者兼用（如广州天河 CBD 和杭州钱江新城CBD）。

2.楼宇服务的协同化

楼宇服务是指各方为楼宇企业运营和楼宇经济发展所提供的商务服务和公共管理。在此前阶段，楼宇服务的主要内容包括经济政策（楼宇入驻产业的租息税优惠）、企业政务（工商和税务服务）、楼宇物业（楼宇的安保、消防、卫生等服务）三项。[1] 在楼宇经济规模不断扩大、楼宇企业要求不断提高的情况下，从楼宇经济的成型期起，政商各方开始不断加深协同合作程度，不断在楼宇服务的形式和内容方面推陈出新（见图7），形成了当前"多位一体"的楼宇服务制度。

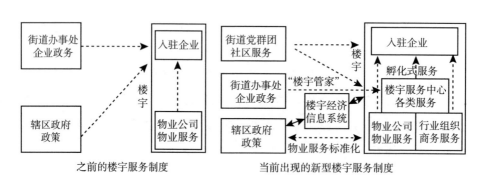

之前的楼宇服务制度　　　　　当前出现的新型楼宇服务制度

图7　国内楼宇服务制度演变示意

---

[1]　由于楼宇服务中的经济政策主要是楼企入驻的相关优惠，其长期以来主要是在优惠力度上发生变化，本文故不对其多加介绍。

（1）楼宇服务形式的创新

在之前阶段，楼宇服务主要来自三个机构——为楼宇企业提供工商、税务、招商等企业政务或商务服务的街道公共服务大厅或楼宇服务中心；为入驻企业提供物业服务的楼宇物业公司；为入驻企业制定优惠政策的辖区政府。如图7所示，传统的三类服务主体之间"条条"分明、联动较少。而在当前，楼宇服务主体仍然是楼宇单位和政府单位，但服务的提供则由二者协同合作、互相分工来实现，二者的构成也发生了变化。楼宇单位主要是物业公司、楼宇入驻企业及其行业组织（如商会），有时还有"线上对线下（O2O）"的专业服务商；政府单位则除了街道办和辖区政府外，有时还包括党组织和群团组织。

相比之前阶段，当前的楼宇服务有三大变化——企业政务服务逐渐"上门"化、物业服务逐渐标准化、楼宇服务的实现越加信息化。

首先，"服务上门"是指各地现已打破了之前街道服务大厅与楼宇企业之间的空间分离，要么由各主体协同在楼宇设立"楼宇服务中心"，[①] 为入驻企业提供针对性的政策宣传、问题反馈、工商税务服务；要么由各主体协同设立"楼宇管家"，由专人小组通过上门走访为入驻企业提供楼宇服务；又或者是基于原有设在街道的楼宇服务中心，采用派出"楼宇管家"来联系楼宇经济服务中心和楼宇的办法实现楼宇服务的"上门"。

专栏4　近年来商务区联盟城市楼宇"服务上门"的代表性做法

上海虹桥CBD核心区新虹街道的"楼宇管家"制度，由街道派遣有关人员入驻商务楼宇，平均4人1楼宇，将政府的政策宣传、公共服务和其他外衍服务"送货上门"。

南宁青秀区楼宇经济服务中心由辖区政府和街道办协同设立，是该区楼宇经济的服务与管理机构，而楼宇经济工作站则由街道办和物业公司协同在

---

① 从商务区联盟城市现状来看，进行协同的主体一般只是辖区楼宇办、街道办、物业公司、党组织四个主体中的部分而非全部。

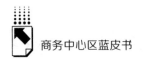

相关楼宇设立，工作站除了为楼宇企业提供工商、税务、卫生计生、党建、社区等一站式服务之外，还充分利用互联网信息技术指导物业公司开展增值服务，比如设置企业自助办税终端机，建立楼宇高管健康大数据档案等。

大连人民路 CBD、杭州武林 CBD 和天津河西 CBD 均选择了建立街域的楼宇经济服务中心，然后通过派出"管家"的方式为楼宇企业上门服务。以天津河西 CBD 为例，至 2015 年全区 11 个街道有街域楼宇经济综合服务中心，工作内容涵盖信息统计、招商引资、政策宣传、协税护税等，然后通过每个干部负责 10~15 座楼宇的包干方式定期走访，帮助楼宇业主进行招商引资，帮助入驻企业办理落户登记，以及其他的楼宇服务问题。

其次，到楼宇经济的转型期，国内的楼宇品牌意识快速强化，并且为了提高楼宇物业服务品质，从国家到地方出台了一系列楼宇物业服务标准。楼宇物业服务标准（规范、评定办法）一般以政府为主导，在政府相关部门、行业协会、物业公司等主体的协同合作下完成制定，其内容主要覆盖楼宇软件（运营和服务）和硬件（楼内设备设施和周边环境及交通）两方面。目前各地的物业管理标准主要是两类——合格式标准和分级（等级）式标准，前者将楼宇物业服务划为"模范/合格"和"非模范/不合格"，比如西安长安路 CBD 的《长安路中央商务区商务示范楼宇评定及管理办法》；后者则将楼宇物业服务划为多个等级，天津、广州等地正在施行或正筹备施行这种标准。国内最早的物业管理标准是 2008 年的《重庆市商务楼宇物业管理服务标准》，是一种合格式标准；之后成都市于2012 年出台了《成都市商务写字楼等级划分标准》，是国内最早的分级式楼宇物业服务标准。而在国内知名行业协会、学术机构和房地产企业的协同合作下，中国《商务写字楼等级评价标准》在 2014 年正式出台。物业服务标准化可激励楼宇物业提升楼宇服务水平，一方面，物业服务标准限定了最基本的楼宇物业服务；另一方面，也是主要方面，即通过楼宇服务评定形成楼宇间物业服务水平的竞争态势，进一步促进楼宇物业公司积极提高自身服务水平。

专栏5　广州天河CBD的《楼宇经济可持续发展指数》

尽管国家标准已经问世，但目前各地仍然在探索更适合自身发展的物业服务标准，在这方面广州天河CBD走到了前面。广州天河CBD联合香港品质保证局（HKQAA）在2015年成功制定了天河CBD《楼宇经济可持续发展指数》（合格式指标指数），并进行了首次评定。在首次评价中，该指数充分体现了可持续发展理念，围绕温室气体排放、废物回收、管理服务等环境指标和物业指标进行了楼宇物业服务评定。而在今后，广州天河CBD的《楼宇经济可持续发展指数》还将涉及楼宇的税收贡献、就业带动等经济指标，将可持续的环境内涵延伸向经济内涵，形成更综合化的楼宇可持续发展指数。

最后，楼宇服务的第三个变化——楼宇服务信息化，主要是指"楼宇经济信息平台"当前正在各地推广应用中。楼宇经济信息平台或其类似平台，[1] 是覆盖政府、物业公司、楼宇企业等不同主体的，用于即时显示和处理企业经济、企业政务、物业管理、楼宇租售信息的网站、App、公众号等信息网络平台及其集合。目前在商务区联盟城市中，北京、南宁、宁波、广州、长沙、武汉等地的CBD均已建立各自的楼宇经济信息平台，上海虹桥、郑州郑东等仍在起步期的CBD则正筹备建立楼宇经济信息系统。从各地的楼宇经济信息平台看，其典型架构分为外网和内网两部分。外网向社会开放，可提供楼宇经济动态（产值、税收等）、楼宇企业政策和楼宇招商推介等楼宇经济信息共享功能；内网则是楼宇经济管理部门的政务平台，主要包括楼宇入驻企业登记系统和楼宇经济管理系统两部分，可为管理部门提供政商在线沟通、楼宇入驻登记管理、工商税务监管、楼宇数据查询和统计分析信息管理、楼宇电子地图展示、管理信息交流等功能。相比传统面对面的沟通交流方式，楼宇经济信息系统体现了信息即时、丰富的特点，大大提高了楼宇经济发展的决策效率。

---

[1] "楼宇经济信息平台"在各地的名称各不相同，但大同小异（如专栏6中的两个例子），本文统一将类似系统称为"楼宇经济信息平台"。

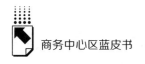

专栏6　商务区联盟城市中有代表性的楼宇经济信息系统

典型内外网式楼宇经济信息系统——南宁青秀区楼宇经济信息网。南宁青秀区楼宇经济信息网启动于2014年，其拥有通知公告、工作动态、政策法规、特色楼宇、楼宇管理、楼宇租售、楼宇地图等七大模块的查询、服务、管理等功能。其中，楼宇管理功能属于监测内网，其他模块和功能属于可公开访问的外网。通过该平台可以对已经纳入体系的楼宇进行有关数据分析，为政府出台相关政策提供真实、动态的数据支持。此外，南宁青秀区还搭建了"青秀楼宇发布"微信公众平台，对青秀区楼宇经济进行全方位推介。

全信息化的楼宇经济信息监测及楼宇服务平台——武汉CBD的楼宇经济系统＋智慧社区服务平台。武汉CBD的楼宇经济信息系统可对楼宇的使用情况、企业的入住率、分类、贡献率等进行统计分析，并提供政商交流信息的推送功能。CBD的楼宇物管服务、楼宇企业的工商和金融服务则由武汉CBD智慧社区服务平台提供，该平台是涵盖物管服务、生活服务、企业服务、金融服务四大服务功能的全方位智慧社区服务平台，为社区居民、企事业单位、政府、社会组织服务。截至2015年，武汉CBD楼宇经济系统已基本建成，而智慧社区服务平台仍在建设中。

（2）楼宇服务内容的创新

与楼宇服务形式不同，楼宇服务内容的创新是服务的增量创新。当前在政府、党组织、群团组织、行业组织等主体的协同合作下，已经探索出了体系化的楼宇社区服务模式，大大丰富了原有的楼宇服务体系。[①] 此外，各地在楼宇商务服务领域、楼宇物业服务领域同样进行着楼宇服务内容的创新。

首先，楼宇社区服务顾名思义就是为楼宇企业提供的社区服务。在中国楼宇经济发展的较长时间内，楼宇社区服务基本限于社区公共服务和偶尔的楼企联谊活动、党群团活动，[②] 既没有形成服务体系，也鲜有服务主体的协

---

① 此处的楼宇社区服务是狭义上的，广义的楼宇社区服务在内涵上与本文的楼宇服务内涵接近，比如杭州提出的"楼宇社区"概念。

② 社区公共服务包括公安、消防、工商、税务等。

同合作。而自2009年起，以杭州下城区在全国率先提出建设"楼宇社区"为标志，各地日渐重视楼宇社区服务建设。当前各地楼宇社区服务体系可总结为"三对四"模式（见图8），即政府单位（包括政府和党群团组织）、楼企商会、物业公司为三大服务主体，面向楼宇提供社区公共服务、楼宇党群团活动、楼宇员工文娱联谊、楼宇社区文化建设三大社区服务。

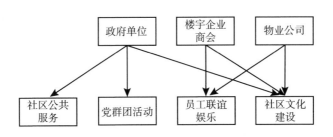

图8　各地"三对四"的楼宇社区服务体系

其次，楼宇企业的商务服务一般而言主要是会计、法咨询律、管理咨询、中介等现代服务业。而国内楼宇经济发展到成型期后，随着楼宇商会、行业商会等行业组织的出现，楼宇企业的商务服务迎来了新形式和新内容——商会商务服务。具体而言，商会等行业组织由于在行业内具有专业信息优势和商脉资源优势，其可为各楼宇企业提供一些专业的业务咨询服务。从各地来看，商会商务服务主要有搭建政策学习平台、搭建楼宇企业招商平台、搭建商务和法律咨询平台，有时也为楼宇企业提供员工文娱服务。由于商会等行业组织是由入驻企业组成，所以商会的商务服务实际上是楼宇企业的自我服务。

专栏7　当前商务区联盟城市楼宇社区服务和商会商务服务的代表性做法

杭州武林CBD的楼宇党建和群团活动服务：武林楼宇社区服务目前形成了楼宇社区综合党委、楼宇社区服务中心、楼宇社区促进会"三位一体"的楼宇社区服务模式，该模式已不限于党群团和社区文娱活动服务，而是逐渐延伸向总体的楼宇服务体系。

南宁金湖CBD和杭州钱江新城CBD的楼宇社区文化建设：2015年，南

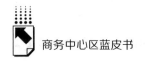

宁青秀区政府与物业公司合作，组织开展了诗文赏析会、"楼宇·经济"摄影比赛等"云端课堂"；杭州钱江新城管委会则与钱江晚报合作设立了"漂流书亭""楼宇书吧"等文化项目，并获得了习总书记和市民群众的肯定与广泛赞誉。钱江新城的"楼宇书吧""漂流书亭"相当于散布的"书站"，楼宇员工可带书在不同书站之间交换。

郑州郑东 CBD 和长沙芙蓉 CBD 的商会商务服务：郑州郑东和长沙芙蓉两地 CBD 的商会商务服务各有侧重，有一定代表性——郑东新区 CBD 绿地企业服务中心的商务服务以政策研究、产品推介等业务服务为主；而长沙芙蓉楼宇商会的商务服务相较而言，更为重视帮助公司之间沟通、进行行业规章监督、维护企业合法权益等利益协调服务。

最后，在国内的楼宇物业服务领域，当前有两类"孵化式"楼宇服务在"创新创业"浪潮下快速普及。一类是作为物业、商业综合服务的"联合办公"载体业态。联合办公载体在当前很多作为"众创空间"出现，①其开发商就是服务主体，服务内容即物业和商业两类，而商业服务有时则包括"孵化式"的创业指导咨询和商业资源拓展服务。另一类是基于"互联网＋"理念的"线上对线下"专业楼宇服务。这些服务商新近兴起于 2015 年，其利用门户网站、移动 App、网络"云"等信息平台，以"线上对线下"的方式为传统物业的租售推介和物业管理提供信息化服务，并提供企业协同办公、企业交流互动等楼宇经济信息系统服务。尤其值得关注的是"互联网＋"专业楼宇服务商的企业供应商服务，其基于大数据分析向企业推介个性化的线下供应商资源，亦即基于"互联网＋"的"孵化式"服务。②相对而言，商会等行业组织同样可提供商业指导和资源拓展服务，但中小企业尤其是双创类企业所在领域较新，在其所在领域有时缺乏对应的行业组织，因此"孵化式"服务不

① 当前相当数量的双创类载体以"众创空间"为名，但不是所有"众创空间"载体都属于联合办公模式。

② 本段"互联网＋"楼宇服务商以"楼一层"（http：//www．louyiceng．com/web/aboutUsAction．action）和"O 管家"（http：//www．sohu．com/a/130937786_ 611474）为例。

仅更新了传统的楼宇物业服务形式与内容，更是照应了中小型企业的发展需求。

（3）党建引领的"多位一体"楼宇服务制度已经形成

随着各楼宇服务主体的协同程度进一步加深，楼宇服务形式和内容的创新水平也不断提高。而在当前有的 CBD 已经创新发展出一种在形式和内容上都高度协同化的、以党建引领的"多位一体"楼宇服务模式。代表是杭州武林 CBD "三位一体"模式、北京 CBD "四务合一"模式、天津河西 CBD "五位一体"模式。首先，武林 CBD 的"三位一体"是指楼宇综合党委、楼宇服务中心、楼宇社区促进会"三位一体"，在该模式下，通过"楼宇社区建党委、楼宇企业建支部"，然后以楼宇社区党建工作指导完善楼宇综合党委、楼宇服务中心、楼宇社区促进会三个主体，借以实现各项楼宇服务。其次，北京 CBD 的"四务合一"是指 CBD 党工委的党务、政务、社务、商务工作进楼宇党组织，通过基层党员干部到楼宇会谈和走访，并通过社会组织和志愿者的帮助，向楼宇主动"送上"各项楼宇服务。最后，河西 CBD 的"五位一体"是指楼宇社区党委、综合服务中心、代表议事会、企业联合会、志愿者联盟"五位一体"服务平台，其中，楼宇社区党委充分发挥在参谋建议、联系群众、维护稳定、规范市场上的政治核心作用，然后利用综合服务中心的网格化管理模式，与行政审批局、楼宇办等部门联合，积极为楼宇提供服务。

总的来看，由于党员队伍能够深入基层，组织和协调能力强，党建模式能够保障实现楼宇服务品质的提升。但与此同时，党建模式乃至当前整个的楼宇服务制度中，仍有很多局部的工作是通过人员走访、驻楼等人力完成的，不如 App、楼宇经济信息系统等信息化沟通机制高效。因此，高度信息化、智能化的楼宇服务制度将是楼宇服务的转型发展方向，楼宇服务的相关制度亦需要灵活调整。

（三）楼宇业态从简单集聚向特色集聚、内生发展转变

中国楼宇经济从萌芽到成型的时间内，从业态关联度来看，楼宇业态的特征主要有两个：一个是"散售"模式造成了楼宇产权和业态的碎片化，为业态集聚带来了阻碍，使业态在楼宇间和楼宇中都只是空间靠拢而不是关

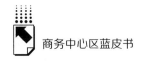

联集聚；另一个是楼宇经济主要是金融总部经济，对地方腹地经济发展带动不足。而从转型期开始，中国楼宇经济业态则经历了两个对应的转变：一个是楼宇业态的专业化和多样化集聚水平均显著提高；另一个是楼宇业态已逐渐向多样且内生发展的楼宇业态转变。

1. 楼宇业态集聚水平更高

楼宇业态的集聚包括相同和相近行业的集聚，楼宇专业化聚集的行业在各地常被以"特色"冠名。楼宇业态的特色集聚不仅有利于入驻企业共享人力、信息等资源，从供给端来看也有利于开发商和政府提供专业化定制的楼宇设施服务和企业政务服务。因此，发展至转型期，楼宇业态的特色集聚已得到普遍重视，在商务区联盟中，除了西安长安路 CBD、银川阅海湾 CBD、上海虹桥 CBD、珠海十字门 CBD、郑州郑东 CBD 等建设较晚或较慢的 CBD，其他 CBD 都已建成了各自的特色载体体系。各地打造的楼宇业态载体按照集聚规模从小到大，可依次分为特色楼宇、特色街区和特色园区三种，商务区联盟城市楼宇业态的集聚形态及载体情况参见表2。

表2　商务区联盟城市的楼宇业态集聚分类

CBD	特色载体情况	集聚形态
北京 CBD	特色楼宇以国贸（商务综合体）、华贸中心（金融）、京广中心（金融）、东方梅地亚（文化）为代表	特色楼宇
南宁金湖 CBD	现已形成金融特色产业楼、总部经济楼、中小企业孵化楼、IT 特色产业楼、体育特色产业楼等一批特色楼宇品牌	
大连人民路 CBD	现已形成航运、科技、物流、金融、总部经济、进出口贸易、服务外包、中小企业培育基地、中介服务等18座专业大厦	
深圳福田 CBD	已形成金融、会计、通信、软件、电信、外资、建筑等特色楼宇	
天津河西 CBD	2015 年评选了家居建材、金融服务、文化教育、现代物流行业的 5 座特色楼宇	
长沙芙蓉 CBD	2014 年成功对总部大楼（中石油大厦）、金融服务大楼（中天广场）和影像创意大楼（科佳大厦）进行专业楼宇授牌	

CBD	特色载体情况	集聚形态	
杭州武林CBD	现已形成庆春—延安路的金融商业街、武林路女装街、中山北路创意街区、杭州(中国)孩儿巷婴童街等特色街区	商务街区 + 商业街区	特色街区
重庆解放碑CBD	在两路口上清寺一带集聚发展会计师事务所,打造了会计服务示范基地	商务街区	
杭州钱江新城CBD	基于四季青服装市场发展而来的四季青服装特色街区	商业街区	
上海虹桥CBD	核心区的"虹桥绿谷"已建成,是集聚办公、展示、商业、餐饮及其他配套的综合性特色街区	商业街区(综合性)	
上海静安CBD	吴江路休闲街、陕西北路品牌和文化特色街、威海路文化传媒街等专业街,与南京西路组合成"立体式"特色街区	商业街区	
南京河西CBD	河西金融创新小镇根据商贸、金融、文化类等现有楼宇格局,在文化轴线和金融轴线上集聚各类专业化楼宇	商务街区(综合性)	
广州天河CBD	广州天河现代人才服务业商圈,集聚着200余家人力资源服务机构,为国内最大的人力资源行业集聚地之一	商务街区	
长沙芙蓉CBD	芙蓉区定王台黄金珠宝文化创意产业街	商务街区	
北京CBD	北京国家广告产业园紧邻北京CBD,是全国首个国家文化产业创新实验区重点功能性园区,于2012年5月正式挂牌	商务园区	特色园区
沈阳金融商贸CBD	中国最早的金融贸易开发区之一,以沈阳金融街、北站金融集聚区为代表	商务园区	
上海虹桥CBD	西虹桥区域已经发展成为由会展服务、商贸流通服务、北斗导航与位置服务、文化创意等都市型工业和商贸商务园区组成的园区组团	商务园区 + 都市型工业园区	
宁波南部CBD	由14余栋与广告设计相关的各类文创、贸易行业特色楼宇以及其他配套楼宇所集聚形成的广告文创商务园区	商务园区	
珠海十字门CBD	目前已启动建设的园区有会展商务区(集聚会展楼宇及其配套设施)、中航通飞基地(中航通飞公司的航空产业园)、横琴金融街(集聚各类金融机构)	商务园区 + 都市型工业园区	
武汉CBD	至2015年,武汉CBD有"金十字"湖北金融业集聚发展示范园区、国家自主创新示范区商务区科技创新产业园、武汉人力资源服务产业园等园区在建	商务园区	
杭州武林CBD	下城区北部的"跨贸小镇",目前已初步形成了中国(杭州)跨境电子商务产业园、杭州新天地、经纬国际创意园、新华创意园、中国杭州人力资源服务产业园等园区	商务园区	

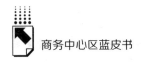
特色楼宇是商务办公楼以集聚同类行业企业为主而形成的。① 各地打造特色楼宇，首先是在规划上明确楼宇功能的定位导向，在长沙芙蓉 CBD、天津河西 CBD 等个别 CBD 甚至还以评定、授牌的方式来识别特色楼宇。当前对于新建的楼宇，在招商时一般要求楼宇只租不售或整租整售，以避免楼宇业态的零碎化，北京 CBD 和武汉 CBD 甚至创新采用了"楼宇定制"模式——让落户企业参与商定楼宇建设方案，对楼宇的高度、规模、外观、附属设施等进行个性化定制。而对于建成早的、业态碎片化的楼宇，一般是在政府与开发商的协同合作下，按照规划导向对相关企业或商户给予租税优惠，以二次招商进行"腾笼换鸟"。

在规划导向下，通过产业链招商在街道沿线集聚的特色楼宇群或商业楼宇群就是特色街区，在有的地方也被称为特色商圈、特色基地等。当前的特色街区有两种，一种是特色楼宇与其配套的商业楼宇集聚而成的商务街区，另一种则特指商业楼宇街区。"特色街区"常被各地用来指代商业街区，有时也用"商圈"一词，比如杭州的武林商圈；而商务街区则常被称为"基地"，有时同样用"商圈""小镇"，如广州天河现代人才服务业商圈、南京河西"金融创新小镇"。与特色街区类似，特色园区目前也是两种：一种属于 CBD 街区形态的规模化，即由同业及其配套楼宇大量集聚的商务楼宇园区；另一种是都市型工业园区。从国内最早的特色园区——1990 年成立的上海陆家嘴金融贸易区开始，国内 CBD 中的大多数特色园区都属于商务楼宇园区，直到近年来一些新建的 CBD 才开始出现都市型工业园区，比如上海虹桥 CBD 的北斗园区和珠海十字门 CBD 的中航通飞园区。

无论是单个特色楼宇还是楼宇密度高的特色街区、园区，都需要一定的商务和商业服务配套，因此各类特色载体在实现专业化集聚的同时，也促生了业态的多样化集聚。近年来，国内各类特色载体的业态多样化集聚特征越发明显，是当前国内楼宇业态发展的一个重要趋势。对于特色楼宇，业态多

---

① 有的地方也叫"专业楼宇"。从各地当前的认定标准看，楼宇中特色行业占比达到 50% 以上的即可认为是特色楼宇。

样化集聚主要是商务、商业和生活的集聚发展，这种集聚发展的一个结果便是城市商务综合体的出现和快速发展，这是当前业态多样化集聚的第一个特征。目前各地商务综合体典型的业态组合是购物、酒店、公寓、办公四种，有的还涉及会展业态，如上海虹桥 CBD 的国家会展中心综合体。在整个商务区联盟中，上海虹桥 CBD 是当前各 CBD 中综合体楼宇集聚化发展的代表，"城市综合体"是其基本建设理念之一。而除了西安长安路 CBD、沈阳金融商贸开发区、大连人民路 CBD 之外，其他所有 CBD 均已开发建设了商务＋商业综合体楼宇。业态多样化集聚当前的第二个特征，是在特色街区和园区，多样化集聚除了有生活和生产、商务、商业等配套功能的空间集聚融合，还有特色产业的空间集聚融合，比如南京河西 CBD 的"金融小镇"以文化和金融为特色，杭州武林 CBD 的"跨贸小镇"以外贸和创业孵化为特色，上海虹桥 CBD 和大连人民路 CBD 都以商务、会展、港口（空港）经济为特色。

2. 业态发展的内生性更强

楼宇业态发展的内生性，理论上是指两方面：一个是"拉力"，即楼宇所集聚的现代服务业应能通过服务生产而拉动腹地区域的经济发展；另一个是"推力"，即腹地区域经济的增长可推动现代服务业在专业化和多样化两方面规模的扩大，进而推动楼宇经济发展。但在国内楼宇经济发展的大部分时间内，楼宇业态"推力"多、"拉力"少，"推力"主要来自跨国公司和金融总部的落户，并且由于整个现代服务业的发展程度并不高，楼宇业态的知识、创新等要素服务能力不强，对城市及周边区域经济的产业链带动效应较弱。而发展到转型期，各地楼宇业态在"推力"、"拉力"乃至"推拉"并重方面的内生能力都有所增强。

（1）楼宇存量业态的内生发展力有所增强

各地增强存量楼宇业态的内生性，主要是加强智库决策支持、加强存量业态合作互补、以服务创新优化存量业态三种做法。

首先，人力资本是经济发展内生动力的重要来源，而当前各地不断重视与专家智库的合作，以优化发展存量楼宇业态。目前商务区联盟各成员正纷纷围绕楼宇经济发展建立产学和政学合作机制，比如在杭州钱江新城所在的杭州江干区，江干区 CBD 商会不定期地邀请有关部门领导、经济和技术专家为楼宇企业进行政经形势和业务内容讲解；在郑州郑东 CBD，其则采用专家咨询常设机构制度——郑东 CBD 专家咨询委员会，委员将由国内外知名的总部经济专家和相关业务部门领导担任，以强化郑东 CBD 楼宇总部经济的日常和重大决策研判能力。

其次，业态之间的合作互补目前有两方面表现，一方面是各地通过举行"银企对接"活动，促进金融总部企业发挥了资本服务和经济拉动力，比如2015 年西安长安路 CBD 为商务区内 18 家金融机构、60 余家中小企业组织召开了银企融资对接会，天津河西 CBD 组织的 4 家银行与 20 多家企业的"促惠上"对接会；另一方面是跨区域的合作互补，这是国内个别地区新近出现的做法，在商务区联盟中，目前仅有北京 CBD 和南京河西 CBD 提出了相关机制：北京 CBD 正筹备建设京津冀 CBD 产业链，即依托北京 CBD 各总部，充分发挥北京 CBD 各业态在京津冀的资源集散潜力，在津冀地区 CBD建立金融后台服务基地、人才培养基地、后勤服务基地等，以加强京津冀主要城市之间的楼宇业态互动；南京河西 CBD 则计划依托南京都市圈城市金融创新合作联盟，鼓励圈内各城互设金融，以实现市场开放、信息共享、共同创新，最终实现各城市金融业的协同发展。

最后，在较微观的楼宇层面，国内出现了以楼宇服务创新推动存量业态创新的内生化趋势，这就是近来"互联网＋"专业楼宇服务商带来的"孵化式"楼宇物业服务。"互联网＋"楼宇服务商通过对楼宇的位置、品质、入驻企业类型等因素进行大数据分析之后，及时为服务对象企业匹配优质的供应商资源，甚至还可为对象企业提供入驻、经营等"一站式"事项办理服务。[①] 尽管"孵化式"服务当前的覆盖面还仅限于北京等个别城市，但这种服务不仅对于传统楼宇服务模式的创新提供了思路，为楼宇服务业态的发

---

① 本段内容以"楼一层"平台为例，具体参见"楼一层"官网，http：//www.louyiceng.com/web/aboutUsAction.action。

展带来了新推力，而且通过其"孵化式"服务，为企业展提供了额外的拉动力。

（2）楼宇增量业态是楼宇经济内生性的主要来源

楼宇新业态对当前楼宇经济内生能力的增强贡献，可以从楼宇增量业态带来的总量效应和结构效应两方面来考虑。

总量效应是指当前楼宇入驻行业类别已经多样化，增强了楼宇经济对宏观经济波动的对冲能力，进而增强了楼宇经济的内生性。在地方政府追求高经济密度和土地竞租市场规律的双重推动下，金融总部经济及其商贸配套长期以来一直是各地 CBD 楼宇经济的重要支柱，在当前也仍然如此。以商务区联盟城市的入驻企业为例（参见图9），除宁波南部 CBD 以文创行业做支柱，所有 CBD 都将金融总部和商贸商务作为支柱行业。但不同的是，随着近年来各地楼宇业态的不断发展，入驻行业的分布已经明显多样化。从图9中可见，会展、信息技术、物流、文创、众创等业态已成为各 CBD 新的支柱，尤其是近年来"众创空间"载体的大量发育，使创业孵化服务已基本普及到国内大中城市，而在商务区联盟中，所有成员均已建设了各自的孵化载体。

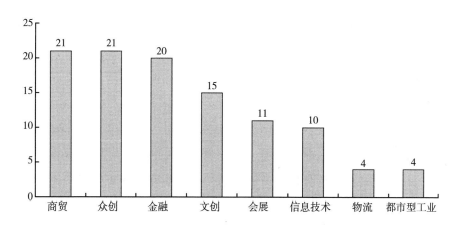

图9 2015年商务区联盟城市的支柱产业业态分布

注：统计时，信息技术包括了软件、互联网、电子信息制造业总部，并且未算作都市型工业；图中数值表示某入驻行业属于支柱行业的 CBD 个数；商务区联盟城市总共为21个。

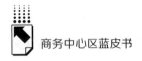

由于金融业虚拟程度高（尤其是衍生品市场），常常由于政策、市场、自然等多种风险而发生较大的市场波动并传导至全球所有的开放经济体，因此以金融为主导业态的楼宇经济抗风险能力比较弱。这方面的最新实例就是近年来北京、上海、大连、深圳等地 P2P 金融"忽起忽落"所引起的楼宇租售市场波动。而 CBD 业态的多样化，一方面，改变了楼宇业态的单调和金融化，通过行业需求的多样化局部增强了楼宇经济对宏观风险的对冲能力；另一方面，楼宇业态多样化促进了楼宇行业间乃至区域间的分工协作，客观上是对楼宇经济规模化"推力"的增强。

结构效应是指当前推动楼宇经济规模扩大、拉动腹地区域经济发展的内生动力，主要来自于个别楼宇新业态。若不考虑财会、管理咨询、商业消费、法律等较普遍、存在时间较长的生产服务业，当前主要有三类"内生"业态：新型贸易业态、生产研发型业态、众创型业态。

新型贸易业态是指基于交通区位或政策区位而形成的，以更高开放程度和信息化程度为代表的新贸易业态。当前以新型贸易业态为重要支柱的商务区联盟城市及其载体情况参见表 3。交通区位包括河港、海港、空港、高铁站以及其他交通节点区位，基于交通区位形成的楼宇业态主要是物流总部经济、物流服务业、基于物流的延伸产业。上海虹桥 CBD 推进交通物流和其他业态融合发展的两种做法，代表了新型贸易业态当前开放和信息化的特点：一种是虹桥枢纽以载体的开放融合推进业态的开放融合发展，即综合体在地上、地下与虹桥枢纽全面融合连通，使虹桥枢纽的商贸和物流业态充分融合；另一种是推进交通物流、公共服务、商贸业态的大数据共享，以实现商业、交通、城市等多领域的综合智能化运营。由于交通区位在短期内不可替代和不可复制，其对集聚发展新型贸易业态、延伸发展产业链业态有较强的内生动力。而政策区位（保税区政策带来的贸易优势区位）则与交通区位不同，在其基础上发展的贸易业态尽管开放程度较高，但其可复制性较强，带来的增长动力有一定的不确定性。在短期内，其对支撑商业综合体、商业街区的发展确有显著积极的作用，尤其是在西部地区。

表3 商务区联盟城市的新型贸易业态及其载体情况

CBD	业态类型	代表载体
上海虹桥CBD	高铁和空港服务业，航空服务总部	虹桥枢纽(高铁、城际、城市交通、航空港紧密衔接的国际一流的现代化大型综合交通枢纽)，航空服务总部
大连人民路CBD	航运物流和现代物流总部	大连航运交易市场、航运物流总部、东港商务区(大连港航运服务区、人民路CBD的延伸区)
天津河西CBD	航运物流总部	集聚了中国天津外轮、三星国际物流、挪威船级社(中国)等100多家航运企业总部
深圳福田CBD	现代物流总部	深圳全市70%的物流总部集聚在深圳福田CBD，零散分布在各办公楼中
西安长安路CBD	现代物流总部	西部电商总部(西部网购公司)及其物流基地
武汉CBD	航运物流和现代物流总部	集聚了中石油、中石化、中海油等石油总部，长江航运中心
重庆解放碑CBD	保税区跨境贸易	位于解放碑CBD的保税商品展示交易中心(IGET爱购保税)、解放碑WFC延展平台
深圳福田CBD	保税区跨境贸易	深圳福田保税区、创意保税园
广州天河CBD	保税区跨境贸易	天河商圈的跨境直购商店，保税区仓库前置到天河商圈
杭州武林CBD	保税区跨境贸易	集聚了跨境电商总部、跨境电商众创空间等园区杭州下城区"跨贸小镇"
银川阅海湾CBD	保税区跨境贸易	阅海湾中央商务区金融中心(宁夏丝路通跨境进口商品体验中心、银川综保区进口保税展示交易中心)

　　生产研发型业态目前主要是都市型工业园区、制造业研发总部、软件互联网总部，[①] 商务区联盟城市非信息技术类的生产研发型业态及其载体情况参见表4。[②] 首先，楼宇经济发展到转型期后，都市型工业才开始作为CBD的一个支柱行业，目前在各地落地的也仍比较少，商务区联盟城市中仅有上海虹桥CBD和珠海十字门CBD。都市型工业的落地发展反映了国内当前的楼宇业态和制造业态正在提档升级，而老业态将更多地向周边溢出，进而拉动腹地发展。其次，随着城市腹地产业的转型升级，制造业研发总部开始入

[①] 信息技术即Information Technology (IT)，主要包括软件开发、互联网技术开发、相关硬件制造。

[②] 鉴于软件互联网企业覆盖广、数量多，未在表中列示。

驻 CBD,逐渐与生产地形成"研发—生产"模式,如武汉 CBD 的"汉派"服饰总部群和广州电子信息总部。最后,软件互联网行业尽管发展已久,但其是新常态"新经济"的重要部分,其总部企业仍将是中国楼宇经济发展的一个重要的推力。此外,软件互联网行业的一方面具有服务全国乃至全球的"拉力"作用;另一方面可与 CBD 当地业态融合发展,如互联网金融,在杭州武林甚至有了杭州市级互联网金融楼宇——三立时代广场。

表4　商务区联盟城市非信息技术的生产研发型业态及其载体情况

CBD	业态类型	代表载体
上海虹桥 CBD	都市型工业、服饰研发总部	北斗产业园、时尚服饰创意园
广州天河 CBD	电子信息和服饰研发总部	各类服装总部分布于多个办公楼宇;电子信息研发总部以广州无线电集团(自有楼宇)为代表
武汉 CBD	服饰研发总部	各类服装总部分布于多个办公楼宇
杭州钱江新城 CBD	多种制造行业总部	各制造业总部分布于多个办公楼宇
珠海十字门 CBD	都市型工业	航空装备研发与制造——中航工业基地,包括通用飞机研发中心、总装试飞基地、交付服务基地和运输基地

众创型业态是指各类众创空间的联合办公业态与专业孵化器的"苗圃—孵化—加速"创新培育业态。各地的众创业态在 2015 年呈现出"爆发式"增长态势,不仅所有商务区联盟城市均已建立了各自的众创载体,而且众创载体的类型以及创新项目领域已经出现了若干成熟的类型(见表5)——目前的载体类型大致有孵化器型、联合办公空间型、综合型三类,创新领域则涉及文化传媒、"互联网+"、电子商务、智能硬件、社区配套以及其他。

表5　商务区联盟城市代表性众创载体的类型及其创新领域情况

CBD	代表性众创载体	载体类型	创新领域
上海虹桥 CBD	西虹桥北斗产业园孵化区	孵化器	"互联网+"智能硬件
北京 CBD	北京朝阳 SOHO 北京 CBD 传媒产业孵化器	孵化器	文化传媒

CBD	代表性众创载体	载体类型	创新领域
南京河西 CBD	南京河西同进大厦"C＋＋"青创空间	综合	"互联网＋"智能硬件
南宁金湖 CBD	佳和大厦 YOJU 众创空间	联合办公空间	"互联网＋"社区配套项目
大连人民路 CBD	大连中信海港城 369 云工厂	孵化器	"互联网＋"项目
天津河西 CBD	天津河西小白楼凯德国贸优选工作室	联合办公空间	综合
宁波南部 CBD	明创大楼创意咖啡吧	联合办公空间	文化传媒
广州天河 CBD	广州富力盈凯广场酷窝	联合办公空间	综合
杭州钱江新城 CBD	杭州钱江新城近江时代大厦硅谷幼发拉底	孵化器	"互联网＋"智能硬件
杭州武林 CBD	"跨贸小镇"的跨境电商众创空间	联合办公空间	电子商务
深圳福田 CBD	深圳福田区兆邦基金融大厦 INNO Park	孵化器	"互联网＋"智能硬件
西安长安路 CBD	西安万科 VV 办公优客工场	联合办公空间	综合
郑州郑东 CBD	郑东新区河南大学留学生创新创业园	孵化器	综合
银川阅海湾 CBD	阅海湾 CBD 金融大厦"8＋X"创业空间	孵化器	电子商务
长沙芙蓉 CBD	长沙芙蓉区"K＋"影像创客空间	孵化器	文化传媒
武汉 CBD	武汉 CBD 泛海国际 SOHO 城	综合	综合
沈阳金开 CBD	沈阳金开华府天地购物中心华府青创空间	综合	综合
珠海十字门 CBD	横琴新区环岛东路青年创业谷（临近 CBD）	孵化器	"互联网＋"项目
重庆解放碑 CBD	重庆解放碑日月光广场圈层咖啡众创空间	联合办公空间	综合
上海静安 CBD	静安东海广场上海创客中心	综合	"互联网＋"智能硬件
天津滨海新区 CBD	滨海新区塘沽街道经济发展服务中心	孵化器	"互联网＋"智能硬件

从服务生产的角度看，一些制造类的众创项目在孵化成功后便搬迁至腹地区域的其他园区发展，形成了楼宇经济众创业态与腹地地区产业的"研发—制造"拉动机制。同时在短期内，众多众创载体的建设已经体现

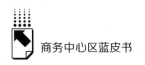

出了对楼宇经济的推动——众创空间大量发育推动了楼宇租赁需求的增加，尤其是联合办公载体的增加对 SOHO 等分散产权的楼宇租赁需求的推动，① 而在有的地方甚至形成了以众创、孵化载体为特色的特色楼宇，比如大连人民路 CBD 的中小企业孵化楼和南宁金湖 CBD 的中小企业培育基地。

二　当前中国楼宇经济的主要问题及建议

尽管楼宇经济在当前转型期无论是在业态或配套、内容或形式、理念或技术方面都有了明显的转型态势，但同时也存在着发展差距较大、载体空间不足、楼宇业态同质等问题。针对这些问题，本文给出了政策建议。

（一）当前中国楼宇经济的主要问题

中国楼宇经济在当前所遇到的问题，有楼宇载体的库存压力问题、楼宇业态的同质竞争问题、"大城市病"给楼宇社区带来的空气污染和交通拥堵问题、新常态过渡期楼宇业态运行面临融资压力的问题、楼宇经济发展所需土地空间不足的问题、不同城市楼宇经济发展差距大的问题等。但从各地反映来看，主要问题应是以下四个。

1. 各线城市楼宇经济发展的差距较大

各线城市当前楼宇经济的发展差距较大，首先，可从各地楼宇的利税水平差距看出。楼宇产生的税收即楼宇的经济贡献，是楼宇经济实力的一个重要反映。从 2015 年商务联盟城市 CBD 的"亿元楼宇"（产生税收过亿元的楼宇）数来看，如图 7 所示，在统计的 17 个 CBD 中共有"亿元楼宇"接近380 个，其中近一半坐落于北、上、深的三个 CBD；17 个 CBD 中有 9 个CBD 的"亿元楼宇"数量仍是个位数，有 6 个 CBD 位于二、三线城市且已建设发展了至少近 10 年。而从亿元楼宇的占比来看，尽管各地统计楼宇数

---

① SOHO 即"小型办公、家里办公"。

的口径不同,① 但楼宇经济贡献从沿海、沿江城市到内陆城市依次减弱的整体态势却更为明显。

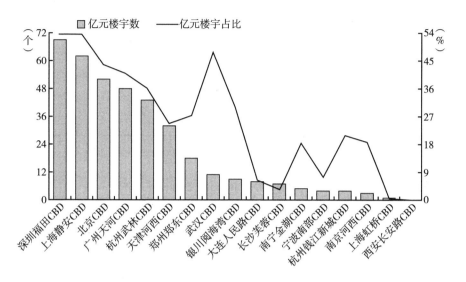

图10　2015年商务区联盟主要城市的"亿元楼宇"数

注：因数据缺失个别商务区联盟城市未显示。

资料来源：各CBD管委会，上海虹桥CBD因建设时间较短从而"亿元楼宇"较少。

其次，楼宇需求的变化趋势表明，商务区联盟城市的楼宇需求一直较大，并且需求差距波动下降的趋势基本停止。在此，从办公楼售价水平来考察办公楼需求，自楼宇经济的成型期开始，全国范围的办公楼售价变异系数一直保持在0.2左右的水平（见图11），2012年后出现的变异系数增幅也并不大。相比之下，商务区联盟城市的办公楼售价差距波动一直较大，并且商务区联盟城市之间的办公楼售价差距大于全国水平；并且，办公楼售价差距从2006年开始的波动下降趋势到2012年开始变为水平波动，表明办公楼需求差距总体缩小的趋势基本停止。

最后，从业态质量来看，各线城市的楼宇经济发展水平差距也较大。上

---

① 楼宇数的统计在个别地方是所有建成楼宇数，比如上海虹桥CBD，在大多数地方则是商务楼宇数。

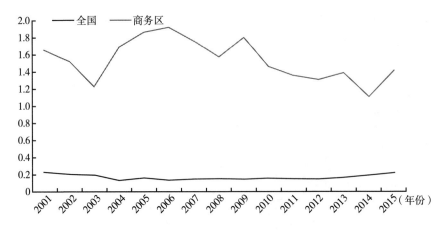

图11 大中城市办公楼均价差距（变异系数）

海虹桥CBD由于启动时间较近，规划标准高、技术起点高，楼宇载体有很高的综合体化、信息化、集约化程度，楼宇业态有很高的融合化和创意化水平。相比之下，南京、银川、西安等非一线城市的CBD仍缺乏带动力强、有特色的大项目，并且现有业态不同程度地存在"散"和"低"的问题。

尽管较发达城市楼宇的售价较高，但集聚经济的马太效应和名义利润的信号作用势必进一步扩大各地楼宇经济发展环境的吸引力差距，不利于各地楼宇经济的协调发展。

2.部分城市的楼宇去化压力较大

首先，进入到楼宇经济转型期，国内办公楼空置面积总体逐渐增加。在这种情形下，部分二、三线城市由于在经济的现状水平与发展预期上均明显差于沿海、沿江城市，尤其是在楼宇业态的集聚规模和配套质量方面缺少足够的招商竞争力，因此办公楼库存的去化压力较大。

其次，对于商务区联盟城市，尽管第一节的图6和表1已显示出商务区联盟总体上保持着一定的去化能力，总的库存压力并不大，但个别城市同样面临着去化压力。比如，受东北地区经济增长乏力的影响，沈阳和大连的办公楼有着较大的去化压力；在西部，重庆近年有着大量新增写字楼供应，但甲级商务楼宇需求仍较稳健，库存去化压力主要出现在较"老"的楼宇；

而西安一方面受 P2P 租户退租的影响；另一方面又有新的办公楼供应，去化压力也较大。库存去化压力在较发达城市中同样存在，比如天津的滨海新区 CBD，由于办公楼供应持续增加、京津地区办公楼资源较多等原因，办公楼的去化难度也比较大。①

3. 个别城市的楼宇经济面临规划遗留问题

所谓"规划遗留问题"，主要是指个别城市启动建设时楼宇规划的前瞻性不足，由此导致其楼宇经济的发展在当前面临着转型和扩容挑战。

在楼宇经济发展较久的城市，以深圳和北京为代表，楼宇经济面临的规划遗留问题是，首先由于启动建设时缺乏规划经验，其在较长时间内缺乏空间利用和业态引导的规划，进而造成了楼宇产权碎片化和业态的"散""低"。其次，由于建设时间较早，两地的楼宇经济发展已经遇到楼宇、土地载体空间不足和部分楼宇配套设施老化的限制，如车位不足、电梯运载饱和、通信管道容量不够等，楼宇配套硬件的能力亟须"扩容"。最后，除了深圳和北京等楼宇经济发展时间长的城市，发展空间不足、业态"散"和"低"的问题，当前还不同程度发生在个别后起的非一线城市。在非一线城市，业态零散除了规划前瞻性不足的原因外，相当程度上还因为开发建设时政府的财力有限；另一方面，这些地区楼宇经济发展空间的不足在其楼宇业态尚未成型时就已出现。比如，西安长安路 CBD 当前高端写字楼的比例低于 CBD 一般标准，但却由于区内居住用地过多，使楼宇建设受到土地不足的制约；长沙芙蓉 CBD 由于其规划的 9 平方公里面积过小，造成了土地空间不足，使一些倾向于自定制楼宇的龙头企业、大项目另选了别处，较大程度影响了该地楼宇业态的提档升级。

转型压力则是指"散售"引致的"散""低"业态亟须向高端集聚业态升级。对于北京和深圳等一线城市，通过二次招商的有效引导和业态竞租的市场淘汰机制，转型在长期来看难度并不大；对于个别后起的 CBD，在

---

① 本段库存信息来自戴德梁行研究（http：//www. dtzcushwake. com/research-report/p1. html？expert＝0）。

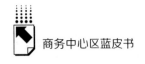

缺乏相对一线城市的集聚优势的情况下，同时也是在新常态过渡期经济内生动力较弱的情况下，业态"转型"任务比较艰巨。

4. 在不同区域层面和行业领域存在着楼宇业态同质竞争

从行业领域来看，尽管各地楼宇业态出现了内生发展的良好态势，但从总的行业结构来看，各地楼宇业态还在行业分布上出现了趋同态势，常常是金融总部、商务服务、商业贸易、科技孵化、文化创意等。这些同质竞争不仅发生于临近 CBD 之间，甚至发生在同一 CBD 之中。比如重庆解放碑 CBD 地区的"创业咖啡"出现了同质化，深圳福田 CBD 的商业综合体出现了同质化，北京 CBD 的众多金融特色楼宇之间又存在着租售的同质化竞争。

相近区域之间的楼宇业态同质竞争，是当前楼宇业态竞争的主要表现。首先是出现在相邻城市的 CBD 之间，比如在长三角地区，仅属于商务区联盟的就有南京、杭州、上海和宁波的 6 个会员 CBD。尽管该地区的经济实力能够支撑较其他地区更密集的总部基地数量，但在当前新常态过渡期经济增长放缓的大环境下，业态的同质还是给各地楼宇带来不小的招商竞争压力，比如南京河西 CBD 被定位江苏省的金融中心，但在集聚发展金融总部时遇到苏州（对台人民币结算试点）和上海（定位为国际金融中心）的招商竞争。其次是出现在同城 CBD 之间，而这种情形的同质竞争有时更为严重。当前商务区联盟城市中，同时拥有多个 CBD 的城市是北京、上海、杭州、武汉、天津、南宁，而有的同城 CBD 不仅距离相邻，而且定位重复，比如武汉的王家墩、东湖和沿江 CBD 都以发展金融、商务总部、会展业态为重点；北京 CBD 则在吸引金融入驻总部时总是面临来自西城金融街的强力竞争。

各地若不加以协调，以致业态同质竞争加剧，竞相提高租税优惠力度，那么今后各地楼宇经济的净财税贡献将大打折扣。

（二）进一步促进中国楼宇经济转型发展的对策建议

中国楼宇经济要通过巩固发展成效，积极适应宏观经济和政策形势，注重利用信息技术手段，按照信息互联促协同、协同合作促协调、分工协调促内生、内生优化促发展的思路，促进中国楼宇经济进一步协同化、协调化、内生化地转型发展。

巩固楼宇经济的发展成效，就要有效应对当前所遇到的问题。考虑到当前楼宇需求出现结构性分化①、楼宇业态"散"和"低"、楼宇硬件设施老化等问题，都可以通过提高楼宇软硬件服务水平、打造高标准特色楼宇的办法来改善，问题应对、成效巩固应以打造分级式特色载体为主要抓手，带动楼宇服务水平的提升，以吸纳不同类别、不同层次的企业入驻，盘活楼宇资源。而培育特色业态、打造特色载体，则要以业态的分工协调为前提，建立不同区域楼宇经济的分工协调机制，避免同质竞争冲淡楼宇经济效益，最终建立"大分工、小细分"的楼宇经济梯次协调发展体系。

1. 加快提升楼宇经济的信息化程度

各地首要的是要加快在楼宇经济服务供给端的信息化改革，加快建设智慧楼宇，普及建设楼宇服务各类信息化平台以及互联互通的大数据平台，推动楼宇经济信息化提速，促进政商合作的深度协同和楼宇业态的区域协调，进而更好地推动楼宇经济发展。

楼宇服务各类信息化平台的普及建设，要明确以楼宇服务全信息化为目标。具体而言，其一，各地要加快建设，建立涵盖楼宇经济内部监测、外部推介、政商交流等核心功能完备的楼宇经济信息系统，实现楼宇经济信息平台的从无到有。其二，信息化建设步伐较快、基础较好的地方，要积极探索政府与楼宇企业、楼宇物业等在工商、税收、经营、招商、能耗等方面展开大数据互通合作，将楼宇信息基础设施建设融入当地的智慧载体（楼宇街区、社区、商圈）、智慧城市的规划与建设中去，将各特色楼宇业态差异化的服务和管理需要融入楼宇经济信息系统中去，并注重与新兴专业楼宇服务商展开合作，探索打造基于政商多方大数据共享的孵化式楼宇企业服务模式。积极培育信息化楼宇业态，最终实现楼宇经济信息平台的从有到优。同

---

① 在此指库存去化压力更集中于较低档次的楼宇，而甲级商务楼宇需求仍较稳健，比如重庆的情况。

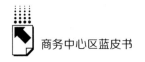

时要依托智慧载体、智慧城市的建设，注重实践绿色集约的企业运营和物业管理理念，打造建设绿色楼宇。其三，各地要在楼宇经济各类区域协调的合作中，积极探索特色行业的楼宇信息平台互联以及特色业态的大数据互通，为各类区域协调的行业合作机构提供与其职能匹配的特色业态动态监测、信息发布、对话沟通等业态服务和管理功能。

2.建立区域楼宇经济"大分工"的协调发展制度

"大分工"是指需要加快建立区域间的楼宇经济分工协调发展机制，以体现分工协调促内生、内生优化促发展。

具体而言，商务区联盟城市要在都市圈乃至全国层面上，充分利用联盟平台及其他信息交流平台，并力争地方政府的合作支持，积极展开对话合作并力争形成全国楼宇经济协同合作的示范，探索建立针对楼宇业态细化分工与协调的战略研讨、统筹规划、协调仲裁等一系列长期机制。具体要注重围绕总部经济、都市型工业、文化创意等常见而易重复的业态，充分对接地方产业发展导向和区域分工调配任务来规划楼宇业态，并探索采用邻近楼宇经济的前后台总部合作模式（京津冀总部模式）、特色商务园区共建或联盟模式（南京金融联盟模式）、"业态升级—扩散接收"模式等协调机制，将区域楼宇经济竞争降到合理程度，最终建成梯次分工协调的楼宇经济发展制度，通过分工协调在全国的宏观层面上增强楼宇经济发展的内生动能。

3.通过"小细化"协调和盘活 CBD 楼宇经济

"小细化"即是以打造特色楼宇、街区等特色载体为核心抓手，要在各CBD 内部形成楼宇业态各有特色、互相协调的发展格局。同时以打造特色楼宇为抓手，通过提升楼宇服务，在吸引特色集聚的同时，消除结构性需求不足、助力办公楼库存去化。

首先，打造特色载体要以组织的协调为前提，要进一步加强政府、商会、物业、开发商的多方协同，围绕规划、建设、招商等工作，实行特色载体之间、上下级政府之间、"政府—楼企—物业—开发"之间的联席会议制度、联盟制度等楼宇业态协调制度，协助做好业态细分规划、严格落实楼宇招入驻商。其次，要做好特色载体建设，打造特色载体是"小细化"的核心抓手，下一步应在坚持协调分工的前提下，以特色服务推动特色载体建设，将特色业态的集聚与楼宇物业服务的等级认定统筹起来，推广建设"专业—重点—普通"的分级式特色楼宇体系，以此实现提档升级一批专业楼宇，满足大企业的高端楼宇需求；实现业态置换一批重点楼宇，引导产业链相关企业在楼宇集聚；实现优化提升一批普通楼宇，其中对存量的"散售"楼宇，要通过服务品质的提升吸引联合办公等新兴业态入驻。最后，要建好特色街区，一是要合理引导特色楼宇及其配套业态的集聚，尤其是后发 CBD 地区，推动形成金融总部街区、文创总部街区、特色商业商圈、综合性总部街区等特色街区集聚，打造 CBD 的集聚引擎；二是要充分挖掘、有效利用存量载体空间，以商办综合体为新建商务楼宇的主要建设形式，注重充分利用存量楼宇地下空间集聚配套商业，并加快城市有机更新，为楼宇经济发展"扩容"。

B.10
自贸试验区政策对 CBD
发展的影响与展望

苏红键*

摘　要：　自贸试验区政策对所在城市 CBD 的发展存在一定的影响。当 CBD 处在自贸区范围内时，自贸区政策将有利于促进 CBD 的发展；当 CBD 不在自贸区范围内时，两者可能形成一定的竞合关系。本文分析了上海、广东、天津、福建四个自贸区与所在城市 CBD 的关系，发现总体表现出合作共赢的态势，自贸区政策为 CBD 提供了一些服务业开放创新的思路。随着第三批七个自贸区的批复和建设，各个城市 CBD 服务业发展可以参考自贸区政策扩大开放，更好地促进自贸区与 CBD 联动发展，引领城市经济开放升级。

关键词：　自贸试验区　CBD　合作　开放

　　自 2013 年 9 月中国（上海）自由贸易试验区正式挂牌成立以来，自贸试验区快速发展，积累了一些成功经验。2016 年底，辽宁省、浙江省、河南省、湖北省、重庆市、四川省、陕西省新设 7 个自贸试验区。由于自贸区的优惠政策，自贸区建设对其所在城市发展具有重要的引领和辐射带动作用，同时也会给 CBD 等功能区带来一定的影响。当 CBD 处在自贸区范围

---

* 苏红键，中国社会科学院城市发展与环境研究所副研究员，经济学博士。

时，自贸区政策将有利于促进 CBD 的发展；当 CBD 不在自贸区范围时，可能产生一些竞争。为此，本文分析了上海、广东、天津、福建四个自贸区近年来的发展情况及其对所在城市 CBD 的影响，以期为新的自贸区建设和城市发展、CBD 发展提供借鉴。

一 上海：自贸区政策助力陆家嘴 CBD 金融开放创新，虹桥 CBD 快速崛起

2013 年 9 月，中国（上海）自由贸易试验区（下文简称"上海自贸区"）正式挂牌成立。2015 年 4 月，上海自贸区扩区。目前，上海自贸区包括四个海关特殊监管区域以及陆家嘴金融片区、世博片区、张江高科技片区、金桥开发片区。

陆家嘴金融片区即陆家嘴 CBD。在被纳入自贸区范围之后，陆家嘴 CBD 紧抓上海自贸区和上海国际金融中心建设机遇，推进各类金融创新业务落地，加快建设国际一流金融城和 CBD。陆家嘴 CBD 既是自贸区扩大开放的试验区，也是自贸区金融创新的核心承载地。一方面，以负面清单管理为核心扩大开放。上海自贸区建立了以负面清单管理为核心的投资管理制度，形成了与国际通行规则一致的市场准入方式。目前，经过三次修订完善，负面清单由 190 条缩减到 122 条，大约 90% 的国民经济行业对外资实现了准入前国民待遇[①]。在扩大开放政策引领下，截至 2016 年，陆家嘴片区已经入驻一批金融、航运和贸易新兴服务业领域的项目。据统计，在已落地 1800 多个外资项目中，涵盖了世界贸易组织划分的 12 个服务部门中的 11 个。与此同时，外资审批制度发生根本改变，办理程序大幅精简。

另一方面，以金融创新促进国际金融发展。2015 年 10 月，央行牵头相

---

① 根据负面清单框架，2015 年 9 月，英国安本资产管理公司在陆家嘴设立独资资产管理公司；之后，英、美、法、日等国家和地区的 20 余家知名资产管理机构已经或拟在陆家嘴设立独资子公司。

关部门发布"金改40条"。上海自贸区积极落实"金改40条"意见，积极推进金融创新。一是建立了宏观审慎管理的资本项目可兑换操作模式——创设了自由贸易账户（FT账户）系统。目前上海自贸区已累计开立自由贸易账户超过6.3万个，业务涉及118个国家和地区、2.8万家境内外企业，累计完成跨境结算逾10万亿元。自由贸易账户业务带动了跨境理财产品的发展①。二是上海自贸区建立了人民币国际化的实施模式。结合人民币加入特别提款权国家战略的实施，通过扩大引进境外投资者，努力将上海打造成全球人民币的跨境使用、投资、交易与清算中心。除此之外，在金融创新方面，自贸区鼓励金融租赁企业在自贸区开展专业的金融租赁业务，并允许融资租赁公司兼营保理业务。

总体来看，自2015年4月上海自贸区扩区涵盖陆家嘴片区以来，陆家嘴金融城CBD作为上海国际金融中心核心功能区和主体承载区的地位越来越突出。2015年，陆家嘴CBD实现税收671.92亿元，同比增长19%。金融机构在陆家嘴高度集聚，共计金融企业达3.5万多家。其中持牌类金融机构772家（约占上海市的60%）；银行类机构224家；证券类机构338家；保险类机构209家；新兴金融机构②达5000余家。陆家嘴CBD从业人员50万人，其中金融从业人员达20余万人。"金改40条"实施以来，陆家嘴金融城集聚了一批国内领先的财富管理机构。比如，上海公募基金占全国40%以上，其中大多集中在陆家嘴。私人银行业务部等各大银行业务总部也正在向陆家嘴集聚。平安资产管理、太平洋资产管理等六家保险资管公司也都在陆家嘴区域内经营，管理资产规模超过3.2亿元人民币，占全国的40%以上。除了显著的金融特征之外，陆家嘴CBD的总部经济和楼宇经济的体量也较大。陆家嘴CBD的跨国公司总部占上海市近1/5，具有总部功能

---

① 2015年12月，浦发银行成功发行首单FT跨境理财产品，规模为5000万元，收益率为3.6%，募集资金主要投向国内企业的信托贷款收益权。在理财产品发行对象和投资标的方面，FT跨境理财产品实现了跨境联动，吸引境外客户和境外资金认购标的物，也可投资固定收益等境外产品，满足了客户在传统银行存款之外的理财和资金管理需求。

② 私募证券、股权投资、融资租赁、金融科技、信用评级、金融信息服务等。

的机构达 300 多家，其中经商务部门认定的跨国公司地区总部 90 家、区级总部 27 家；陆家嘴 CBD 已建成各类商办楼宇 237 幢，办公面积约 1221 万平方米，其中包括 90 幢亿元楼（税收总量）、12 幢十亿元楼。

上海虹桥 CBD 不在上海自贸区范围内。在陆家嘴 CBD 金融功能快速发展的同时，虹桥 CBD 的商贸功能快速提升，通过功能分工实现了快速发展。由于起步较晚，虹桥 CBD 具有较好的区位交通优势和后发优势，主要表现在：第一，虹桥 CBD 发展空间较大。据相关规划资料，随着虹桥交通枢纽的建设，"大虹桥"范围内将形成近 2000 万平方米的商务建筑面积。近期来看，两年内虹桥商务区的商务建筑面积将有 300 万平方米，这一体量相当于 13 座（陆家嘴的）环球金融中心①。第二，较大的发展空间使虹桥 CBD 可以配套综合功能。相对于以办公为主的陆家嘴 CBD 来说，虹桥 CBD 由于发展空间较大，医疗、教育、休闲等方面的配套均比较齐全且已经基本成型。这些使大虹桥有别于其他 CBD，能够承载长三角城市群给予上海城市发展的叠加效应。第三，交通枢纽功能提升了虹桥 CBD 地位。虹桥将建成全世界最大的综合交通枢纽。根据上海虹桥 CBD 的"十三五"规划，未来五年虹桥商务区将规划建设 32 条道路，包括 13 条高快速路、10 条跨区道路、9 条区内主要道路。建成后的虹桥综合交通枢纽可以实现 1 小时内到达长三角各重要城市、2~5 小时覆盖全国主要城市及其他东亚国家的主要城市。在各类优势叠加的情况下，以商贸为核心的虹桥 CBD 正处在高速发展阶段。大虹桥商圈已经入驻大量商贸企业的总部或地区总部；与此同时，大型商业中心在大虹桥集中开业，其中包括中海地产等多公司联合开发的上海西环中心、万科广场系购物中心七宝万科广场等。目前，大虹桥朝着集会展、商务、商贸为一体的国际化中心快速发展。

由此可见，随着上海自贸试验区的建设，自贸区政策促进了陆家嘴 CBD 金融创新和开放发展。与此同时，得益于长江经济带和长三角城市群

---

① 环球金融中心是目前陆家嘴体量最大的写字楼项目，办公面积在 23 万平方米，占到陆家嘴金融区写字楼体量的 5%。

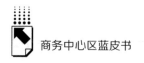

发展战略机遇，不在自贸区内的虹桥 CBD，通过合理的分工和定位，交通枢纽地位日益凸显，商贸、物流、会展等功能快速提升。

二 广东：自贸区和城市 CBD 合作共赢，提升珠三角国际化水平

2014 年 12 月，国务院决定设立中国（广东）自由贸易试验区（下文简称"广东自贸区"），2015 年 4 月正式挂牌成立。广东自贸区包括广州南沙新区片区、深圳前海蛇口片区、珠海横琴新区片区，总面积 116.2 平方公里。广东自贸区的建设，导致一些 CBD 中的企业向自贸区迁移，但更多的是联动发展的好处。

1. 南沙片区与天河 CBD 联动发展

受政策优惠影响，部分 CBD 的企业向自贸区迁移。南沙自贸区的功能定位对天河 CBD 的融资租赁、仓储、物流以及贸易类的公司产生了一定的吸引力。另外，广东自贸区中，深圳前海和珠海横琴都有 15% 的企业所得税优惠以及一些个人所得税政策优惠，但是广州南沙没有。因而，由于税收方面的优惠，前海蛇口自贸区对天河 CBD 的影响较大。比如，天河区有一家税收贡献较高的企业把注册地迁到前海，税收有一半交到前海，但企业的经营活动和办公场地依然在天河。

天河 CBD 具有推广、复制自贸区政策的基础。在自贸区政策的影响下，天河 CBD 具有较好的条件探索与自贸区的联动发展。第一，经过多年的发展，天河 CBD 集聚了大量国内外企业的华南区总部，具有强烈的政策改革诉求。第二，天河 CBD 促进服务贸易自由化政策成效显著，这与自贸区的很多内容是相通的。第三，天河 CBD 的商事登记制度改革已经非常成功。从推动投资贸易便利化方面来说，商事登记制度改革与自贸区政策紧密相关，而且涵盖了多个领域。天河 CBD 可以抓住商事登记改革试点、互联网金融产业基地建设等政策试点优势，积极与自贸区对接。

2. 前海片区与深圳城区融合发展

前海片区在深港合作、自贸制度创新、新城建设和金融产业聚集等方面都取得了较大的突破，多项指标名列全国前列，并与宝安、南山、福田形成联动作用，开启了新一轮发展的局面。2016 年，前海蛇口片区成为我国发展最快、效益最好的区域之一。注册企业实现增加值 1416 亿元，实现税收收入 269.33 亿元，全社会固定资产投资达到 388.73 亿元，均同比增长 40% 左右；合同及实际利用外资分别为 547.67 亿美元（商务部系统口径）和 38.03 亿美元，同比增长 151.5% 和 70.6%，分列全国自贸区第一和第二位。

前海自贸区对福田的金融业、外向型产业和外资利用注入了新的活力。前海与福田区表现出显著的共赢局面。一方面，前海释放的政策红利将带动福田的发展。部分福田的企业或者其部分职能部门迁往前海，形成了融合发展的态势，有利于将前海的政策优势和国际化资源引入福田。福田保税区是前海大平台里面的重要有机组成部分，正探索建立深港物流消费中心，争取自贸区和前海的相关政策落地。另一方面，福田在教育、医疗、交通等公共设施等配套方面更具优势，能够与前海实现互补发展。

南山拥有"特区＋湾区＋自贸区"三区叠加的战略优势，可以积极承接前海外溢效应，利用前海国际影响力，吸引更多优质资本和高端人才集聚南山。深圳"十三五"规划提出将南山和前海发展成为新的市级中心。前海的发展离不开南山区的支持。目前，南山区与前海正尝试建立联席会议制度，加强互动对接和交流，协调相关战略机制，并在解决前海片区交通拥堵和加强前海片区安全生产等方面加强合作。

宝安中心区紧挨前海地理横轴，具有较好的合作基础。宝安地处亚太主航道，是湾区经济核心区，将依托空港海港，立足产业优势，主动融入湾区经济大战略，构建现代湾区经济产业形态（罗兰、赵鹏飞，2015）。宝安中心区依托紧邻前海的地理优势，着力加快与前海的衔接和融合，积极推进一体化。双方将继续发挥联席会议制度的作用，形成对接平台，及时推动相关问题的解决，特别是在路网开发建设方面要形成统一的综合规划。

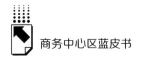
3. 横琴片区与珠海十字门 CBD 一体化

自 2015 年 4 月挂牌以来，横琴片区便开始快速增长。2016 年，横琴片区实现地区生产总值 157.45 亿元，固定资产投资 346.2 亿元，一般公共预算收入 45.08 亿元，实际吸收外资直接投资 5.23 亿美元（横琴自贸片区管委会，2017），均同比增长 20% 左右。目前，片区企业约 2.7 万家，已经引进和在谈的世界 500 强企业 60 多家，国内 500 强企业近 100 家。横琴片区全面落实"双自联动"战略，推进自贸试验区与自主创新示范区优势互动，加快人才、技术、资金等创新要素集聚。横琴片区 2016 年共推行 40 余项改革创新举措，极大地改善了营商环境。2017 年 1 月，横琴自贸片区在第六届中国投资者大会上获得"最具投资价值奖"，成为唯一获此奖项的自贸片区。

珠海十字门 CBD 与横琴片区实现了一体化。根据 2016 年《珠海十字门中央商务区（湾仔）控制性详细规划修改》，珠海十字门中央商务区（湾仔）与横琴片区商务区共同构成组合式综合性的 CBD。

从广东自贸区三个片区与相应 CBD 的发展来看，虽然自贸区引起了一些企业迁移，但更多的是合作共赢。广州天河 CBD 与南沙自贸区实现了一定的分工和联动发展；深圳前海自贸区与前海 CBD 自成一体，并与深圳全市及各区都实现了较好的融合发展；珠海横琴自贸区与十字门 CBD 积极推进一体化共建综合性中央商务区，共同打造珠海新增长极。

三 天津：自贸区政策推进滨海新区 CBD 快速发展，河西 CBD 稳步提升

中国（天津）自由贸易试验区（下文简称"天津自贸区"）于 2015 年 4 月正式挂牌成立，包括天津港东疆片区、天津机场片区及滨海新区中心商务片区，区域总面积 119.9 平方公里。

滨海新区 CBD 在天津自贸区范围内。自贸区政策促进了滨海新区 CBD 经济总量增长和整体经济实力提升。2016 年，滨海新区 CBD 生产总值达到 310 亿元，实现连续两年翻番，为地区经济增长和结构优化做出了突出贡

献。财政总收入 90.69 亿元，是 2014 年的 2.5 倍；固定资产投资 272 亿元，比 2014 年增长 43%；内联引资 173 亿元，比 2014 年增长 28%；商品销售额 432.4 亿元，是 2014 年的 7.9 倍；社会消费品零售额完成 23 亿元，是 2014 年的 3.2 倍。滨海新区 CBD 积极推进招商引资，主要推出了资金补助、税收优惠和人才引进三大类招商引资政策。总部经济、金融机构、研发机构、众创空间、重点科技企业、重点专业服务机构、大型商业企业以及各类公共服务平台，可获一次性资金补助。各类符合产业发展方向和功能定位的重点企业（机构）和项目，均可享受一定比例的税收优惠和用房补贴。CBD 设立了重点产业发展基金、金融创新奖励基金、中小微企业贷款补偿金等专项基金，对现代服务业企业和重点项目给予扶持。入区工作人才可享受所得税补贴和购房租房补贴，通过"绿色通道"解决随迁家属落户、入学、就业等重点问题。在自贸区政策和招商引资优惠政策引导下，高端优质业态加速向滨海新区 CBD 聚集，区内企业总数超过 1.75 万家。

除了滨海新区的 CBD 之外，天津主城区还有河西 CBD，不在天津自贸区范围内。河西 CBD 一定程度上受到滨海新区 CBD 的竞争，但是，由于其坚实的发展基础和京津冀协同发展战略，河西 CBD 稳步发展。2016 年，天津河西区实现地区生产总值 835 亿元，近五年年均增长 9.3%；实现一般公共预算收入约 88.86 亿元，近五年按可比口径年均增长 22.5%；累计实现固定资产投资 900 亿元，年均增长 26.5%。金融企业集聚水平居全市前列，总部型及地区总部型内资银行占全市的 57.5%。商务服务、科技服务等生产性服务业加快发展，引进猎聘网北方总部、航天科工二院先进激光技术应用实验室等一批知名企业和项目。截至 2016 年，河西 CBD 集聚科技型企业总数达 3290 家，科技企业孵化器达 14 个，建成市级以上众创空间 11 家，科技进步水平在中心城区持续领先，陈塘科技商务区获批国家自主创新示范区。河西区商务楼宇达 129 座，总建筑面积 486 万平方米，商务面积 343 万平方米。其中，年纳税超亿元楼宇达 37 座，超 10 亿元楼宇 4 座。同时，河西 CBD 积极落实京津冀协同发展规划，引进京冀企业 323 家，总投资额 526 亿元。

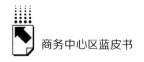

可见，天津自贸区政策覆盖了滨海新区 CBD，因而促进了滨海新区 CBD 的发展，同时对河西 CBD 产生了一定的竞争。由于河西 CBD 坚实的发展基础，同时得益于京津冀协同发展战略的推进以及相应的产业优惠政策，河西 CBD 依然实现了稳步发展。

四 福建：自贸区政策提升五四路 CBD 价值，促进厦门 CBD 金融开放

2014 年 12 月，国务院决定设立中国（福建）自由贸易试验区（下文简称"福建自贸区"），2015 年 4 月正式挂牌成立，旨在进一步深化两岸经济合作。福建自贸区包括平潭片区、厦门片区、福州片区。由于平潭县并没有成熟的中央商务区，因而福建自贸区的建设对 CBD 的影响主要体现在对福州 CBD 和厦门 CBD 的促进作用。

福建位于海峡西岸，连接着长三角和珠三角，具有良好的交通区位优势，自贸区建设成效显著。根据工商企业注册系统，从自贸区挂牌至 2016 年底，福建自贸试验区新增内外资企业 48550 家，注册资本 9447.72 亿元人民币，比之前分别增长了 146.71%、158.01%。其中，新增内资企业 45998 家，注册资本 8067.27 亿元人民币，分别增长了 147.85%、159.23%；新增外资企业 2552 家，注册资本 1380.45 亿元人民币，分别增长 127.86%、151.11%。

福州五四路 CBD 位于福建自贸区福州片区内，自贸区政策提高了五四路 CBD 的商业价值。五四路路段为福州市的传统中央商务区，为福州市中心主干道。作为福州的"轴线"，五四路 CBD 一直都是福州市的金融中心、外贸中心、餐饮住宿购物中心，同时还有环球广场、信和广场、有氧公园等公共休闲空间和相对优越的医疗配套。在自贸区政策影响下，世界 500 强企业、国际金融企业等高端商务加快入驻，有效驱动了福州商务功能升级，作为福州最成熟和最具代表性的 CBD，五四路 CBD 迎来了重大的商务机遇。

厦门金融中心（CBD）位于福建自贸区厦门片区中，自贸区政策促进

了厦门金融开放创新发展。第一，受益于自贸区政策，厦门片区（厦门金融中心）率先建立了独具厦门特色的跨海峡人民币代理清算群。据统计，截至 2015 年底，有 72 对厦门和境外银行机构签订了人民币代理清算协议（崔昊，2016）。中国农业银行、中国建设银行、平安银行已经率先在厦门设立了"两岸人民币清算中心"。第二，厦门片区率先探索资产证券化。2015 年 11 月，厦门农村商业银行在全国银行间债券市场成功发行厦门辖区首单信贷资产支持证券①。该项业务对自贸试验区内的金融机构拓宽资产运用渠道、推进金融创新具有示范意义。同时，厦门农商银行还在探索设立厦门自贸试验银行。第三，在跨境双向人民币资金池业务方面，厦门片区也制定了相关举措支持区内企业，积极为区内企业办理相关业务②。随着《中国人民银行关于金融支持中国（福建）自由贸易试验区建设的指导意见》的发布，区内的跨境双向人民币资金池业务政策进一步优化。同时，伴随金融开放创新发展，2016 年，厦门引进金融企业、类金融企业和投资公司 3400余家，跨境电商货值增长 40%，文化保税等新兴业态加快发展。

由此可见，在福建自贸区中，由于福州片区与厦门片区基本都包含了相应的 CBD，因而对相应的 CBD 的发展均起到较好的促进作用。其中，福州片区提升了五四路 CBD 的商业价值，厦门片区则促进了厦门金融中心的金融开放创新发展。

五 展望：自贸区与 CBD 共同引领城市经济开放升级

自 2013 年 9 月中国（上海）自由贸易试验区正式挂牌成立以来，自贸试验区快速发展，积累了一些成功经验。自贸区与 CBD 在促进城市发展方面产生了很好的合作共赢态势。对于自贸区涵盖的城市 CBD 来说，自贸区

---

① 厦门农商银行普盈 2015 年第一期消费信贷资产支持证券，该期资产支持证券以厦门农商银行零售资产为标的，发行规模约 6 亿元，期限 3 年。

② 比如，中国建设银行厦门市分行为区内某跨国集团办理了跨境双向人民币资金池业务，成功归集资金 5.55 亿元人民币。

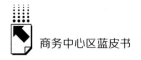
政策明显提升了 CBD 的营商环境，特别是对金融开放创新、企业跨国经营等方面起到重要的促进作用，比如上海陆家嘴 CBD、深圳前海 CBD、厦门金融中心、滨海新区 CBD 等。对于没有被自贸区政策涵盖的城市 CBD 来说，自贸区对城市 CBD 产生了一定的竞争作用，但也通过优化城市整体营商环境、服务业开放示范等，实现了与城市 CBD 的联动发展、分工合作共赢，比如上海虹桥 CBD、广州天河 CBD、天津河西 CBD 等。

2016 年底，在四个自贸试验区成功试点的基础之上，党中央、国务院决定进一步扩大试点范围，新设 7 个自贸试验区。其中，郑州、武汉、重庆、成都、西安等城市的 CBD 发展将面临自贸区政策较大的影响。在复制推广四个自贸区政策基础上，要积极总结四个城市自贸区与 CBD 竞合的经验，共同引领城市经济开放发展和转型升级。对于 CBD 来说，无论是否划定在自贸区范围内，CBD 均可以参考自贸区的政策，积极创新服务业扩大开放政策，促进 CBD 服务业开放创新发展。同时，CBD 和自贸区可以在加工贸易、服务贸易方面实现分工，共同推进制造业开放和服务业开放，共同引领城市经济开放创新、转型升级。

参考文献

崔昊：《厦门自贸片区首批金融创新案例发布》，《厦门日报》2016 年 2 月 26 日。

横琴自贸片区管委会：《横琴自贸片区 2016 年开发建设情况》，2017 年 2 月 9 日，http://www. hengqin. gov. cn/hq/index. html。

罗兰、赵鹏飞：《宝安建设现代湾区新城争当"四个全面"尖兵——专访深圳宝安区委书记田夫》，《人民日报》（海外版）2015 年 3 月 18 日。

科学管理篇

Scientific Management

　　运用新一代信息技术和大数据分析，收集、感知、挖掘、分析、整合 CBD 日常运行管理中的各项信息，对包括交通运行、公共安全和社区管理等各项需求及时、精准地做出智能响应，实现精准、智慧、科学管理是当前 CBD 发展的重要趋势。本篇重点围绕智慧社区、智慧政务、智慧市政、智慧交通等领域，通过大量的实践项目探讨如何借助智慧化的手段实现各类社区的精准化管理、政府政务的透明高效服务以及市政交通的高效运行，为 CBD 的高效、精准和科学管理提供可资借鉴的经验。

B.11
城镇化新阶段下的智慧社区
发展案例研究

李昊 吴纳维 李栋*

摘　要：　在新型城镇化的发展形势下，城市的发展重点由增量扩张逐步向存量提升转变。与此同时，智慧城市建设与发展也更加强调人性化；与居民生活更加密切的中微观尺度的街道、社区空间，开始成为城市智慧化发展和精细化管理的重点。智慧社区也成为智慧城市规划和建设的重要内容。从全国总体情况来看，智慧社区的发展还处于初级阶段，各地、各类的社区特点各异，需要利用多种信息技术手段，切实结合各地的实际需要，综合推动智慧社区发展，促进多元参与和社区优化治理。本文以若干智慧社区的理论研究和实践项目为例，从多个角度论述了智慧社区发展的特点，并总结出未来智慧社区发展的方向。

关键词：　新型城镇化　智慧社区　智慧设施　大数据

一　发展背景

在城镇化中后期阶段，我国的城市开发市场和建设环境，都面临着巨大

---

* 李昊，北京清华同衡规划设计研究院有限公司技术创新中心，规划师，中级职称，注册规划师，研究方向为智慧城市、城市创新、公众参与；吴纳维，北京清华同衡规划设计研究院有限公司技术创新中心，规划师，中级职称，研究方向为智慧城市与大数据；李栋，北京清华同衡规划设计研究院有限公司技术创新中心，副主任，高级职称，研究方向为智慧城市与大数据。

的转变。"新常态"下发展观的核心就是从对数量增长的重视，转变为更加注重发展质量。新型城镇化下，城市的发展强调以人为本，由物质空间的城镇化向人的城镇化转型，城市规划和建设的重点，也逐步由增量扩张向存量优化提升的方向转变。与此同时，智慧城市建设也面临着新的趋势：从基础设施智能化等信息系统的"硬件"提升目标，向便捷的公共服务、精细化的社会治理等"软件"提升转变。这样的智慧城市建设方向也是对之前我国由大型 IT 企业主导的智慧城市建设发展的一个纠偏。

同时，在城镇化的新的发展阶段，各地社区结构日益复杂，构成要素日趋多样化，而多元主体信任流失，亟须精细化、智慧化的管理和服务的介入，实现社区层面的智慧式参与协商。从人的角度来看，智慧城市实质上是信息时代借助技术手段实现的城市发展转型：以信息通信技术支撑的城市人性化发展模式，来不断实现人的需求满足的高层次跃迁。因此，内涵式发展将成为城镇化智慧发展的方向。在这样的背景下，智慧城市建设也将从整体城市的宏观设计，向中微观的街道、社区的层次渗透。信息通信技术（Information Communication Technology，ICT）的发展优化了城市规划中的沟通模式，决策者、规划师与社区的民众可以实现有效的沟通，这种沟通渠道的拓展和提升，是智慧社区真正的智慧所在。

作为城市建成区精细化、智慧化发展的主战场，社区也是公众参与城市规划最直接的场所。与整体城市的宏伟蓝图设计相比，在社区层面的城市建设和公共政策，对于市民来说更加具有获得感和参与感。但在实际的城市建设中，智慧城市已经形成了较为成熟的发展建设模式。以城市政府自上而下地统筹协调力度，足以破除部门利益的阻碍，形成一个统一规划的智慧城市发展蓝图。但对于社区来说，区一级政府重视力度不够，而街道层面则因为资源的限制而难以独自开展。对于涉及市民普通生活的小事，部门之间的条块分割问题也显得尤为突出。并会严重影响到城市存量空间的精细化治理力度。因此，各级政府都需要加大对智慧社区建设的重视，并且积极推动各相关利益群体间的协作配合。

智慧社区的建设意义，不仅仅局限于社区，而是可以形成一套方法论，

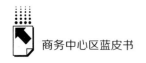

帮助城市更好地发展。通过科学的手段有效收集并反馈民意，并在规划、建设、法律、管理等专业技术的指引下，为实施部门提供可操作的行动计划，可以使社区层面的精细化治理实现有据可依、有章可循、有序推进。

二 理论框架

智慧社区是智慧城市的重要组成内容，指借助互联网、物联网和大数据等技术手段，充分发挥信息通信（ICT）系统及多种信息基础设施的作用，构建社区层面的智慧人居环境、精细化的管理模式和可持续发展的空间形态。

智慧社区的发展和建设，目的是更加有效地解决现有繁杂的各类社区问题，为社区居民提供面向未来的高质量生活。智慧社区虽然应用最先进的技术，但是并非目标导向的蓝图式规划。在社区层面，如果要合理高效解决问题，首先需要准确地发现问题；其次需要有良好的寻找解决方案的机制。这意味着柔性、动态的政策导向，而非刚性的指标要求。

目前我国的国家智慧城市试点数量已达290个，绝大多数大中城市都已经启动智慧城市建设，而智慧社区是智慧城市建设的重要内容。智慧社区本身是一个新鲜事物，同时建设成本较高，投入较大，建设周期长。整体来看，我国的智慧社区建设不平衡，主要集中在北京、上海、深圳等一线城市和沿海城市，以及部分副省级城市。内陆地区和三、四线城市智慧社区建设较为缓慢。从建设内容上来看，智慧社区建设多集中于智慧应用和智慧基础设施的建设。整体上来看智慧社区的产品和技术方案都不成熟，多数智慧社区仍然处在摸着石头过河的阶段。同时，由于智慧社区建设缺乏相关标准，缺乏与城市规划和社区管理相协调的机制设计，也缺乏建设后的验收标准，所以在具体建设中存在不规范、不统一、兼容性差等问题。此外，智慧社区集成了相当多的新一代信息技术，其建设和运营模式和传统社区完全不同。我国各城市缺乏相关经验，更缺少相关人才，所以在许多具体领域上推进仍有待提高。

总的来说，我国的智慧社区建设，面临着两方面复杂的挑战。一方面，大量城市存量社区，特别是以老旧小区、历史文化街区为代表的社区，面临着年久失修、过度拥挤等问题，亟须改造提升。另一方面，持续的城镇化进程中，仍有大量的新社区，特别是商品房社区建成，这类社区更多地需要从初始阶段就进行智慧基础设施的建设。因此，智慧社区不应当像智慧城市一样，构建硬性的指标体系来指导建设发展，而应从较为微观甚至琐碎的小问题出发，"短平快"地解决市民生活中的具体问题。这也是一种以人为本的智慧城市发展观的体现。

笔者所在部门在智慧社区领域进行了一些理论研究与实践项目的探索（见图1），基本上涵盖各主要类型的城市和城区。在技术方法上，通过在存量社区和新建社区内的大数据、互联网以及物联网等智慧设施的应用，链接各相关利益主体，从规划设计、开发运营、社区治理和公众参与多个领域推动社区的信息化、精细化和人性化发展。

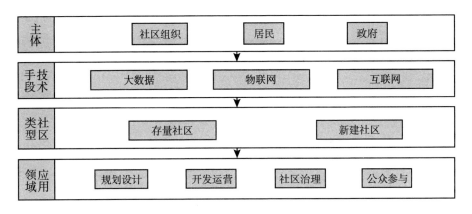

图1　智慧社区研究和实践技术框架

三　案例研究

（一）案例一：基于大数据的新建商品房社区配套服务研究

随着城镇化进入新阶段，房地产市场也面临转型。城市开发模式的变革也带来了地产行业商业模式变化。房地产开发的重点，由以往的大规模新建,转向存量运营与优化,由物质空间扩张为主,转向以人为本、注重居民生活质量提升的新型地产模式。所以,盘活存量、走向微利时代、寻找新的盈利模式,对商品房社区的智慧化发展变得越来越重要。

大数据与社区规划,都是强调对人的关注,两者的结合可以更科学地分析社区的问题,为其智慧发展提供科学支持。本文基于新数据及新技术,与企业合作,利用互联网数据对北京各楼盘周边商业进行分析,对社区商业的供给侧进行精确把脉,为社区商业精细化设计、优化提升提供支持。研究主要应用互联网大众点评网站POI① 数据,从设施数量、质量、受欢迎程度三方面,对北京金隅万科城、万科东第、万科公园五号、万科红、万科金阳国际公寓、万科蓝山、万科四季花城7 个区周边商业设施配套进行了分析(见图 2)。研究的数量指标包括 POI 总数,各星级商户占比、连锁店占比、细分种类的连锁店占比;质量上通过各星级商户占比、各价格区间餐饮占比(见图 3);受欢迎程度从总点击量与细分种类点击量来进行分析(见图 4)。

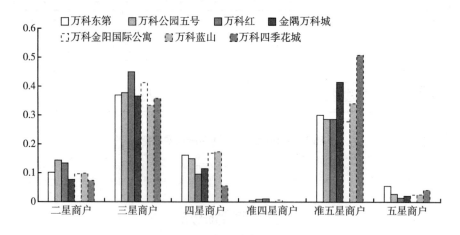

图 2　各星商户占比

资料来源:大众点评网。

---

① POI:Point of Interest,兴趣点(或信息点)。

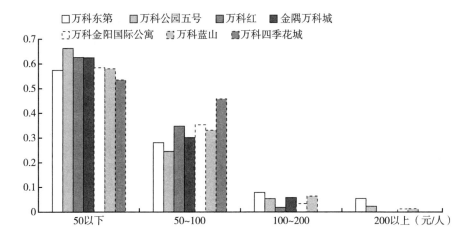

图3 各区间价格餐饮占比

资料来源：大众点评网。

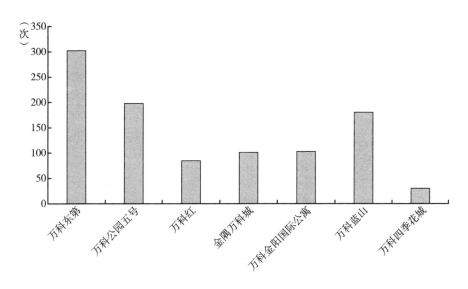

图4 商铺月点击总量

资料来源：大众点评网。

研究得到结果如下：在 POI 总量高的三个楼盘中，万科公园五号和万科东第属于各种类型均高型，二者位于朝阳公园附近，区位接近，不过万

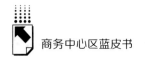
科东第的综合商场类商业设施较少；万科红则明显呈现成熟低端小区周边的特色，茶馆、西餐、咖啡厅等体现商务特色的餐饮服务设施少，中餐馆和中式粉面馆等简餐服务设施多，而购物类则表现为超市便利店、食品茶酒、水产等商业设施多，婴幼儿、服饰等商业设施少的特点（结合大众点评网分类）。

POI 总量中等的楼盘中，万科金阳国际公寓购物类 POI 普遍较少，生活服务和餐饮类服务在供给数量上较多，万科蓝山的婴幼儿类购物设施偏少，但婴幼儿培训机构数量却很高，其他类 POI 在数量上均为中高等；金隅万科城周边有很多学校，餐饮类、超市便利店、服饰鞋包等商业设施在数量上较多，食品茶酒、综合商场、生活服务类设施数量较少。

POI 总量低的楼盘里，万科四季花城的餐饮类服务设施数量偏低，购物类中高档设施量较多，如超市便利店、食品茶酒、综合商场、婴幼儿用品、服饰鞋包、药店等商业设施数量少；万科长阳天地服饰鞋包类商业设施较多，其他均低；而万科紫台的茶馆、中餐等商业设施数量较多，其他均相对较少。

通过大数据分析，可以对各楼盘商业设施配套组成、质量有详尽的了解，优势与短板都一览无余。当然，在更翔实的具体应用中，还可结合更多宏观、中观、微观和静态数据进行分析，使结果更加全面，以大数据的手段来支撑商品房社区的精细化、智慧化运营和发展。

（二）案例二：基于大数据的存量社区人居环境指数研究

在国家生态文明战略和新型城镇化发展的宏观形势下，广大市民对于建设和谐宜居城市、增强民生保障的内在需求日益迫切。同时，对城市建成区的存量空间资源的规划利用，也是完善城市结构、提高人居环境质量的重要途径。当前的新数据环境，可以更好地揭示作为微观个体的社会空间中的人的需求，为人居环境质量的指标设计与评估工作带来了新的机遇。

社区作为与居民日常生活最为密切的空间单元，是进行人居环境关键指

标改造创新的最佳试验田。本文课题立足于"群体人"的真实需求，探索
"传统数据＋新数据"的多源化数据获取渠道（见图5），研究建立从"抽
象统计人"到"具体共性人"的人居环境质量关键指标设计方法。

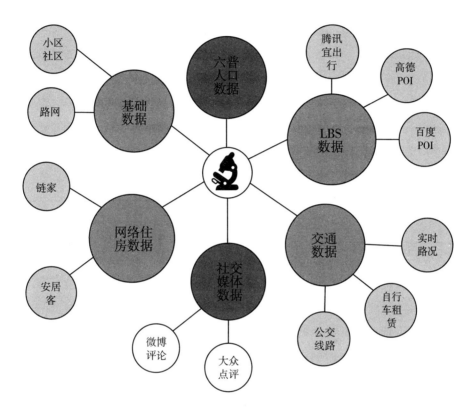

图 5　多源数据获取渠道示意

首先，通过对国内外理想人居建设理念和评估体系的梳理，将马斯洛
需求层次理论与建成区人居环境需求相结合，建立了 5 个维度人居环境质
量评估体系框架，从生存安全保障、成长发展机会、交往体验愉悦、社会
发展参与、生命和谐关注这 5 个维度，对建成区人居环境需求进行解读
（见图6）。

其次，聚焦社区层面的人居需求，以"10 分钟生活圈"为载体，从绿
色开放空间、居住条件、公共服务设施、交通出行与居民生活密切相关的四

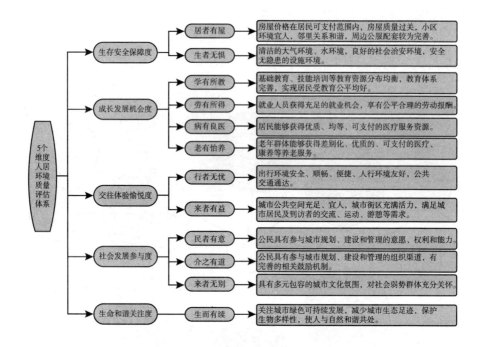

图6 人居环境质量评估体系框架

个领域，进行关键要素分解和关键指标设计。从"数量、功能、质量、成本"四个维度，从"时间和空间"两个尺度，共设计27项关键指标。选取北京市海淀区具有代表性的存量社区空间：清河街道作为评估对象，针对清河社区人居环境质量评估结果进行了聚类分析、空间图层叠加、情感倾向分析等研究，绘制完成"清河社区人居环境质量地图"，为社区人居环境质量改善提升提供了数据支撑（见图7）。

本文的关键指标设计突出"以人为本"和"时空特性"两大特点："以人文本"即从居民可感、可知、可视的角度出发，强调人性化尺度和群体的真实需求，创新指标资料来源和评估标准，指标设计突出"居民的可获得性"和"受益人口比重"等需求导向；"时空特性"即拓宽关键指标评估的资料来源渠道，做到指标数据连续可获得。评估效果具有空间分异性，实现人居环境质量关键指标与空间规划的关联。

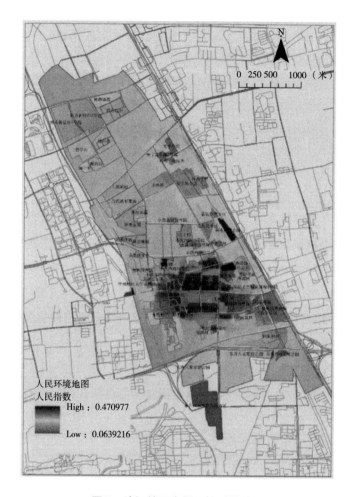

人民环境地图
人民指数
High：0.470977

Low：0.0639216

0　250 500　1000（米）

N

图7　清河社区人居环境质量地图

从数据获取、指标设计到评估标准等方面对社区人居环境质量评估的创新研究，弥补了统计数据本身的数据覆盖面有限、更新频度较低等不足，也为数据支撑社区空间更新改造、智慧社区建设、社区活力提升等的规划实践工作提供了更多的可能性。

（三）案例三：基于智慧基础设施的通州智慧社区规划

2015年，通州被确定为首都北京的"副中心"，其政治地位快速提升。

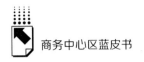

在首都副中心的规划设计中，应当从作为城市细胞单元的社区基层出发，真正通过智慧化手段实现"人民城市为人民"的城市建设理念。笔者所在团队，在北京通州副中心规划设计方案中，重点通过智慧出行、智慧医疗、智慧教育、智能建筑、智慧安全等角度，对智慧社区的规划建设提出了设想与要求。

智慧出行指通过公共交通工具的实时使用状况，以及停车位等静态交通资源的感知，为居民提供实时交通信息以及定制化的交通出行服务。相关的智慧设施建设包括社区周边的智能公交站点、智能自行车租赁系统、小区内部的停车诱导系统等。通过上述智慧设施收集的数据以及城市整体交通运行状态数据，向市民手机端智慧出行的相关应用软件实时推送出行信息。

智慧医疗的建设重点是实现在线挂号、网上会诊、电子病历库等功能，并与社区层面的智慧养老相结合。智慧医疗通过社区级自助检测设备，传输患者检测数据，实现远程医疗。患者可以通过移动端设备，与医生采取电话咨询、信息咨询、视频咨询等多种方式咨询病情。在方便社区居民的同时，分担了医院会诊压力。智慧养老通过电视盒子等高科技产品终端，使老人及行动不便捷人士在家中可实现信息查询、上门服务预定，紧急情况下还可以一键方式通知医疗中心及监控服务中心。

智慧教育是通过远程教育实现在线公开课、中小学线上线下课堂相结合的教育模式。通过学生课堂内外学习过程的信息收集，跟踪记录并分析学生学习过程，为其制定并定期更新差异化的学习策略。在课堂外，以"平板电脑"与多媒体素材为载体，让学生的作业与课外学习生活过程更为丰富有趣。

智能建筑通过室内外环境监测、数据实时上传、智能家居控制的智慧家居控制系统，以及以智能太阳能、雨水收集回用系统为代表的建筑智能控制系统，实现建筑微气候的自动调节，以实现兼顾节能减排与日常舒适度的效果。

智慧安全指通过智慧路灯、水质水位传感器以及综合市政管网监测，建

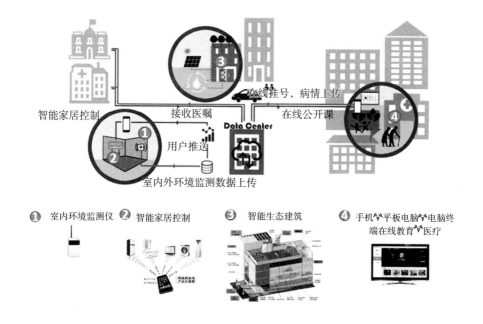

图8　智慧社区及智慧基础设施

立地上地下对人流、环境、市政管网等方面的全面感知网络。通过监测数据的实时分析、预测与安全信息发布，为社区管理中心提供安全突发事件预防与应急决策依据，保障社区居民安全。

通过以上各个智慧子系统的建设和完善，智慧社区的建设实施将实现社区各种智慧设施的整合，并且促进智慧设施硬件与信息服务软件的共建与融合（见图8）。智慧硬件设施包括智能建筑、智能交通站点、电商与智慧物流终端、智能图书馆、新型社会服务中心（含有远程医疗与教育机房终端）及监控服务中心等智慧化公共服务设施的布设。智慧社区信息服务软件，可以采用微信公众号、App等方式，主要起到社区公共服务信息推送、自动缴费、居民意见上报反馈等信息互联互通功能。两者的结合，将有力地推动智慧社区的全面发展。通州智慧社区试点布局如图9所示。

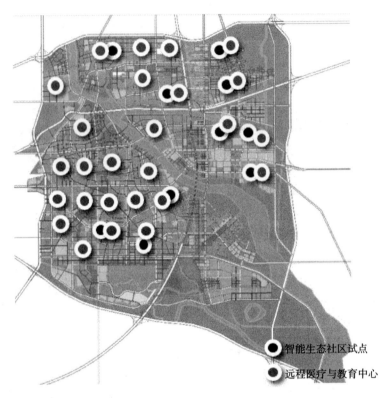

●智能生态社区试点

●远程医疗与教育中心

图9 智慧社区试点布局

（四）案例四：基于物联网 Citygrid 技术的白塔寺历史街区改造提升

白塔寺街区是北京历史文化街区的典型样本，也是西城区提出的需要加强文保区功能和人口疏解的重点区域之一。该区域面临着人口结构复杂、居住密度高、环境质量差、低端产业聚集、机动车停车需求无法满足、公共空间缺乏功能设置等众多老城区普遍存在的典型问题。

白塔寺街区动态监测与管理系统研究区域为北京市西城区白塔寺街区，总面积约 0.3 平方公里，包括了宫门口及安平巷两个社区。项目围绕历史文化街区和老城区面临的实际问题，采用物联网、大数据等技术研究建设动态监测体系及可视化运行监测与应用系统，实现文保区运行、监测与管理精细化和智能化，探索解决旧城更新问题、历史文化名城保护与日常管理的新思路和新方法。本项目的主要建设内容包括物联网监测体系、运行分析支撑平台、可视化运行监测与应用系统。物联网监测体系，采用物联网传感技术，对街区主要道路节点进行人流量、机动车流量及大气质量监测，得到精细化的人流量、车流量及环境质量动态数据。运行分析支撑平台，构建了针对文保区人口、机动车、环境等社区管理重点问题的分析模型，并以此为基础结合物联网传感数据，挖掘街区内各类数据的时空关联模式，实现对社区管理的多项业务专题分析。可视化运行监测与应用系统，将物联网传感数据进行实时展示，并将运行分析支撑平台的分析结果进行动态呈现，以此为政府部门及社会公众提供集数据展示、监测预警、专题分析于一体的综合应用服务。

本文以物联网、人、车、环境监测为基础的建设内容，可以从智慧社区管理及重点问题研究两方面，支持历史文化街区的保护工作。街区人口监控的实时数据，会在白塔寺景区的动态承载力方面提供实时预警。根据监控的历史数据，也可以对重大节假日的人流规模进行预测，方便景区为控制游客数量对门票价格实行调控。空气质量的实时数据，可以在空气质量数据较差的日期发布警报，方便景区为保护古建筑提前采取降尘、空气脱硫等措施。对人口分布的研究结果，可以为白塔寺街区正在进行的人口疏解和公共资源配置提供依据。在宏观层面，应用动态的人口空间分布及流动模式，结合街区内现有公共资源配置情况，会得出重点的人口疏解区域及公共资源配置不足区域，以便在后期规划中采取针对措施。在微观层面，绿地广场等外部公共空间的人口分布数据，有助于分析街区内各类小空间的人群活动特征，再通过与空气质量数据相关联，可以获取居民及游客对街区各类公共空间的喜好程度，以便对存在问题的公共空间进行合理优化。对车流量的研究结果可以获取精细化的车辆空间分布特征，使根据机动车的实际需求进行区域道路的空间形态规划成为可能，以便更加有效地运用现有资源，对历史街区道路进行改造及调整停车位（见图10）。

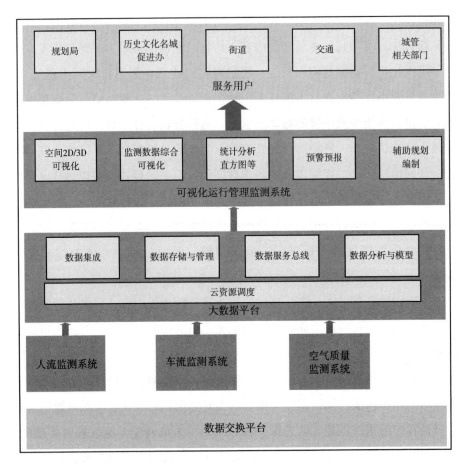

图10 白塔寺街区物联网建设项目总体架构

资料来源：来自《大数据在历史街区规划、建设与运营管理中的应用》。

（五）案例五：特色互联网小镇的智慧社区发展

作为世界互联网大会永久会址的乌镇，运用智慧城市的理念和手段，与国家最新特色小镇政策进行紧密结合，坚持产业、文化、旅游的"三位一体"，生产、生活、生态的"三生融合"，目标是将乌镇打造成为独具特色的互联网小镇。从智慧城市数据运营的核心思想出发，将构建乌镇智慧城市运营平台，完善智慧信息基础设施，搭建乌镇智能移动感知网络，搭建大数据实验室和线上乌镇运营中枢，最终服务于优化政府治理，创新商业模式，以及鼓励公众参与的发展目标。

同时，在乌镇打造特色小镇的理念中，注重创造"小镇如家"的心理归宿感，打造完全型社区生活体系。所以在社区层面，乌镇通过实施智慧社区的建设，为当地的居民、游客和创客三类人群的融合共生提供未来时的智慧服务平台（见图11）。

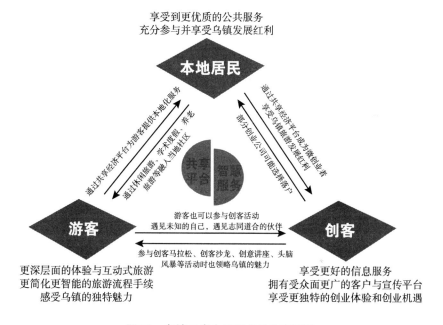

图 11 乌镇三类人群形成的生态聚落

乌镇智慧生活服务中枢主要包括旅游服务、社区服务、创新创业服务三大智慧服务平台来促进三类人群的共生融合，满足各类群体的差异化需求以及相互之间的互动融合。其中的智慧社区服务，主要涵盖智慧生活服务、社区管理、文化教育体育服务、医疗卫生服务、劳动保障就业服务和养老助残服务平台等项目，服务于乌镇常住居民（见图12）。

（1）智慧生活服务平台：包括智能便民服务终端、社区生活服务信息化平台、社区网上电商平台，同时实现社区移动支付全覆盖等功能平台，通过更加方便高效的生活服务来满足居民的日常生活需求。

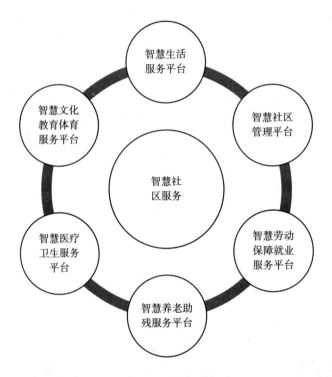

图 12 乌镇智慧社区服务内涵

（2）智慧社区管理平台：包括智慧楼宇系统、智慧物业物联网系统、社会服务管理系统等，让居民的居住场所面向未来，用智能硬件和智慧管理手段让居住变得更加安全、舒适、高效、便捷。

（3）智慧文化教育体育服务平台：搭建服务居民终身教育和学习的网络化服务平台，大力推进数字文化社区建设，让教育资源变得更加方便获得，丰富社区居民的精神文化生活，提供更多寓教于乐的学习机会。

（4）智慧医疗卫生服务平台：搭建基本医疗信息查询服务以及预约挂号、健康教育、健康自我管理等服务平台，提供更加普适的基础医疗卫生服务，提高就医效率。

（5）智慧劳动保障就业服务平台：搭建职业介绍、就业指导、社保、医保、住房公积金等智能劳动保障与就业服务平台，提供更加高效便捷的社会保障服务。

（6）智慧养老助残服务平台：提供智能化的居家养老电子辅助终端、便民养老服务信息发布平台等，满足特殊人群的特殊需求，提升生活质量。

乌镇智慧社区从"以人为本"的导向出发，不仅仅要进行智慧硬件的建设和投入，更是以综合各平台居民个体数据为基础，并最终将所有采集的数据汇入乌镇运营中枢完成数据整合与统筹，最大限度地发挥数据的作用。通过强调政府、产业与居民的互联与协作，用创新的手段切实提高居民的生活质量，实现真正意义上的智慧社区建设。

（六）案例六：中关村街道存量社区的智慧化提升

"非首都功能疏解"是北京"十三五"工作的重中之重，海淀区将聚焦于"减人""添秤""服务"三大核心任务。中关村街道作为海淀区核心街道，是全国科教智力资源和高科技企业密集的区域，如何采取有效的措施腾退低端业态，为引进"高精尖"产业提供空间，是解决当前中关村街道产业发展困局的关键，也是人口疏解、缓解"脏、乱、差"等城市病、创造宜居环境的重要举措，而这个问题的回答有赖于对现状的精准把握。大数据技术以其大样本、全范围、实时更新等特点在这方面有天然的优势。采用多源大数据对街道的整体情况进行细致、全面的把握，实现精细化、科学化的基层管理，也将为各地的城市中小尺度空间的管理优化提升积累宝贵经验。

研究分为人口和产业两部分，通过多源多维大数据分析，为中关村街道下属的各存量社区的人口疏解和产业优化提升进行了深入分析。在人口分析层面，研究使用手机信令数据、公交 IC 卡刷卡数据、出租汽车浮动车 GPS 数据，计算并识别中关村街道典型工作日内分时聚散人口数量、人口来源比例及其职住关系，并针对本地居住人口、就业人口、临时驻留人口计算各类人群的出行活动特征参数，准确地掌握辖区内每一类人群构成比例和职住位置及其出行活动的时空特征等数据。研究得出中关村街道外来就业现象明显，就业岗位吸引力较强（见图 13、14），居住人口内部通勤比率低，街道内居住人口与就业人口结构失衡等结论（见图 15）。同时，根据特定人群的研究也得出街道西侧对养老服务需求基础更大及中关村中学教育资源外溢明

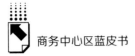
显等结论。根据以上分析提出加强中关村街道外各产业园对接,对企业中的劳动密集型岗位进行有序疏散,优化教育资源配置,减少教育资源外溢,缓解教育压力,加强养老服务对接与匹配,鼓励异地养老等改进措施。

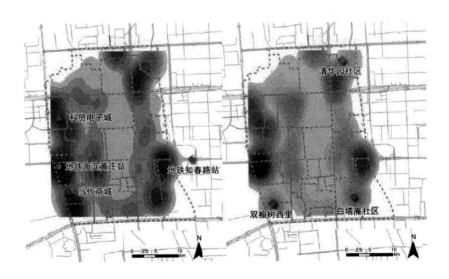

图13 中关村街道工作日与节假日人口密度分布

资料来源:手机数据。

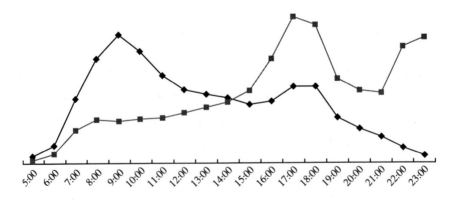

图14 中关村街道活动人口进出对比

资料来源:手机数据。

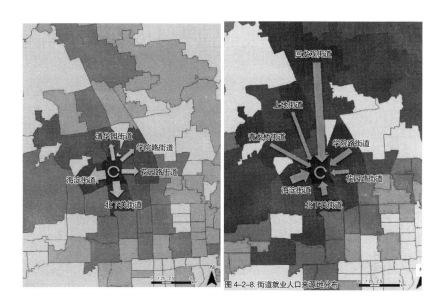

图 4-2-8.街道就业人口来源地分布

图 15　中关村街道外出就业工作地（左）与外来就业来源地（右）分布

资料来源：手机数据。

表 1　中关村街道学生基本指标

单位：%

指标名称	指标解释	15～19 岁	20～24 岁
占全街道人口比重	该年龄段人口/街道总人口	0.73	3.94
街道内就学（就业）率	居住在本街道－该年龄段街道内就学（业）人口/街道内该年龄段就学（业）总人口	75.10	70.30
外来就学（就业）率	居住在其他街道－该年龄段就学（业）人口/街道内该年龄段就学（业）总人口	45.80	21.10

资料来源：手机数据。

在产业分析层面，研究主要使用企业注册数据、POI 数据，通过横、纵向对比提炼中关村街道产业发展的特点及现状问题：研究得出中关村街道总体产业发展水平较高，科学研究与技术服务业等主导产业优势明显等结论（见表 2）。同时建立楼宇经济绩效评估的方法，将 22 栋楼宇分成明显型、

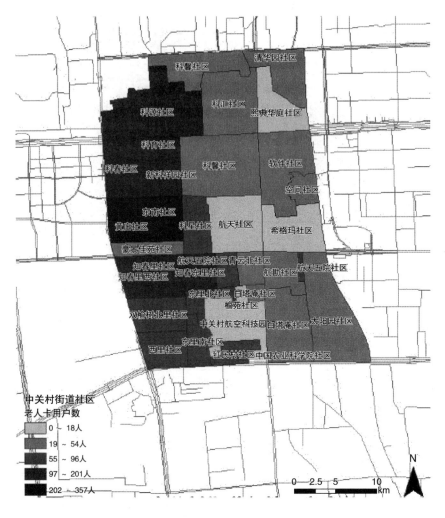

图16　中关村街道各社区老人数量

资料来源：手机数据。

金牛型、成长型、瘦狗型四类，分别对应经济贡献和创新能力均一流的楼宇（明星型），经济贡献大、创新相对不足的楼宇（金牛型），经济贡献暂时不足、创新强的楼宇（成长型）及经济贡献和创新均不足的楼宇（瘦狗型），为中关村办公楼发展提供改善建议（见图17）；针对"一刻钟生活圈"设施配套进行分析，研究发现中关村街道均在城四区（朝阳、海淀、东城、西城）排名靠后，与中关村街道产业发展水平的强劲及辖区内居民的高收入不符（见图18）。根据以上分析提出发挥提升现有产业基础优势，产学研一体化，改造创业空间，提升创新潜力，整治批发、低端零售等不符合定位的产业，引进中高端酒店式公寓，青年旅社等酒店；提供具备更多功能的休闲会晤场所，整顿低端小吃快餐，鼓励引进连锁店等以提升零售业态的整体品质，利用临街开放空间，打造"小而美"的临街特色商业街区，利用小区零碎空间，依托社区鼓励社区O2O供应商入驻，提供医疗、美食、家政、娱乐等一站式服务等改进措施。

表2 中关村街道企业分类与排名

行业类别	企业数占比	海淀区排名		城六区排名	
		总量	密度	总量	密度
科学研究和技术服务业	47.4%	1	1	1	1
批发和零售业	20.7%	1	1	2	2
租赁和商务服务业	17.1%	1	1	3	5
文化、体育和娱乐业	5.2%	2	1	7	9
信息传输、软件和信息技术服务业	3.7%	2	1	1	1
住宿和餐饮业	1.7%	2	1	2	5
房地产业	1.1%	2	1	9	15
居民服务、修理和其他服务业	0.9%	2	1	11	15
建筑业	0.6%	8	2	24	24
金融业	0.5%	3	1	4	9
制造业	0.4%	3	1	28	24
交通运输、仓储和邮政业	0.4%	6	1	18	16
卫生、社会保障、社会福利业	0.2%	2	2	4	17
水利、环境和公共设施管理业	0.1%	7	2	14	18
教育	0.1%	1	1	3	3

资料来源：龙信企业数据库。

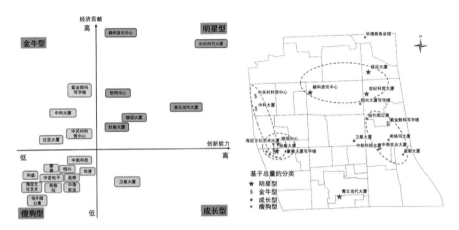

图 17　中关村街道不同类型办公楼宇空间分布

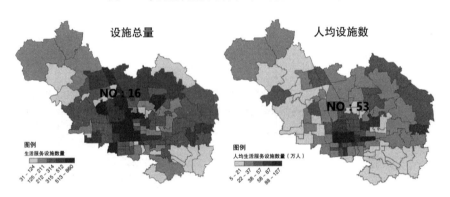

图 18　"一刻钟生活圈"设施分布情况

资料来源：大众点评网。

以上两项研究均通过多源大数据，建立科学合理的指标体系，对中关村街道人口和产业进行全面而细致的评估，帮助街道管理人员对人口疏解、产业疏解等现状进行精准、及时的把握，以及时调整策略，保证工作的顺利完成。人口疏解、非首都功能疏解是一项长期且持续的工作，街道特别是社区，则是这一工作推进的基层空间。大数据具有及时、动态更新的特征，因此研究也建议根据已有数据，建立社区管理的指标体系，按照一定的时间频度（如季度）进行持续监测，以服务于街道、社区等小尺度的人口疏解、"腾笼换鸟"、功能优化等的长期目标。

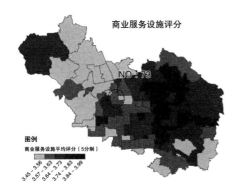

商业服务设施评分

序号	商业服务设施	中关村街道	海淀街道	金融街街道	望京街道
1	购物	3.49	3.60	3.62	3.67
2	美食	3.75	3.81	3.85	3.95
3	生活服务	3.36	3.46	3.42	3.47
4	学习培训	3.00	NA	NA	NA
5	休闲娱乐	3.97	3.87	3.89	4.06
6	爱车	3.47	3.60	3.36	3.47
7	运动健身	3.58	3.59	3.59	3.54
8	医疗健康	3.71	3.73	3.74	3.97
9	丽人	3.75	3.84	3.82	3.96
10	周边游	3.00	3.74	3.84	3.65
11	宠物	3.73	3.93	3.50	3.00
12	K歌	3.00	4.00	3.71	3.86

注：红色格子表示设施评分在四个街道中排名较低，绿色格子表示设施评分在四个街道中排名较高。

图19 商业服务设施评分

资料来源：大众点评网。

四 结语与讨论

社区是城市的细胞，社区的智慧化发展和建设，对于智慧城市的整体完善意义重大。社区的多样性，决定了智慧社区的研究和设计，很难做出放之四海而皆准的评判，而是需要针对各个城市的具体问题来具体分析。

与智慧城市的顶层设计不同，智慧社区的发展更强调自下而上和自上而下两方面因素的结合。智慧社区的发展一方面需要自上而下的顶层设计、标准制定与政策引导；另一方面也需要自下而上的对基层问题与需求的发现、对解决方案的创新思维及基于市场的丰富实践探索，二者缺一不可，而又相辅相成。

我国智慧社区发展还处于初级阶段，发展潜力巨大。各类存量和新建社区特点各异，需要针对具体问题，通过多种技术手段，对社区进行全面研究和深入实践探索。在具体的研究和实践中，智慧设施和大数据，将成为智慧社区发展的重要工具。智能设备、传感器等物联网构成的智慧城市基础设施，在社区日常运行以及市民日常的使用过程中，产生了海量具有价值的信息，是城市大数据的主要来源。城市大数据的深入分析应用，通过对社区运营过程中产生的大数据分析与应用，可以优化社

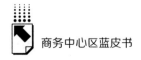

区管理，改善个人生活环境，提高社区整体的运行效率，辅助智慧城市在社区层级的实现。

注：谢力唯、田可嘉、陈清凝、冯淼、龚烁对此文形成亦有很大帮助，在此表示感谢！

参考文献

陈自立：《智慧社区治理的实践经验与关键问题》，《江汉大学学报》（社会科学版）2016 年第 3 期。

杜竞强：《智慧城市——从城市问题出发优化城市治理》，《城乡治理与规划改革——2014 中国城市规划年会论文集（04 城市规划新技术应用)》，2014。

杜锐等：《同衡城市研究｜社区规划师：设计"新宇宙中心"是怎样的体验》，《澎湃市政厅专栏》，2015。

王鹏：《为城市体检——大数据在城乡规划中的应用》，《景观设计学》2015 年第 3 期。

Dong LI, Ying LONG. A Crowd-Sourcing Data Based Analysis Framework for Urban Planning. China City Planning Review. 2015, 24 (1), pp. 49 – 57.

龙瀛：《城市大数据与定量城市研究》，《上海城市规划》2014 年第 5 期。

王鹏、吴纳维、褚峤等：《大数据在历史街区规划、建设与运营管理中的应用》，《上海城市规划》2016 年第 5 期。

张鸿雁：《论特色小镇建设的理论与实践创新》，《中国名城》2017 年第 1 期。

王鹏、徐畅、陈清凝：《同衡城市研究｜互联网＋城市的乌镇样本》，《澎湃市政厅专栏》，2015，http://www.thepaper.cn/newsDetail_ forward_ 1409314_ 1。

B.12
基于大数据的城市功能区人流和
交通优化分析

——以北京 CBD 等为例

钟少颖*

摘　要： 本研究利用公交刷卡数据、兴趣点数据和普查数据研究了北京 CBD 中心区、奥运核心区、大望京地区等区域街区层面的功能分区，以及城市功能区分布特征与人流和交通流之间的关联关系。研究发现，由于朝阳区就业功能和居住功能两者都比较集中，形成了"大进大出"式的通勤车流，东西走向的通勤量要低于南北走向的通勤量。朝阳区交通优化应该注重对城市功能分区的调整。

关键词： 公交刷卡数据　兴趣点数据　功能分区　交通优化

城市功能区划分是城市管理和城市规划的基础。传统的统计数据由于统计口径比较大，难以准确客观刻画城市微尺度的人流和交通特征。在大数据时代，基于位置服务（Location Based Services，LBS）技术提供的公交智能卡刷卡记录、微博等社交媒体使用记录和手机位置数据等可以用来分析城市活动的强度和时空分布特征。

* 钟少颖，中国科学院科技战略咨询研究院副研究员，博士，主要研究方向为城市规划与区域管理、科技政策。

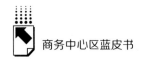
本研究利用百度地图 POI（Point of interest）数据和海量公交 IC 卡（Smart Card Data，SCD）的刷卡数据，以及第三次经济普查和第六次人口普查数据，研究 CBD 中心区、奥运核心区、大望京地区的功能分区和人流、交通流特征，以便为上述区域的交通优化和管理提供技术支持。需要说明的是，由于目前我国的经济普查、人口普查等统计数据都是以行政区划为统计范围的，为便于计量分析，本文中的 CBD 中心区、奥运核心区等边界范围并不完全等同于其规划意义上的功能区范围，而是以 CBD 中心区、奥运核心区等所在的街道为统计分析对象。其中，CBD 中心区包括建外、朝外、呼家楼三个街道，奥运核心区包括大屯、奥运村、亚运村和安贞四个街道，大望京地区包括望京、酒仙桥、将台三个街道。

一 朝阳区三大功能区的就业分布情况

CBD 中心区有商务写字楼 261 栋，占朝阳区总共 1221 栋商务写字楼的 21.38%，每平方公里 28.93 栋；购物中心 34 家，占朝阳区总共 147 家购物中心的 23.13%，每平方公里 3.77 家；外国使领馆 55 家，占朝阳区总共 210 家外国使领馆的 26.19%，每平方公里 6.10 家；2013 年总就业人口为 56.82 万人，占朝阳总就业人口的 25.24%，每平方公里就业人口高达 6.17 万人，略低于日本东京都中央区每平方公里 6.38 万人的就业密度（东京都中央区面积为 10.15 平方公里，昼间人口为 64.77 万人）（见图 1）。从开发强度来看，CBD 中心区已经接近世界城市中最高开发强度。

奥运核心区商务写字楼 175 栋，占朝阳商务写字楼总数的，每平方公里 4.81 栋；购物中心 19 家，每平方公里 0.52 家；娱乐场所 138 家，每平方公里 3.79 家。综合性体育场 14 座。产业园区 4 家，每平方公里 0.11 家。奥运核心区的就业人口为 27.53 万人，占朝阳区总就业人口的 12.23%，每平方公里就业密度为 0.75 万人（见图 2）。

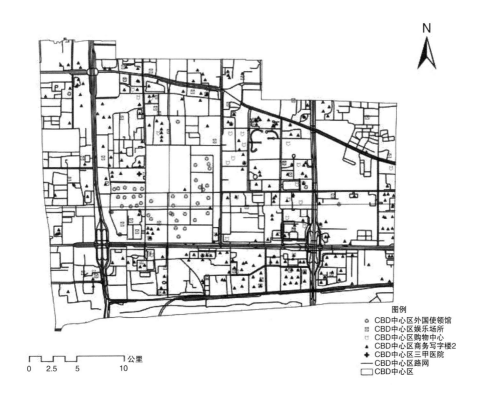

N

图例
⌂ CBD中心区外国使领馆
⊠ CBD中心区娱乐场所
⊡ CBD中心区购物中心
▲ CBD中心区商务写字楼2
✚ CBD中心区三甲医院
— CBD中心区路网
☐ CBD中心区

公里
0 2.5 5   10

图1 北京 CBD 中心区功能设施布局

资料来源：Esri 地理信息公共服务平台。

　　大望京地区共有产业园区 12 家，每平方公里 0.46 家；写字楼 113 栋，每平方公里 4.30 栋；购物中心 10 家，每平方公里 0.38 家。该地区的就业人口为 17.37 万人，占朝阳区总就业人口的 7.71%，每平方公里就业密度为 0.668 万人（见图3）。

　　奥运核心区和电子城核心区是朝阳区在 CBD 之外重点发展的两大产业功能区。这两大功能区与 CBD 中心区相比有比较明显的差异。首先，就业人口密度和开放强度要低于 CBD 中心区。其次，由于这两个区域建设起步的时间相对较晚，通过比较科学的规划实现了区域内就业功能、居住功能以

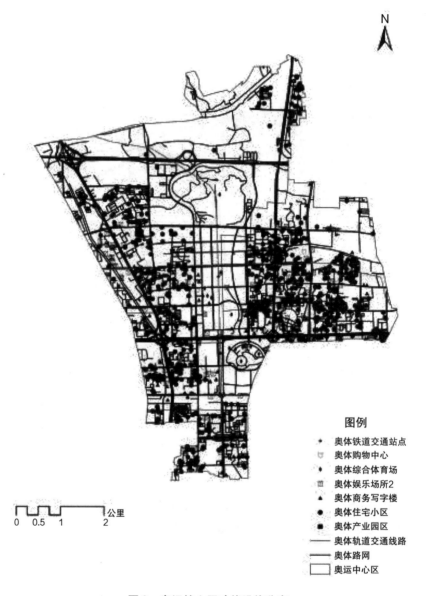

图 2　奥运核心区功能设施分布

资料来源：Esri 地理信息公共服务平台。

及交通功能的有机融合，相反，CBD 核心区功能集聚高度饱和，较难通过区域内部功能调整来实现功能融合发展（见表 1）。

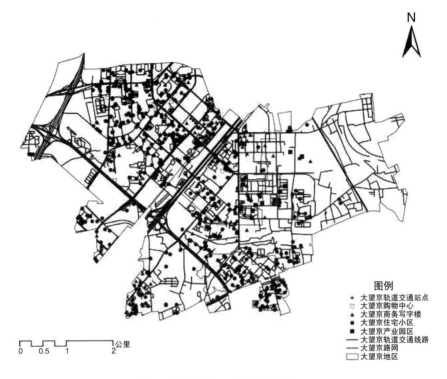

图3 大望京地区功能设施分布

资料来源：Esri 地理信息公共服务平台。

表1 三大功能区的核心指标对比

	总营业收入 （亿元）	第二产业营业收入 （亿元）	第三产业营业收入 （亿元）	从业人员 （万人）
CBD 功能区	20286.2	1018.2	19268.0	116.0
奥体功能区	6502.5	456.9	6045.6	49.5
电子城功能区	3275.3	545.2	2730.2	30.7

资料来源：朝阳区统计局数据。

二 朝阳区三大功能区的人流通勤特征

城市功能区划分是城市管理和城市规划的基础。传统的统计数据由于统

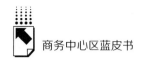

计口径比较大，难以准确客观刻画城市微尺度的人流和交通特征。在大数据时代，基于位置服务（Location Based Services，LBS）技术提供的公交智能卡刷卡记录，微博等社交媒体使用记录和手机位置数据等可以用来分析城市活动的强度和时空分布特征。

（一）各区域总体通勤情况

公交刷卡数据包括每个个体的上下车时间、地址坐标、车次、线路等信息，因此通过公交刷卡数据可以清晰了解个体的通勤信息。我们利用北京市公交一卡通从 2015 年 1 月 5 日到 2015 年 2 月 2 日的数据来分析朝阳区车流情况。其中 2015 年 1 月 5 日（工作日）大约有 1490 万条信息，2015 年 2 月 2 日（节假日）大约有 1283 万条数据（见表 2）。

表 2　公交刷卡总数情况

单位：次

时间段	2015/1/5	2015/2/2
0：00 ~ 4：59	36768	21966
5：00 ~ 22：59	14764597	12703344
23：00 ~ 0：00	46135	26652

资料来源：北京公交集团公交刷卡数据。

通过 Oracle 数据库，提取出 2015 年 1 月 5 日早上 6：00 ~ 9：00 的数据，根据通勤规律，这一时间段的稳定通勤为就业通勤，根据公交刷卡 ID，如果同一个人在这一时间段上车和下车地点相同的天数超过 15 天，则认为其上车点认为是其居住地，最终的下车点我们认为是其工作地。据此，我们得到个体的居住和就业地距离和通勤用时。同样，我们提取出下午 17：00 ~ 20：00 的稳定数据。此时上车点为就业地，下车点为居住地。通过对同一张卡号早晚数据的比对、同一月内不同天的数据的比对我们提取得到早晚高峰的有效样本（见表 3）。

表 3　早晚高峰有效样本量

单位：次

时间段	2015/1/5	2015/2/2
6：00～9：00	1016869	7321097
17：00～20：00	1164296	7803344

资料来源：北京公交集团公交刷卡数据。

　　根据第三次经济普查数据，在建外街道就业的总人数为 30.22 万人，统计得到通过公共交通（公交汽车＋轨道交通）就业的人数为 11.81 万人，占就业人口的总比重为 39.08%，其中位于朝阳区外的为 5.21 万人，占44.12%。通州的永顺、梨园和潞城，东城区的建国门街道，昌平的东小口镇和河北的燕郊镇是到朝阳区外到建外街道就业人数较多的地区。朝阳区内部的平房、劲松、双井、南磨房、呼家楼、六里屯等街道是朝阳区内部到建外就业的人员的比较集中的居住区域（见图 4），相应的人数见表 4。

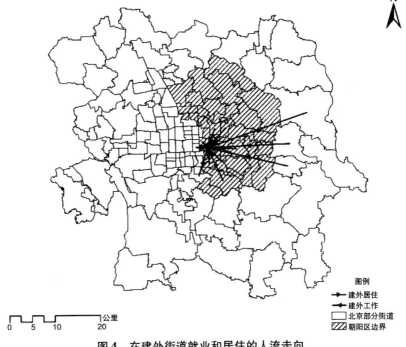

N

图例
→ 建外居住
→ 建外工作
☐ 北京部分街道
▨ 朝阳区边界

公里
0　5　10　20

图 4　在建外街道就业和居住的人流走向

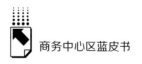

表4 在建外街道工作的其他街道持卡人员数概算

街道所在区县	街道名称	距离（公里）	人数（人）
通州区	永顺地区办事处	16.95	4136
	梨园地区办事处	17.74	3717
	潞城镇	24.26	1067
河北三河市	燕郊镇	31.43	5619
昌平区	东小口镇	23.22	3564
东城区	建国门街道	2.67	1342
丰台区	东铁匠营街道办事处	6.67	1815
朝阳区内部	十八里店地区办事处	6.50	1694
	高碑店地区办事处	3.95	3584
	团结湖街道办事处	2.52	1375
	麦子店街道办事处	3.58	1155
	平房街道办事处	7.43	4983
	劲松街道办事处	2.62	4785
	建外街道办事处	1.15	3334
	双井街道办事处	1.48	3553
	南磨房地区办事处	4.36	3278
	呼家楼街道办事处	1.49	1201
	六里屯街道办事处	3.45	2871

资料来源：北京公交集团公交刷卡数据。

建外街道居民的就业相对比较集中，高度集中在建外街道本身和建外街道周边的有限区域（见图4）。统计得到建外居民通过公共交通就业的人数为1.01万人，其中在建外街道内就业的就达到3334人。就业人数最多的12个街道的人数达到9231人（具体人数见表5）。

表5 建外街道居民在其他街道就业的持卡人数概算

街道所在区县	街道名称	距离（公里）	人数（人）
东城区	建国门街道	2.67	734
	东直门街道	5.64	567

街道所在区县	街道名称	距离(公里)	人数(人)
朝阳区	建外街道办事处	1.15	3334
	六里屯街道办事处	3.42	965
	高碑店地区办事处	4.61	958
	呼家楼街道办事处	1.41	918
	东风地区办事处	4.65	498
	潘家园街道办事处	3.18	623
	麦子店街道办事处	3.64	403
	南磨房地区办事处	3.95	388
	团结湖街道办事处	2.51	313
	朝外街道办事处	1.27	981

资料来源：北京公交集团公交刷卡数据。

以建外街道为代表的 CBD 功能区由于地区就业人口高度密集而居住在该地区的居民人数有限，因此大量的周边街道人口和周边区县人口涌入这一区域，形成了非常明显的潮汐通勤人流。同时，由于该区域还是重要的购物休闲中心和国外机构集中区以及行政机构集中区，多种人流的叠加使该区域的早晚人流高峰时间段都要长于其他地区。同时由于该区域的地铁站点数目不足，过境车流很多造成早晚高峰时期都高度拥堵。

根据第三次经济普查数据，在大屯街道就业的总人数为 9.90 万人。统计得到通过公共交通到大屯街道的总人数为 4.01 万人，占大屯街道就业总人数的 40.57%；其中位于朝阳区外的人数为 1.12 万人，占通过公共交通到大屯就业的总人数的 27.93%。从人流流向来看，在大屯街道就业的人流主要来自于奥体园区其他街道和海淀区与朝阳区接壤的区域以及昌平的天通苑地区（具体的人流来源见图 5 和表 6）。

和建外街道不同，大屯街道本身的常住人口比较多，根据第六次人口普查数据达到 9.2 万人。因此从大屯街道出发前往其他地区就业的人流也比较密集。统计得到大屯街道居民通过公共交通上班的人数为 3.24 万人。就业

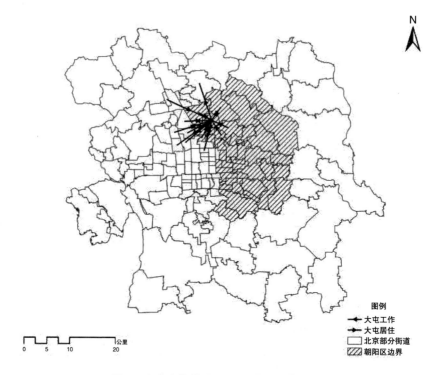

图5 在大屯街道就业和居住的人流走向

表6 在大屯工作的其他街道持卡人员数目概算

街道所在区县	街道名称	距离（公里）	人数（人）
海淀区	中关村街道办事处	7.40	1525
	花园路街道办事处	5.05	1265
	北太平庄街道办事处	6.27	945
	北下关街道办事处	8.51	600
	学院路街道办事处	4.79	520
	马连洼街道办事处	10.67	263
昌平区	东小口镇	6.31	4350
东城区	安定门街道	6.40	545
朝阳区	来广营地区办事处	3.48	5815
	亚运村街道办事处	2.34	5650
	奥运村街道办事处	3.10	3725

街道所在区县	街道名称	距离（公里）	人数（人）
朝阳区	望京街道办事处	3.57	605
	太阳宫地区办事处	3.60	575
	和平里街道	5.25	550
	安贞街道办事处	3.78	535

资料来源：北京公交集团公交刷卡数据。

流向为除了奥体功能区的其他街道外主要是海淀区的学院路街道、中关村街道和上地街道（见图5），具体人数见表7。

表7　大屯街道居民在其他街道就业的持卡人员数目概算

街道所在区县	街道名称	距离（公里）	人数（人）
海淀区	学院路街道办事处	4.79	3140
	上地街道办事处	10.58	2380
	中关村街道办事处	7.40	2510
朝阳区	奥运村街道办事处	3.36	3050
	亚运村街道办事处	2.21	2405
	来广营地区办事处	3.39	1805
	安贞街道办事处	3.75	1040
	太阳宫地区办事处	2.91	940
	孙河地区办事处	10.31	600
	小关街道办事处	1.08	955
	望京街道办事处	3.49	750

资料来源：北京公交集团公交刷卡数据。

以大屯街道为代表的奥体功能区既是常住人口的集中区又是就业相对集中的区域，造成该区域流出和流入的车流都比较集中。同时由于该功能区和海淀的中关村功能区相隔较近，大量前往海淀中关村功能区的人流都要过境这一区域造成了该区域车流压力较大，早晚高峰时期比较拥堵。

根据第三次经济普查数据，望京街道的就业总人数为8.94万人，是仅次于建外、朝外、呼家楼和大屯街道的第五大就业区。根据公交刷卡数据统计得到通过公共交通前往望京地区就业的总人数为4.81万人，占总就业人数的53.80%。其中来自朝阳区以外总数仅为0.52万人，占望京街道通过公共交通就业的人员的10.81%。从人流流向来看，前往望京街道就业的人流主要来自于崔各庄、金盏、酒仙桥、来广营和孙河街道等和望京街道临接的区域（见图6），具体人数见表8。

和大屯街道相似，望京街道的常住人口也比较多。根据第六次人口普查数据，2010年望京常住人口达到10.97万人，仅次于十八里店街道。通过公交刷卡数据统计得到望京街道通过公共交通上班的人数为3.62万人。就业流向集中在电子城功能区的其他街道和望京周边街道，包括酒仙桥、将台、麦子店和来广营等街道（见图6），具体人数见表9。

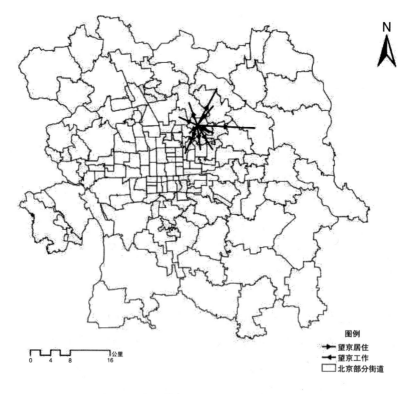

N

图例

→ 望京居住

← 望京工作

☐ 北京部分街道

公里
0 4 8   16

图6 望京街道就业和居住人流的走向

表8 在望京街道就业的其他街道持卡人员数目概算

街道所在区县	街道名称	距离(公里)	人数(人)
海淀区	学院路街道	10.90	1320
昌平区	东小口镇	12.30	2109
朝阳区	崔各庄地区办事处	4.54	7345
	金盏地区办事处	8.40	3960
	酒仙桥街道办事处	2.03	3610
	孙河地区办事处	8.08	2485
	来广营地区办事处	2.34	2450
	将台地区办事处	2.38	2405
	太阳宫地区办事处	1.75	1790
	东风地区办事处	5.95	1070
	六里屯街道办事处	7.07	625
	大屯街道办事处	3.57	605
	亚运村街道办事处	4.90	600
	香河园街道办事处	4.06	530
	十八里店地区办事处	16.13	510

资料来源：北京公交集团公交刷卡数据。

表9 望京街道居民在其他街道就业的持卡人员数目概算

街道所在区县	街道名称	距离(公里)	人数(人)
海淀区	上地街道办事处	17.60	1623
	中关村街道办事处	15.30	1209
	学院路街道办事处	10.90	908
东城区	东直门街道	5.67	925
朝阳区	酒仙桥街道办事处	2.47	4990
	将台地区办事处	2.94	3425
	麦子店街道办事处	4.66	2230
	来广营地区办事处	1.97	1995
	孙河地区办事处	7.91	1115
	左家庄街道办事处	3.60	950
	东风地区办事处	6.09	830
	大屯街道办事处	3.49	750
	崔各庄地区办事处	4.07	640
	六里屯街道办事处	7.14	615

资料来源：北京公交集团公交刷卡数据。

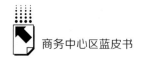
望京街道的人流特征和大屯街道的人流特征有相似之处，都是常住人口和就业人口比较集中的区域，区域内部职住相对比较平衡。但是和大屯街道不同，望京街道不管是就业人流的来向还是望京街道常住人口的就业出向都集中在以望京为核心的电子城功能区和望京其他临接街道。同时，过境望京的车流也不如大屯街道密集。这一区域基本形成了一个以望京街道为核心的相对封闭的通勤圈。

（二）居住在朝阳区就业在朝阳区以外的职住分离情况

通过公交刷卡数据统计得到居住在朝阳区通过公共交通在朝阳区以外就业的总人数为17.83万人。其中海淀区约为8.04万人，占45.09%，东城区约为4.37万人，占24.51%，丰台区为3.3万人，占18.51%，西城区为1.23万人，占6.90%，大兴区为0.79万人，占4.43%。从人流方向看，主要集中在东城区的东直门街道、建国门街道和安定门街道，海淀区的中关村街道、上地街道、海淀街道、学院路街道、花园路街道、甘家口街道和西三旗街道，西城区的展览馆路街道、德胜街道和丰台区的右安门街道、太平桥街道和方庄街道，大兴的亦庄街道（见图7），具体人数见表10。

表10　居住在朝阳区在朝阳外其他街道就业的持卡人员数量概算

街道所在区县	所占比重	街道名称	人数（人）
东城区	24.51%	东直门街道	16096
		安定门街道	3796
		建国门街道	15868
西城区	6.90%	德胜街道	4376
		展览路街道	4996
海淀区	45.09%	中关村街道办事处	15584
		上地街道办事处	17916
		海淀街道办事处	14784
		花园路街道办事处	9244
		北太平庄街道办事处	9708
		甘家口街道办事处	5380
		西三旗街道办事处	4856

街道所在区县	所占比重	街道名称	人数(人)
丰台区	18.51%	太平桥街道办事处	12808
		右安门街道办事处	14672
		方庄地区办事处	5612
大兴区	4.43%	亦庄地区办事处	4972

资料来源：北京公交集团公交刷卡数据。

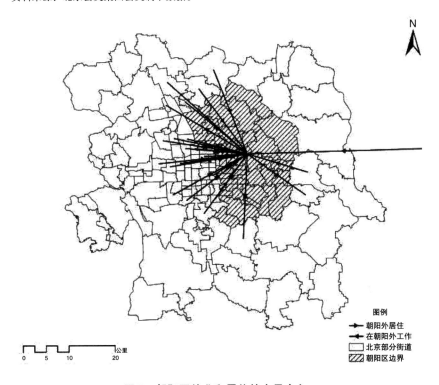

图7 朝阳区就业和居住的人员走向

从数据分析可以看到，朝阳区居民在朝阳以外就业有两大显著特点：第一，就近原则。比如说朝阳北部地区区外就业方向一般就近进入海淀就业；朝阳西部地区区外就业方向一般就近进入东城区就业，朝阳南部地区区外就业方向一般就近进入丰台和亦庄就业。第二，就业比较集中。朝阳区居民在区外就业一般集中在几个区域，主要包括海淀的中关村科技园区、东城和朝阳交界的区域等。

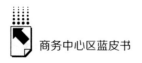

（三）就业在朝阳区居住在朝阳区以外的职住分离情况

通过公交刷卡数据统计得到居住在朝阳外区通过公共交通实现在朝阳区就业的总人数为 27.97 万人。其中，燕郊 4.70 万人，占 16.80%；通州 5.88 万人，占 21.02%；海淀 4.73 万人，占 16.91%；昌平 3.84 万人，占 13.73%；丰台 2.72 万人，占 9.72%；东城区 2.82 万人，占 10.08%；大兴区 1.72 万人，占 6.15%；西城 1.02 万人，占 3.65%。从人流方向看，主要集中在朝阳东边的通州和燕郊，海淀的中关村街道和学院路街道和东城、丰台、昌平、大兴部分地区（见图7），具体人数见表11。

表 11　在朝阳工作的朝阳区以外街道持卡人员数目概算

街道所在区县	人数占比	街道名称	人数（人）
河北省三河市	17.20%	燕郊镇	49005
通州区	21.02%	永顺地区办事处	21544
		梨园地区办事处	18457
		潞城镇	10190
昌平区	13.73%	回龙观镇	4224
		东小口镇	8936
		北七家镇	3608
海淀区	16.91%	中关村街道办事处	6364
		海淀街道办事处	5728
		北太平庄街道办事处	5628
		花园路街道办事处	5128
		西三旗街道办事处	4488
东城区	10.08%	东直门街道	17460
		建国门街道	5108
丰台区	9.72%	右安门街道办事处	9352
		太平桥街道办事处	7572
		大红门街道办事处	6984
		方庄地区办事处	5440
大兴区	6.15%	亦庄地区办事处	5748

资料来源：北京公交集团公交刷卡数据。

从数据分析可以看出在朝阳区就业的区外人员分布具有一个显著的特征，即五环外长距离通勤的人员分布占比非常高。五环外的通州、昌平、燕郊和大兴地区集中了 58.08% 的在朝阳就业的外区县人员。这些区域到朝阳区就业的通勤直线距离超过 15 公里，实际通勤距离超过 20 公里，实际通勤时间超过 1.5 个小时。

在上述分析的基础之上，我们重点选择 648 路、729 路、976 路、814路公交线路，统计其在早高峰时间（6：00~9：00）各个站点上车（上车点一般为居住区）和下车（下车点一般为就业区）的人员数量，分析不同站点人员数量和站点所在街区功能之间的关系。

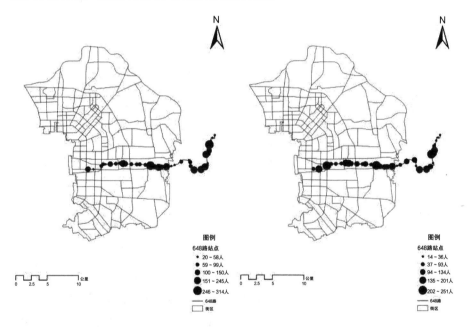

图 8　648 路早高峰各站点上车人数　　图 9　648 路早高峰各站点下车人数

648 路起点站为通州的瞳里三区，终点站为大北窑东，线路主要经过朝阳路，是连接通州和朝阳 CBD 的一条线路，也是典型的东西走向的线路。从早高峰的上车人数看，主要集中在通州的瞳里社区、东关，朝阳的管庄、杨闸和青年路地区。这些区域从街区功能分布来看主要是居住区和居住与工厂混合区。从早高峰下车人数看，主要集中在通州的小璐邑、龙旺庄、新华大街，朝阳区的民航医院、结研所、物资学院、慈云寺、八王坟西等地区。这些站点所在的街区功能主要是公共服务区和居住商务混合区以及居住与工厂混合区。

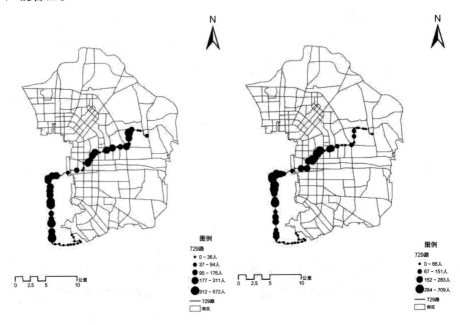

图10　729路早高峰各站点上车人数　　图11　729早高峰各站点下车人数

　　729路起点为焦庄桥北，终点为大兴的成和园小区，经过朝阳、东城、丰台、大兴四个区县。从朝阳区来看，早高峰上车点集中在东坝、姚家园等站点。这些站点所在的街区基本都是居住区。早高峰下车站点集中在甜水园北里、金台路口、水碓路口、小庄路口、呼家楼、大北窑和永安里路口等。这些站点所在街区从功能分布上来看主要是居住和商务混合区以及商务和购物混合区，是朝阳的主要就业区。

　　976路起点为城铁望京西站，终点为通州的马驹桥站，经过朝阳、大兴、亦庄、通州等地区，是一条典型的南北走向的公交线路。也是大兴亦庄等进入朝阳就业的一条适宜选择的通勤线路。从早高峰的上车人数来看，主要集中在望花路东里、十八里店、小羊坊、大羊坊和通州马驹桥，这些站点

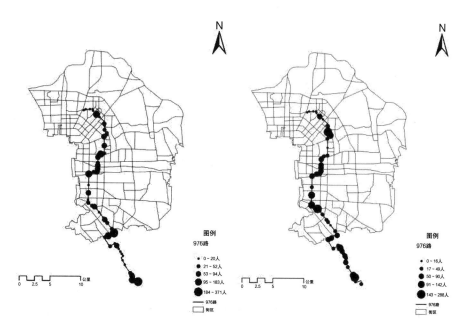

图12　976路早高峰各站点上车人数　　　图13　976早高峰各站点下车人数

所在的街区功能基本是居住区与其他功能的混合区，下车站点集中在酒仙桥、潘家园、十里河、周家庄和亦庄的隆庆街。这些站点所在的街区都是产业园和工厂区或者是商务区与居住区的混合区。

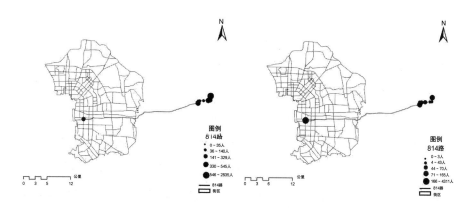

图14　814路早高峰各站点上车人数　　　图15　814早高峰各站点下车人数

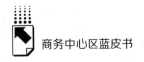

814 路起点站是燕郊上上城，终点站是朝阳的大北窑。这条线路是燕郊进入朝阳的一条典型线路。其特点是上车点和下车点都高度集中，上车主要集中在燕郊上上城五期，人数达到 2835 人，下车点主要为大北窑南，人数更是高达 4311 人。从中可以看出，燕郊和朝阳核心区分别作为"睡城"和就业密集区的功能定位。

三　促进交通优化的政策建议

朝阳交通拥堵的关键在于就业功能和居住功能两者都比较集中，形成了"大进大出"式的通勤车流，尤其是在朝阳东西走向上，就业功能高度集中在朝阳区的西部，而居住功能相对集中在东部地区。这样就形成了高流量的东西走向车流。在南北方向上，由于一方面北部的奥体功能区、望京功能区和南部的十八里店地区都形成相对比较封闭的通勤圈。另一方面北部地区的居住区基本就业走向是往北和往中部，南部地区的居住区基本就业走向是往南和往中部，因此南北走向的通勤车流相对东西走向要小很多。

（一）优化城市功能布局，实现城市街区功能的有机混合

在街区层面，各种功能需要形成相互关联的互补关系，尽可能使其中居民可以在街区范围内完成日常活动，减少居民在城市中长距离地来往奔波，也使街区充满活力。因此，街区是促进城市混合功能形成和发展的核心层面。具体来说朝阳区可以做好以下几点工作。

（1）限制 CBD 中心区的购物功能，进一步突出其商务区功能

目前 CBD 中心区是商务与购物的功能混合区，使该区域人流高度密集，早晚高峰时间长。在 CBD 中心区这两大功能中要继续发展商务区功能，同时限制其购物功能。一般情况下不能继续新建购物中心，并逐步疏解部分已有的购物中心。

（2）以东坝地区为核心，在朝阳区东部形成新的购物中心

CBD 东扩的关键一环应该是以东坝奢侈品购物中心的建设为契机，将 CBD 中心区的部分购物和休闲功能疏解到东坝、平房地区。这样一方面疏解了 CBD 中心区的功能；另一方面实现了朝阳东部居住区的功能混合发展。建议在国务院大力提倡发展免税经济的背景下，将东坝奢侈品购物中心整个范围建成免税购物中心，吸引来自国内和东亚地区的旅游和购物人员。建成具有国际影响力的购物中心。

（3）加快对十八里店等朝阳南部区域功能的疏解和优化设计，提升南部发展水平

朝阳区南部以十八里店为核心的建材家居市场高度集聚，这一产业的附加值低，是朝阳区要重点疏解的产业。朝阳区应该在京津冀协同发展的背景下，加快对这一区域产业的规划，对不符合发展要求的业态要坚决疏解。同时，建设规范化的家居建材产业园区，提升土地的利用效率，盘活宝贵的土地资源。真正实现朝阳南部地区发展方式的转型。

（二）加快交通基础设施建设，促进功能的优化布局

功能的优化布局需要交通设施建设作为支撑。目前，总体来讲，朝阳区的交通基础设施尤其是地铁建设还比较落后，需要大力发展。重点可以做以下几项工作。

（1）将地铁 3 号线规划线路北延连通机场快轨，进一步缓解机场高速的压力

目前机场高速、机场二高速和姚家园路的交通拥堵比较明显，去往机场的轨道交通不足。将地铁 3 号线北延连通机场快轨，一方面增加了从 CBD 中心区直达机场的快捷线路，有利于提高 CBD 的国际性，有利于降低机场高速的压力；另一方面使东坝地区可以直达机场，有利于东坝发展免税区，有利于其吸引国内和国际的旅游购物人流。

（2）沿朝阳路以高架形式建设京通第二快速路

随着京津冀协同发展的推进，朝阳与通州和燕郊等区域的交通流量还将保持较快速度的增长，目前的京通快速路已经不能满足未来的发展需

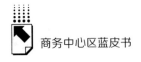

要。在轨道交通建设的同时，应当研究沿朝阳路采取高架的形式建设京通第二快速路，分担京通快速的车流压力，同时也有利于缓解CBD中心区的车流压力。

（3）沿朝阳路—青年路—姚家园路—东坝中路方向修建地铁，提升朝阳中东部地铁密度

目前朝阳北部和西北地区的地铁密度已经比较高，基本能够满足奥体功能区和电子城功能区的需求，但是CBD功能区和朝阳东部居住区的地铁严重不足，制约了CBD的东扩，同时使这些区域的交通非常拥堵。在建设地铁3号线的同时，可以着手研究沿朝阳路—青年路—家园路—东坝中路修建新的地铁线路。将CBD功能区和朝阳东部的居住区以及未来重点发展的东坝功能区连接起来，一来可以进一步提高从东部居住区进入CBD的便捷性，缓解目前6号线和1号线的压力，缓解姚家园路和朝阳北路以及朝阳路的拥堵状况。二来也可以促进CBD的东扩，加快CBD中心区的功能疏解。

参考文献

秦萧、甄峰、熊丽芳、朱寿佳：《大数据时代城市空间行为研究方法》，《地理科学进展》2013年第9期。

杨振山、龙瀛：《大数据对人文—经济地理学研究的促进与局限》，《地理科学进展》2015年第4期。

龙瀛、茅明睿、毛其智等：《大数据时代的精细化城市模拟：方法、数据和案例》，《人文地理》2014年第3期。

王波、甄峰、席广亮等：《基于微博用户关系的网络信息地理研究：以新浪微博为例》，《地理研究》2013年第2期。

甄峰、王波、陈映雪等：《基于网络社会空间的中国城市网络特征：以新浪微博为例》，《地理学报》2012年第8期。

秦萧、甄峰、朱寿佳等：《基于网络口碑度的南京城区餐饮业空间分布格局研究——以大众点评网为例》，《地理科学》2014年第7期。

王波、甄峰、张浩：《基于签到数据的城市活动时空动态变化及区划研究》，《地理科学》2015年第2期。

B.13
郑东新区 CBD 创新智慧发展实践

周军营　张 杰*

摘　要： 智慧管理创新城市建设。本文叙述了郑东新区 CBD 近年来创新智慧的快速发展历程。该 CBD 建设自 2000 年城市规划设计所创新发展的城市功能单元，通过政府主导，一方面坚持创新智慧发展理念，推动基础设施建设、开发打造商务地标、持续推动产业集聚、加快商务要素布局、提供创新发展平台；另一方面创新发展实践，在生态系统、地下管廊、智慧交通等智慧城市建设方面初步形成了智慧城市发展格局和商务产业发展布局。未来目标是逐步建成具有中原特色的国际中央商务区。

关键词： 郑东新区 CBD　创新智慧管理　智慧城市建设　商务功能布局

2017 年 1 月《关于支持郑州建设国家中心城市的指导意见》明确提出郑州市"要努力建设具有创新活力、人文魅力、生态智慧、开放包容的国家中心城市"，"加快郑东新区金融集聚核心功能区平台发展"[①]。

---

* 周军营，河南省郑东新区党工委委员、管委会副主任、中央商务区管委会主任；张杰，首都经济贸易大学教授、城市经济与公共管理学院副院长、北京 CBD 发展研究基地研究室主任。

① 国家发展改革委：《国家发展改革委关于支持郑州建设国家中心城市的复函》，发改规划〔2017〕154 号，2017 年 1 月 22 日，http://www.sdpc.gov.cn/zcfb/zcfbtz/201701/t20170125_836754.html。

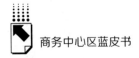

郑东新区中央商务区（以下简称"郑东新区 CBD"）是郑东新区的核心区，也是金融集聚核心功能区的主要载体。自 2013 年成立以来，以建设国际化区域金融中心为宗旨，郑东新区 CBD 主要推进两件大事：一是在政府主导下加强基础设施建设，不断创新、发展智慧城市；二是以金融业发展为龙头，持续引进企业总部，不断集聚交易结算、电子商务和中介咨询服务业。

截至 2016 年底，累计入驻企业 1 万余家，每平方公里税收达到 14.3 亿元[①]。由于城市建设和产业发展成绩突出，被评为"中部地区最具潜力的CBD""河南省十强商务中心区"，并获得了第十二届北京国际金融博览会"最具投资价值地区奖"。

郑东新区 CBD 的快速发展，既有我国经济发展的动因，也有自身智慧创新的实践因素。突飞猛进的发展历程和熠熠闪光的称号荣誉，既凸显郑东新区 CBD 卓有成效的发展历程，也印证着它在智慧管理、智慧建设、智慧定位等方面的三维创新智慧实践。如图 1 所示，下面本文将分析郑东 CBD建城初始和逐渐发展的智慧管理、介绍基础设施逐步完善的智慧建设、阐述未来发展的智慧拓展方向。

图 1　郑东新区 CBD 创新智慧实践三维示意

一　郑东新区 CBD 创新智慧管理

郑东新区 CBD 经河南省发展和改革委员会规划、郑州市机构编制委员

---

① 资料来源：郑州市郑东新区管理委员会。

会办公室批复，于2013年3月29日设立，由商务外环路、如意东路、龙湖金融中心外环路、如意西路围合成"如意形"区域，规划面积7.1平方公里。总体空间布局为"两环一带"，由CBD、龙湖金融岛南北两个环形建筑群和贯通其间的如意运河组成（见图2）。郑东新区CBD自2000年发展肇始，紧扣创新智慧的发展理念，开始了智慧管理的创新历程。

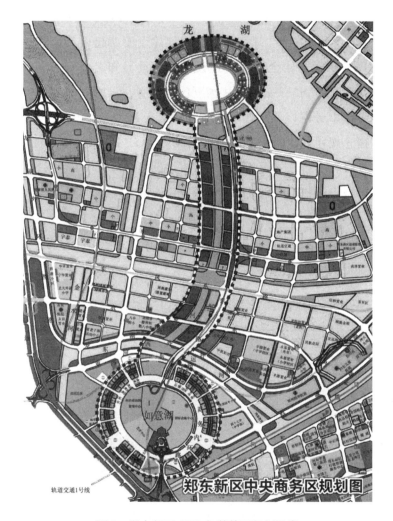

图2 郑东新区 CBD 智慧管理规划示意

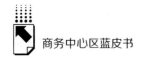

（一）顶层设计智慧城市，创新发展功能单元

郑东新区 CBD 的创新智慧，始于 2000 年的城市规划设计与顶层制度安排。

郑东新区 CBD 智慧城市建设的长远发展，首先得益于地方行政官员的努力推进和前瞻考虑。2000 年 9 月，时任河南省省长李克强提出"要加快开发郑东新区"，并强调"郑东新区的规划建设要高起点、大手笔"。2001 年 8 月，郑东新区开始全球征集建设方案。世界知名设计公司澳大利亚 COX 集团、美国 SASAKI 公司、法国夏氏事务所、新加坡 PWD 集团、日本黑川纪章设计事务所以及中国城市规划设计院纷纷参与角逐。2011 年底，黑川纪章概念规划方案最终入围胜出。

该规划吸收了当时国际上最新的城市建设思想，引入了生态城市、共生城市、环形城市、新陈代谢城市、地域文化城市等先进理念。设计方案巧妙地结合了自然界的新陈代谢规律和中国的文化传承，将九宫格、CBD 设计的"如意形"、绿地和水系有机结合，旨在建设一个具有生命力、智慧创新能力和持续发展活力的城市功能单元。

（二）制度安排创新管理，高品质打造城市名片

郑东新区 CBD 通过规划这一"红线"制度来执行既定方案，并通过基础设施建设和整体开发等方式，创新发展智慧城市。

首先，地方政府通过立法严格保障规划实施。在郑东新区规划之初，时任省长李克强即提出城市规划方案形成后应"一张蓝图绘到底"。无论哪一届行政人员，都应该依据既定规划进行 CBD 城市建设。为严格执行城市建设规划，郑州市人大常委会还就此专题通过决议，以地方法规的形式确认郑东新区规划方案，并报国务院备案。用法律界定城市建设规划的做法，在我国其他地方尚无先例，可谓开创了城市规划建设的先河。此后，河南省及郑州市历任班子也确实严守规划红线，前赴后继、一以贯之地推进郑东新区 CBD 的建设。

其次，由政府主导来推动基础设施建设。虽然有了顶层规划和法律保障，但当时郑东新区初建，包括基础设施在内的各项条件都十分匮乏。"下雨天，我们带客商前来参观，来的时候那条土路还能走，回去的时候已经过不去车了[①]。"郑东新区 CBD 结合国情市情，推行土地滚动开发和连续发展，并辅之以财政担保、土地抵押，通过融资进行城市基础设施建设。截至2016 年底共建成道路 42.4 公里；铺设了水、电、气、暖等城市设施；建成桥梁 15 座、变电站 2 个、停车场 6 个，全面建成了区域交通路网，为智慧城市建设打下了坚实基础。

最后，整体开发建设商务地标。郑东新区"两环一带"中，龙湖金融岛作为地标进行规划建设。郑东新区通过引入社会资本整体设计、整体开发，不断提升城市建设的品质和速度。目前，该岛内环 13 栋楼宇已经封顶，2017 年底具备使用条件，除 4 栋楼宇由地方安排自主持有，其余 9 栋楼宇已全部确定入驻单位；外环也正在进行方案设计优化，计划采取整体开发模式建设智慧城区。

出于对郑东新区出色规划和区域优势的研判，绿地、绿城、顺驰等国内一线开发商相继到郑东新区 CBD 投资开发。一线开发商的品牌影响力和建成楼宇的示范效应，逐步引导更多社会资本流入郑东新区。郑东新区 CBD 智慧城市建设正渐入佳境。

（三）持续推动产业集聚，加快商务要素布局

2011 年《国务院关于支持河南省加快建设中原经济区的指导意见》（国发〔2011〕32 号）明确提出"加快推进郑东新区金融集聚核心功能区建设，适时申请开展电子商务国际结算业务"[②]，对郑东新区 CBD 的城市产业发展和创新智慧建设提出了明确要求。

---

① 张庆宁：《中国最大鬼城逆袭　黑川纪章设计郑州新城区蓝图》，《齐鲁晚报网》，2015 年 3 月 2 日，http：//www. dzwww. com/xinwen/shehuixinwen/201503/t20150302_ 11963556. htm。

② 国务院：《国务院关于支持河南省加快建设中原经济区的指导意见》，国发〔2011〕32 号，http：//www. gov. cn/zwgk/2011 - 10/07/content_ 1963574. htm，2011 年 9 月 28 日。

图3 郑东新区CBD智慧城市建设现状

围绕建设金融集聚核心功能区的总体目标，郑东新区CBD定位于建设金融服务改革创新试验区、中原经济区金融集聚区和总部经济中心、高端商务商业中心、综合会展中心，着力打造以金融业为主导，企业总部、中介咨询、交易结算、研发中心和电子商务等高端服务业集聚为特征的区域综合商务服务平台。

2016年，中央商务区累计新增企业1317家，目前共有各类市场主体11378家，其中规模以上企业达209家；各类金融机构共计193家。目前，"中原系"金融行业6家企业已全部入驻园区；12家全国性股份制银行集体入驻；引进戴德梁行、安永等中介机构327家，涉及会计、法律、咨询、设计等各个领域；累计共49家世界500强、68家国内500强企业在中央商务区设立区域性总部或分支机构，69家各类上市企业聚集，郑东新区中央商务区总部经济发展规模基本形成①。

（四）政务服务优质高效，提供创新发展平台

郑东新区CBD的发展离不开地方政府创新性、专题性、持续性的运行

---

① 资料来源：郑州市郑东新区管理委员会。

与管理机制。

为适应中央商务区建设发展需要，2016 年，中央商务区运行机制进行了优化调整，进一步强化了中央商务区在发展规划与实施、经济统计与分析、产业引进与集聚、项目建设与服务、发展环境打造与优化等六大方面的责任。在全新的运行机制下，郑东新区 CBD 管委会紧抓以下具体工作，为 CBD 的创新前进提供坚实的发展平台。

1. 科学编制商务区发展规划

按照市政府、管委会相关要求，委托首都经济贸易大学（北京 CBD 发展研究基地）结合郑东新区 CBD 发展实际，先后编制完成《郑东新区中央商务区"十三五"发展规划》和《郑东新区中央商务区三年行动计划（2016～2018 年）》，为长远科学发展提供指导。

2. 开辟政务服务绿色通道

设立经济综合服务中心，为入驻辖区企业提供咨询、招商引资、注册、办证一条龙服务。

3. 积极推动楼宇品质提升

通过深入推进星级楼宇评定、完善楼宇配套服务、创建"物业沙龙"等专项活动推动郑东新区 CBD 楼宇经济健康、持续发展。

深入推进星级楼宇评定。出台《郑东新区中央商务区星级商务楼宇评定办法》，开展商务楼宇星级评定工作。首批评定出四星级商务楼宇 3 栋，三星级商务楼宇 3 栋，并对授牌楼宇发放奖励资金。提升楼宇物业管理服务档次，提升楼宇智能化、便利化水平。

完善楼宇配套服务。围绕楼宇企业员工"就餐有序，购物就近，休闲有地"，完善楼宇的"自我配套"。2017 年计划新增楼宇配餐点 16 处，力争使便民服务点和门店累计达 240 处，满足 7 万人的生活需求。

创建"物业沙龙"。将园区商务楼宇的物业人员与楼宇专管员、物业经营方与中央商务区有机统一起来，实现楼宇的使用信息、入驻企业信息等资源动态共享，为园区的二次招商提供翔实有力的数据支撑，也为商务楼宇自身的软、硬件升级改造带来良性循环的驱动力。

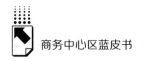

4. 深入培育要素市场

一方面，支持郑商所加大期货品种和工具创新，争取新培育交易品种；积极协助郑商所做好推出期权交易的各项准备工作，助推其逐步实现向国际化、综合性交易所转变。另一方面，加强保险产品服务创新。鼓励保险公司借助互联网消费产生新的保险需求而不断推出新产品；鼓励自建平台及与第三方平台合作，建立保险营销方式。

5. 优化区域经济服务支撑

积极引进各类金融、商贸行业协会、自律公会等行业自律组织。充分发挥各类行业自律组织在资源引进、集聚方面的平台作用，推动园区产业发展和环境建设。

做好会计师事务所、律师事务所等专业服务业的培育工作，为金融业、商贸业等发展提供法律、财务、数据分析、资产评估、信用评级、业务外包、征信、金融仓储等必不可少的专业服务，构建完善的经济发展链条。

二 郑东新区 CBD 创新智慧建设

郑东新区 CBD 在生态系统、地下管廊、智慧交通等方面，坚持对接最新的城市建设技术与理念，初步形成以城市建设绿色智能化、生活方式绿色低碳化、资源利用集约化为特征的绿色发展格局。

（一）系统构建生态城市

按照打造全国最生态宜居的城区的目标，郑东新区从规划建设之初就注重生态保护和构建生态城市。通过引入生物圈概念，结合鱼塘遍布、地下水位高的地理条件，规划了兼具水利、生态和景观功能的龙湖，形成以龙湖为核心的龙湖生物圈；以道路、水域为载体，构建多样化、多层次的生态回廊。

构建生态城市的基础性工作就是持续推进自然生态建设。郑东新区CBD 按照全区一体的生态理念，布局构建生态公园、水系、河渠水网和生态廊道共同构成的生态环境体系。目前，CBD 对区域内金水河等河渠进行整治，先后开挖如意湖（160亩）、龙湖（8400亩）、象湖（15.4亩）和龙子湖（18.1亩），修建了100米宽的如意河和昆丽河，修治河渠总长度近30公里，为园区发展注入了水系灵性。同时，注重功能区绿化建设，区域绿化面积超过200万平方米，绿化率近51%[①]。

在此基础上，郑东新区 CBD 秉承"生态城市""新陈代谢城市"等理念，吸收"海绵城市"等思想，瞄准国际一流，高标准规划、高水平建设，全力打造具有国际水准的生态城市。借鉴西方现代城市建设经验，跟踪融入低影响开发（LID）和通过雨水利用等措施实现可持续水循环。根据全市气候特点，利用新型雨水收集材料 PP 模块蓄水装置用于绿化灌溉，打造可持续的绿色自然生态景观。由于工作得力、成效显著，2016年龙湖区域的海绵城市建设顺利纳入河南省试点，进一步推进了郑东新区 CBD 创新智慧城市建设。

图4　郑东新区 CBD 生态城市建设现状

（二）智慧创新市政建设

郑东新区 CBD 在市政设施建设方面的智慧创新，主要体现在综合管廊

---

① 资料来源：郑州市郑东新区管理委员会。

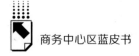

铺设、七维路网建设、绿色智慧交通系统等方面。龙湖金融岛市政规划建设创新引入综合管廊、七维立体综合交通系统，也是郑东新区CBD构建智慧城市的精彩之笔。

龙湖金融岛综合管廊工程是河南省内最早开工建设的综合管廊工程。管廊总长4842米。其中，干线管廊总长度约3.3公里，主要收容电力、通信、给水、区域集中供冷供热管五种管线，并保留了部分增容空间；支线综合管廊呈放射状布置，全长1.5公里，与进入各地块的连接车道一体化构建。整个工程实施统一规划、设计、施工和维护，避免了铺设、维修地下管线对交通和出行的干扰。

开创性打造七维路网。郑东新区CBD以绿色、节能、环保为设计规划理念，统筹布设地铁交通体系、轻轨交通体系、公共交通体系、水上交通体系、汽车交通体系、PRT个人快速交通体系、慢行交通系统。七维立体交通体系使岛内到岛外，以及岛内各建筑之间便捷通达，诠释"水陆通衢""生态出行"的交通概念。

图5　郑东新区CBD智慧城市七维立体交通示意

建设绿色智慧交通系统。科学规划布置大型公共停车场，在全市智慧城市建设规划指导下，不断完善智能引导系统，争做郑州市智慧交通建设示范区；建设城市公共自行车租用系统，郑州首批公共自行车在郑东新区 CBD 投放，一期项目覆盖如意湖 CBD 区域，建设站点 32 个，投放公共自行车1000 辆，解决交通"最后一公里"问题；开设三条微公交线路，实现停车场和办公楼宇间的无缝对接。

三 郑东新区 CBD 创新智慧布局

郑东新区 CBD 创新发展智慧城市，既要考虑项目推进、环境优化、管理完善等内部发展要素，更要基于全球动态、中国经济、河南发展等宏观要素，依托智慧发展来进行创新智慧谋划，通过创新功能定位和产业发展来持续推进中央商务区的健康发展。

"十三五"时期，郑东新区 CBD 将紧紧围绕国家关于郑州市建设国家中心城市的发展定位，建设金融集聚核心功能区、中原总部经济区、"一带一路"服贸区①，走出城市创新和智慧发展的新未来。

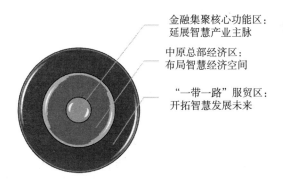

金融集聚核心功能区：
延展智慧产业主脉

中原总部经济区：
布局智慧经济空间

"一带一路"服贸区：
开拓智慧发展未来

图 6 郑东新区 CBD 创新智慧拓展层次示意

---

① 郑东新区管理委员会：《郑东新区中央商务区"十三五"发展规划》《郑东新区中央商务区三年行动计划（2016～2018 年)》，2016。

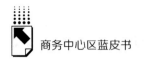

（一）延展智慧产业主脉，建设国际化区域金融中心

郑东新区 CBD 的创新发展，是智慧城市硬件环境建设和产业发展软环境提升二者之间的相互作用、相互推进，共同提升。产业发展是智慧城市创新发展的源泉和动力。

对于 CBD 来说，智慧产业发展的主脉就是金融产业。面对当前经济全球化、信息全球化、网络全球化的发展态势，郑东新区 CBD 提出通过五个方面的努力来建设国际化区域金融中心，为进一步的智慧城市建设奠定了国际化的发展基点。

（1）完善金融机构体系。厘清政府和市场关系与边界，推动设立民营银行、寿险公司，努力引进金融租赁、融资租赁、消费金融、商业保理等新兴持牌类金融机构，服务"中原系"金融机构发展，不断壮大法人机构的规模，进一步提升金融机构的集聚度和辐射力。

（2）加快要素市场培育。支持郑商所加大期货品种和工具创新。推进钢铁、农资、贵金属、矿产品等交易所组建。聚焦产权、股权、债权、碳排放权交易，建设一批具有国际国内影响力的新型要素市场。

（3）推进建设资本市场。围绕东区优势产业集群和"双创"发展，鼓励各类企业利用境内外多层次资本市场上市、挂牌和再融资。促进创业投资和产业投资基金发展，探索发展基于互联网和大数据的股权众筹融资平台。

（4）推动金融开放创新。主动融入丝绸之路经济带建设，吸引沿线主要外资金融机构进驻。鼓励有条件的金融机构"走出去"拓展国际市场。

（5）优化金融生态环境。加强与国内外权威研究机构的产学研对接，开展专业园区建设经营管理、国际金融机构和项目招商方面的深度合作。继续利用国际期货论坛、"一带一路"金融论坛等平台，建设金融广场、金融博物馆，增强郑东新区金融业发展的"软实力"。

（二）布局智慧经济空间，建设中原总部经济区

中央商务区内的经济形态主要表现为企业的高度集聚，尤其是跨国公

司、总部机构等总部企业的链条性、规模化、生态式集聚发展，为智慧城市建设与创新充实活力和发展空间。

郑东新区 CBD 审时度势，立足中原，提出了建设中原总部经济区的明确目标，希望紧抓我国东部地区产业向中西部地区转移、"一带一路"国家战略实施、国家中心城市建设等重大机遇，不断完善配套总部服务功能，不断吸引国际总部高端人才、国内外区域总部入驻，建设服务中原、链接世界的总部经济基地。

建设总部经济区，就需要持续开展总部项目招商活动。以国内外 500 强、跨国公司区域性或功能性总部为目标，增强承接国际贸易和国内外产业转移的竞争力，吸引更多跨国公司在 CBD 设立区域性总部和功能性总部，力争 2020 年入区世界 500 强突破 60 家，国内 500 强突破 80 家。

发展总部经济，还需要推动 CBD 业态转型升级。抢抓当前创新创业、"互联网 + 经济"发展机遇，引进培育具有带动力的龙头项目，推动 CBD 区域名车销售、餐饮娱乐等传统业态"腾笼换鸟"和转型升级，优化区域经济结构，进一步推动业态实现高端化。

（三）开拓智慧发展未来，建设"一带一路"服贸区

作为国家战略，"一带一路"为郑东新区 CBD 拓展国际商务功能提供了创新发展的广阔天地和政策引导。管委会积极跟进，适时提出了"一带一路"服贸区的全球行动计划。

积极开展国际经贸、人文、科技合作交流。持续放大"上合峰会"效应，办好中国（郑州）国际期货论坛、汉语桥—中美校长交流等重大活动，争取举办中国金融中心发展论坛，进一步提升影响力；积极对接"一带一路"国家和重要节点城市国际商务代办机构，争取在东区设立分支，并适时开展境外招商活动。

以特色楼宇为载体打造商务支撑体系。积极发展高层次会计、律师、咨询评估等专业服务，推进标志性机构进驻，打造一批特色鲜明、效益突出的品牌楼宇，强化高端产业发展支撑能力，积极对接德勤、毕马威等国际知名

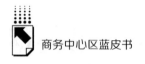
中介服务机构，力争"十三五"期间实现全球四大会计师事务所、物业管理五大行全部入驻。

积极构建相对完善的服贸体系。紧扣建设国家中心城市的发展需求，紧抓"互联网 +"发展机遇，紧跟工业时代"郑州智造 4.0"发展步伐，着眼"买全球、卖全球"发展视野和"连通境内外、辐射东中西"发展方略，在 CBD 内重点吸引境内外知名星级酒店、大型购物中心、高端精品旗舰店等辐射能力强、品牌带动力大的项目，形成以金融业为坚实支撑，以文化产业发展为联系渠道，以国际会展交流为活动形式，以国际商贸业务电子结算、跨境商贸网络交易为途径，建设"一带一路"国际服务贸易区。

参考文献

Berry BJL, et al. , The Global Economy in Transition, Second Edition. Prentice Hall International Inc, 1997.

Murphy R. E. , Vance J. E. , Delimiting the CBD. Economic Geography (30): 197 – 223. 1954.

Horwood, E. M. and Boyce, R. R. , Studies Of The Central Business District And Urban Freeway Development. Seattle, University of Washington Press, 1959.

William Alonso, Location and Land Use. Harvard University Press, 1964.

国家发展改革委：《国家发展改革委关于支持郑州建设国家中心城市的复函》，发改规划〔2017〕154 号，http://www. sdpc. gov. cn/zcfb/zcfbtz/201701/t20170125_836754. html，2017 年 1 月 22 日。

国际经验篇

International Experience

以创新的理念和智慧的模式促进 CBD 发展，已经成为国际 CBD 实现转型发展、提升核心竞争力的重要方向。本篇重点分析全球智慧城市和智慧 CBD 的发展历程、优秀案例，跟踪评价 CBD 创新发展的最新动态，深入剖析法国巴黎—萨克莱智能中央商务区、日本柏之叶智慧城市在智慧交通、智慧能源、智慧安全、智慧产业等方面的成功经验，通过全球视野助推中国 CBD 的创新智慧发展。

B.14

法国智能中央商务区：
智能化网络与知识经济

——以巴黎—萨克莱竞争力中心为例

Emmanuel Breffeil*

摘　要： 中央商务区的概念源自具有鲜明英美特点的盎格鲁—撒克逊文化，随后在美国进一步发展。近年来，"智能中央商务区"的概念应运而生。在法国，智能中央商务区通常被称为"竞争力中心"，其发展被纳入国家政策之中，享受一定的公共财政补贴和特殊的税收政策。巴黎—萨克莱作为法国最具代表性的竞争力中心，其完整的规划理念、完善的智能网络、知识经济的不断完善，为世界各地 CBD 的智能化发展提供了有益的借鉴经验。

关键词： 巴黎—萨克莱　智能中央商务区　竞争力中心

"中央商务区"的概念源自具有鲜明英美特点的盎格鲁—撒克逊文化，随后在美国进一步发展。近年来，欧洲文化不断丰富"中央商务区"的概念与内涵，关注欧洲尤其是法国理念中有关智能中央商务区（Smart CBD）的发展对全球的智慧 CBD 建设具有重要意义。

* Emmanuel Breffeil（步瑞飞），法国耐道研究中心主任、教授，主要研究方向为中国城镇化、国土发展和经济发展新模式的研究。

一 智能中央商务区（smart CBD）的概念及内涵

所谓"智能中央商务区"，旨在通过汇集各领域的专业化机构，例如，科研机构、金融机构、政府及企业等，推动创新型经济或知识经济的形成。其智能化主要涉及两方面：一是基础设施的智能化，主要包括诸如交通、能源、建筑、通信等基础设施的智能化建设，即通过汇集融合众多创新型技术，构建有利于创新与发明的生活空间、工作空间。二是人居环境的智能化，即通过智能化、相互连通的、可持续发展的城市设计与管理服务，为不同专业和领域的人们提供更加便捷、高效的沟通联系桥梁，以此来吸引富有创造性、跨学科的人才，从而推动区域的创新发展。同时，人居环境的智能化还强调创建生活与交流空间的需求，通过提供丰富的实际体验和文化活动，吸引高素质的人才参与到高水平的创造性活动之中，从而达到一定的社会平衡。

此外，中央商务区的智能化还应考虑可循环性和时效性这两个重要因素。以基础设施为例，在某一特定时代所建成并为某一代人所使用的基础设施，体现了当时的社会需求和技术期望，但是，基础设施不应只考虑当下的效能，还应考虑到其长期使用的有效性。因此，智能化的基础设施必须能够保持吸引力、竞争力，并不断实现自我更新，以适应和满足不断发展的经济社会需求。因此，在创建智能中央商务区的过程中，应充分考虑到建设施工所采用的材料和技术，以保证设施使用的时效性。

综上所述，智能中央商务区的理念反映了当前所有大城市的发展状况，即越来越倾向于将优秀人才吸引到当地，以推动创新活动和知识经济的发展。因此，智能中央商务区的核心理念超越了传统智能城市的概念，它更加强调创新环境的培育与人才的集聚，以此来提升区域的竞争力和可持续发展水平。

然而，尽管诸多城市已构建了尖端的技术网络体系，但仍有不少城市（街区）在长期发展过程中面临着竞争力不足、创新性不强、可持续发展能

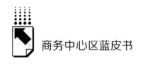

力欠缺等各类问题。这类城市（街区）在发展过程中往往忽视了人文因素，同时忽视了人才对创新性环境和高品质人文生活的需求。可持续性、创新性的技术和设施仅仅是城市发展的基础，而高效和人性化的管理服务模式、创新性的金融政策则是智能化中央商务区保持持久竞争力的重要因素。

二　法国竞争力中心的发展历程

在法国，智能中央商务区的发展被纳入强制性的国家政策之中，并已涵盖到法国的所有地区，它们通常被命名为"竞争力中心"。"竞争力中心"指在一个特定的地域范围内围绕一个专业领域目标，联合有竞争优势的科技型企业、科研单位及培训机构，并同政府部门以及金融机构保持密切联系，从而合作实施一系列的创新性经济发展项目①。巴黎的航空专业中心、特拉斯堡的"积极能源"建筑中心以及格勒诺布尔的纳米技术中心都是法国典型的竞争力中心，其本质是汇集与区域优势产业相关的"产学研"创新性资源，提升国家整体竞争力。2005年，"大众创业、万众创新"法国的新工业政策框架明确提出要从公共财政和税收制度方面促进竞争力中心的发展（Breffeil，2016）。2014年，法国政府批准认可了71个竞争力中心。具体而言，法国竞争力中心的发展大致经历了三个阶段。

第一阶段（2005～2008年）。自2005年以来，7个竞争力中心在国家优先预算的支持下发展成为具有国际规模的竞争力中心，随后，另有9个中心也接受国家优先预算支持致力于打造同等规模的竞争力中心。2006年，法国政府将竞争力中心的项目管理和公共财政职能授权给经济、工业与财政部下属的竞争力、工业与服务总局（DGCIS）。2005～2008年，法国政府共投入了15亿欧元的公共财政补贴，其中50%的资源投入到7个具有国际规模的竞争力中心。

第二阶段（2009～2012年）。在第二阶段，法国政府对全国竞争力中心

---

① http：//www.competitvite.gouv.fr.

图1 法国竞争力中心分布

的投入增加了 15 亿欧元，这些资金投入优先用于创建更多的创新性平台，同时，政府在项目融资过程中积极鼓励民营资本的参与，以便增强地方的协调能力。2010 年，全国 71 个竞争力中心共汇集了 15000 多名科研人员，资助实施的创新性合作项目达到 1000 多个。

第三阶段（2013 年至今）。在第三阶段，竞争力中心的建设更加注重中央政府与地方政府之间的协作管理，更加注重有利于创新发展的服务提供，以及提升研发项目的经济回报。同时，为了吸引更多的中小企业入驻竞争力中心，政府不断提升各项服务，包括融资便利化、改善与"天使投资人"

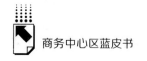
的联系、推动竞争力中心向国际市场开放等。

自 2006 年以来，位于巴黎南部郊区大约 20 公里处的地方，已经建成了一个重要的竞争力中心，它涵盖了埃松—伊夫林省（Essonne et Yvelines）的 27 个市镇。这个中心的建设期将一直持续到 2020 年，目标是在这里汇集法国全国 15% 的科研力量。

为了更好地阐述具有法国特点的智能中央商务区，本文以巴黎—萨克莱竞争力中心为例，重点介绍其开发过程及不同层次和不同领域的智能化应用。

三 巴黎—萨克莱智能中央商务区的开发

萨克莱高原位于法国巴黎西南部 30 公里处，这里很早便开始建立起一些大学和高等专业学院，其中包括 1967 年创建的著名的法国巴黎综合理工大学（Ecole Polytechnique）。从那时起，这一地区就形成了将科研工作与生活品质融为一体的特点，大型阶梯教室、科研实验室、马术俱乐部、高尔夫球场等设施的相继建成为这一地区的人们提供了优良的科研条件与生活环境。在随后的几十年中，这一核心地区陆续建成了其他一些高等专业学院，例如，2012 年成立的法国国立高等尖端技术学院（Ecole Nationale SupéRieure de Techniques Avancées），以及目前正在建设中、计划于 2019 年建成的法国巴黎高科农业学院（Agro Paris Tech），其官方名称为法国国立生命与环境工程学院，它将汇集数个高等专业学院以及法国农业科学研究院（Institut National Agronomique）。此外，包括凡尔赛—伊夫林圣康坦大学（Université de Versailles Saint Quentin en Yvelines）在内的一些综合性大学也将入驻这个中心。凡尔赛—伊夫林圣康坦大学可容纳 19000 名学生，由 34 个科研单位构成，其中 11 个属于和法国国家科学研究院（CNRS）共建的联合研究室，这些科研单位几乎涵盖了从自然科学到社会人文科学所有的领域及分支，将为萨克莱竞争力中心的发展带来持续、雄厚的创新力量。

实际上，早在 20 世纪 60 年代，一些大型企业及机构就开始入驻萨克莱地区，包括成立于 1966 年的标致—雪铁龙技术中心（Centre technique Peugeot Citroën）、法国液化空气公司（Air liquide）、诺基亚公司（Nokia）和赛诺菲公司（Sanofi）等。1990～2000 年，众多大型企业纷纷在萨克莱地区建立了研发中心，包括达能集团（Danone）、卡夫食品公司（Kraft Foods）和法国电力集团（EDF）等。与此同时，众多跨国公司将其公司总部设立于此，如尼桑汽车（Nissan）、菲亚特汽车（Fiat）、梅赛德斯汽车（Mercedes）、大众汽车（BMW）、沃尔沃汽车（Volvo）、爱立信公司（Ericson）、SFR 电信公司、西门子公司（Siemens）、甲骨文公司（Oracle）等。

2000 年之后，萨克莱地区在政府的支持下进入了快速发展时期。2006 年，萨克莱地区先后建成了法国国家科学研究院数位实验楼群（DIGITEO）和"物理三角基金会"（Triangle de la Physique），同时兴建了脑成像研究中心（Neuro Spin），并于 2010 年正式建成，该研究中心的实验室总面积达 11000 平方米，拥有 150 位科研人员，主要从事大脑与神经系统疾病的研究，例如阿尔茨海默病和帕金森综合征。目前，该中心拥有全世界最先进的核磁共振设施（IRM）。2008 年，由两个孵化器公司合并而成的孵化器中心（Incub Alliance）入驻萨克莱，随后这个孵化器中心受到法国政府高等教育与科研部的支持，于 2013 年成为巴黎大区（Île-de-France）最大的科技孵化器机构。

2010 年，萨克莱高原已成为全欧洲汇集最多科研单位和研发中心的地区之一。位于这里的法国巴黎—萨克莱大学（Université Paris-Saclay）所发表的科研论文数量，可以和美国斯坦福大学以及马萨诸塞理工学院比肩而立，不仅如此，巴黎—萨克莱大学在科研人员数量方面还超过了上述两所高校，截至 2009 年，斯坦福大学共有 1900 位科研人员，马萨诸塞理工学院共有 4500 人，而巴黎—萨克莱大学则拥有 9200 位科研人，随着 2020 年萨克莱大学的完全建成，其科研人员数量将达到 12000 人。

按最初的计划，巴黎—萨克莱竞争力中心的占地面积将达到 562 公顷，建筑面积则为 171.4 万平方米，其中包括 55 万平方米的高等教学设施以及研究单位，56 万平方米的企业建筑物，36 万平方米的家庭住宅和 15.8 万平方米的学生宿舍，此外，还有 8.6 万平方米的社区服务、商业以及公共设

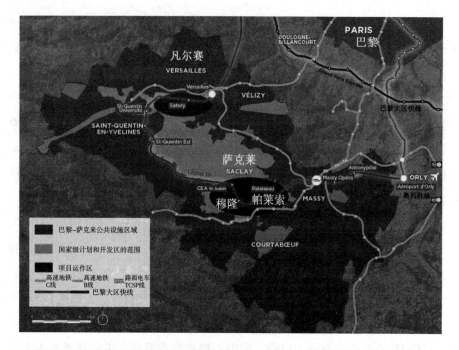

图2　巴黎—萨克莱竞争力中心及其主要园区的范围

施。整个中心共划分为三个核心部分（如图2中黑色圆圈范围所示）：其中以位于帕莱索市（Palaiseau）的巴黎综合理工大学为中心的"城市规划商定发展区"（ZAC）① 和"穆隆（Moulon）城市规划商定发展区"是竞争力中心的核心构成部分，这两个区域在萨克莱高原上通过高速地铁和电车相互连接；高等教学区域则吸引了包括中央理工学院（École centrale）、巴黎高科电信学院（Télécom Paris Tech）等在内的各类高等专业学院。2014年6月27日，在凡尔赛（Versailles）的萨托里（Satory）又设立了第三个"城市规划商定发展区"，该项目拟使用23万平方米的面积用于3000套住宅和工业建筑的建设，建设用地将由政府无偿供给。项目总造价预计达到数十亿欧元，其中法国政府高等教育与科研部将投入15亿欧元，其他各个参与方

---

① 城市规划商定发展区（ZAC）为法国城市空间治理的公共计划区域，即市民充分参与项目的论证立项及规划实施的全过程，与政府单位和项目实施方共同决定区域建设的各项措施。

（包括大学与高等学院）将投入 5 亿欧元，此外，还将增加 28 亿欧元至 30 亿欧元用于发展交通网络。

尽管从 20 世纪 60 年代开始，萨克莱地区就已经有一些大学、科研单位和企业入驻，但直到 2006 年 3 月 6 日，该地区才在政府的支持下正式推出了一项地区性的发展计划，即在一个 700 公顷的地区内于 2020 年建成总建筑面积达 130 多万平方米的教学、办公和住宅设施，该项目是由"地区治理与竞争力部际联席会议"（CIACT）批准通过的国家级项目计划（OIN），由此也确定了在萨克莱地区创建科学技术中心的发展愿景，该计划同时受到巴黎大区发展计划的支持，巴黎大区快线交通网络将为这一区域提供绿线服务。此外，为进一步保障萨克莱地区国家级项目计划的顺利实施，法国政府于 2010 年成立了"巴黎—萨克莱公共机构"，该机构主要负责监督计划的实施以及区域的经济发展，并于 2015 年时更名为"巴黎—萨克莱公共治理机构"。

四 智能设施网络：交通、能源与环境保护

一个地区的智能化发展包含技术实施、应用搭建、管理提升等多个层次。采用信息技术、大数据、物联网等新一代信息技术不断应对城市发展中的各类变化和新问题，提升城市的可持续发展水平，尤其是降低能源消耗与污染程度，是智能化的第一个层次。智能化的第二个层次则在于借助信息化手段为民众的公共生活提供更多便利性和更多的新型服务，例如，共享单车和共享汽车的普及大大提升了居民的出行条件。因此，智能的中央商务区能够鼓励居民改变自己的出行行为、能源利用方式和废弃物处理模式等习惯，从而提供一种更加可持续发展的生活方式（Khansari & al, 2013）。

（一）智能交通网络

巴黎—萨克莱竞争力中心拥有便捷、高效的智能交通系统，尤其是位于萨克莱高原的项目核心区域具有多种不同的交通方式。其中，地铁 18 号线是这一区域最主要的交通方式，它共包括 11 个站点，同时可通往奥利机场

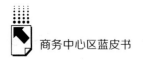
（Orly）。巴黎大区高速地铁（RER）B线的更新和优化则为该区域提供了更加便捷、高效的出行服务。为了进一步提高南部地区的通达性，项目核心区域还建设了优质公共汽车服务网络（BHNS），公共汽车服务网络的建设费用不仅远低于地铁系统，其布局也更加灵活方便，还可以为行动不便的残障人士提供更加贴心舒适的服务。此外，萨克莱地区及其邻近的市镇还建成了专用的自行车道，方便居民骑行。

（二）智能能源体系

在能源体系建设方面，为了使竞争力中心成为"积极能源"地区，"巴黎—萨克莱公共治理机构"决定充分利用地热系统，即借助位于地下700米深的两个"双偶热源"网络进行供热，热源生成方式则包括集中地热供暖和局部热泵供暖。该地热系统汲取输出的水温可达到28℃，足以满足一个温水循环系统的需求，而温水循环系统又可供5个不同的、单体面积为20万平方米的建筑群使用。这一网络系统是双向的，它可以回收现有科研设备以及数据中心的自生热源，然后再将这些热源供应给其他建筑物。目前，地热系统已安装供应的总热源为37兆瓦，制冷量达到10兆瓦。此外，这一大规模的温水循环系统还可以作为热源存储设备使用。

初始阶段，萨克莱的这种地热网络系统可再生能源使用率将达到62%，其余部分则用燃气锅炉加以补充。未来，还可以将甲烷气体生产单元或生物质供暖系统等其他形式的可再生能源加入到网络中。这一网络的总长度为14公里，由一个智能系统进行控制，该智能系统主要由一个能源、供热和电力的光纤管理网络构成，系统可以实时显示各个建筑物的需求，然后将需求信息传输到控制平台，由平台对整个网络系统的分布进行适应温度的调节，最后对各个建筑物的需求进行优化（去除与回收），并对各个能源生产中心进行控制管理。例如，教学楼宇的供暖需求从晚上6点起开始减少或基本处于空闲状态，而此时住宅的供暖需求却是增加的，因此，通过系统控制可以降低或暂停对教学楼宇的供暖而增加住宅楼宇的供暖量。基于预期需求对各类建筑楼宇的供暖进行实时控制和再分配，可以比传统的供暖设施节省

5% 至 15% 的能源。此外，很多建筑安装了太阳能光伏电池板或小型风电机，所使用的能源中有 30% 来源于可再生能源，这些建筑也被评为"高环境品质"（HQE）[①] 建筑。

（三）环境保护

巴黎—萨克莱竞争力中心非常重视环境的保护与治理。2010 年，巴黎大区在萨克莱高原地区建立了一个自然、农业与森林保护区，旨在保护某些农业和森林种群，该保护区内禁止任何的建设开发活动。2013 年，保护区的农业耕种面积达到 2469 公顷，还有 1646 公顷的面积为森林、河流和自然空间。为了保护稀有动植物种群，保护区实施了一系列保护项目，包括建设水塘供两栖类动物生活，引进新的植物种群等。

除技术层面的问题外，智能城市的建设过程还涉及对各参与方的动态评估和战略调整，智能城市的建设更是一个涉及区域治理和长期发展战略的工程。因此，为了保证近期计划和长远目标的实现，法国的地方政府在智能中央商务区的建设中一直处于战略主导地位。

由此可见，智能中央商务区应当具备引导居民开展可持续发展实践的条件，例如，减少能源消耗、促进垃圾回收、提升资源利用效率、选择绿色出行等。同时，智能中央商务区还是一个汇聚人类智慧的区域，可以满足高素质人才和创新者的各类需求，使区域迸发出创新和活力。

五 智能中央商务区与知识经济

知识经济在智能中央商务区的发展当中具有重要的意义。1973 年，美国无形资本市场（教育与培训，移动性与研究开发）的规模已经超过有形资本市场的规模（Kendrick，1994）。随后，经济合作与发展组织（OCDE）

[①] HQE 是法国高环境品质评估体系（High Environmental Quality），致力于指导建筑行业在实现室内外舒适健康的基础上将建筑活动对环境的影响最小化。

成员国的知识产业持续扩展，大约在1985年前后，超过了其国民生产总值的50%，最终出现了高素质就业者快速增长的趋势。法国同样也经历了一个知识产业快速增长的时期，目前已超过了基础服务业的发展。知识经济的进步推动着企业快速发展，不断提升企业内部的创新能力。随着企业和社会对创新项目的投入不断增加，知识经济进入了蓬勃发展时期。总体来看，知识经济不仅带来知识密集型产业的增长，同时促进经济总体的不断增长（Bouchez，2014）。

智能中心的目的在于形成创新与合作的良好条件和激励机制。智能中心聚集着相关领域的各种参与方，各参与方与机构之间在长期发展中形成了紧密的竞争与合作关系，这种竞合关系不断催生出各种创新活动。不同的竞争中心之间也存在着类似关系，从而建立起彼此之间的合作联系，进而在更大范围、更多领域进行创新活动。在这两种情况下，知识领域的密集活动在竞争中心中重新组合，从而产生创新活动。因此，无论这个中心是同一领域的还是跨领域的，它的本质就在于能够将诸如大学、科研单位、企业、投资方等分属不同领域但彼此互补的参与方汇集到一起，构建一种全新的经济社会组织关系，并促使它们将各类创新活动具体而真实地呈现给社会。

知识经济发展过程中面临着一个普遍问题，即投资方仍保持着较为强势的主导地位，它们通过与大学合作，携手创立研发中心，甚至组建创业公司，并且过度地关注财务盈利情况而非整个区域的长期发展，因此，这是一种不平衡的关系，更不利于知识的传播与创新（Breffeil，2014）。因此，在知识经济的发展过程中政府所扮演的角色具有举足轻重的作用，它需要作为主导方来协调各个不同参与方之间的互动关系，以使创新活动服务于智能化，从而通过其政治影响力提升这一地区及其居民的整体利益。

实际上，巴黎—萨克莱竞争力中心是一个集群形态，2017年，该竞争力中心的范围已包含4个城市群、涵盖49个市镇。巴黎—萨克莱竞争力中心提供了一个融合程度很高的跨学科研究空间，其空间形态、内部组织、机制保障都有利于来自四面八方的各种人才之间的来往与交流。目前，这一中心汇集了65.7万名居民，37万个就业岗位，其占地面积相当于巴黎市区的 3 倍，集中了全法国 15% 的科研力量，接纳了来自国外的众多教师、科研人员及学生，形成了多学科的国际化氛围，该区域已成为紧随巴黎之后位居第二的科研中心。其中，萨克莱高原—穆隆（Moulon）汇集了 23 个科研单位和高等学校，由巴黎—萨克莱园区科技合作基金会（Fondation Coopération Scientifique Campus Paris-Saclay）指导，这不仅可以保证园区贯彻实施统一的科研与创新战略规划，并且可以很好地实施联合项目计划的需求。

图 3　萨克莱高原—穆隆（Moulon）园区

然而，如果一个竞争力中心仅仅局限于技术研究的话，那么往往会高高在上，不接地气，无法面对当代社会的各类挑战。因此，竞争力中心的建设初衷注重将自然科学与社会科学结合起来，并逐渐意识到科学技术进步的中心任务不是损害人类生活和社会结构，而是积极地改善和调整它们。这就是为什么巴黎—萨克莱园区提供了一个极其多样化和多学科的环境氛围，它涵盖了各个不同的专业领域，包含生物医药、环境学、信息科学、法律与政治学、社会与人文科学、农业与食品工程等。同时，该园区秉持促进科研与经济协同发展的方针，通过孵化器、人才苗圃、企业之家、商务中心等专业组织机构来促进科研成果的转化、创新的实施。

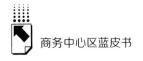

　　同时，巴黎—萨克莱园区的城市规划、建筑设计还为小型城市规划提供了可资借鉴的范本，它将城市空间、生态空间和农业空间和谐地融合在一个由山丘和河谷地带所构成的区域内，区域内的高等学校、科研单位、居民住宅、文化空间、交通网络等高度融合而非彼此隔绝，很好地满足了各类人群的工作、居住和生活需求（见图3）。

　　此外，互惠原则在巴黎—萨克莱的发展当中起到十分重要的作用，在长期的发展中逐渐建立了一套完整的设施互惠共享机制，这里的邻里关系是一种协同合作的模式，由当地共存发展到一种交流融合的状态，这保证了无论是学生还是科研人员或者是居民，都能够享有高品质的生活，从而营造出了最佳的社会融合氛围。该项目的所有参与方都十分重视协同发展的问题，都尽可能地将各种设施最大限度地开放及互惠共享，尤其是发挥主导作用的"巴黎—萨克莱园区科技合作基金会"和地方政府，更加注重设施的开放及共享。目前，互惠的理念已融入园区工作与生活的方方面面，包括各类会议设施、信息化设施、餐饮设施、体育文化设施等，都是面向大众开放、共享共用的。园区内的"学习中心"和"生活中心"就是互惠共享的典范。其中，科研机构和学校的"生活中心"占地约2000平方米，由餐厅、咖啡馆及一些体育设施等服务设施构成，同时这些服务设施与周边的生活街区充分共享，方便地为街区居民提供学校和社团组织，而企业的员工也可以就近方便地送孩子们到托儿所。"学习中心"既是资料档案中心，又是学习的场所、集体活动的地方。如高等师范学院和巴黎—萨克莱大学所收藏的图书资料都集中于一个文献中心，供大众查询资料和阅读文献。目前，还正在建设一个面积为1200多平方米的共享项目，它将提供30多个教室、会议室以及一个公共开放空间，以使巴黎—萨克莱大学的学生、教师、科研人员和企业家能够在这里举行会议、策划项目、交流经验等，同时，还可以举办各类大众媒体活动、讲座和论坛等。此外，这个在建项目将为所有访客提供一个友好舒适的学习交流场所，包括一个大型阶梯教室、一个休闲空间、一个小酒馆和一个开放庭院。这个"学习中心"所拥有的各类服务设施可以供1000多人使用。

　　智能中央商务区的核心理念在于为人们创建一个具有良好通达性、创新性、共享性的氛围和环境的环境，它既有利于激发个体的创造性，又有利于发挥集体智慧。除了"生活中心"和"学习中心"外，巴黎—萨克莱园区还创建了 6 个"制造实验室"（Fablabs）、6 个创业公司孵化器和 4 个企业人才苗圃，它们可以为创新理念的提出、项目的开发设计、实施与完成提供全过程的服务。

六　结论与建议

通过巴黎—萨克莱竞争力中心的案例分析，我们可以看到，中央商务区的智能化首先意味着建设一个复合型的空间，它应该有利于某一高素质人群之间的交流与合作，包括学生、教师、科研人员与项目融资方等。在此基础上，通过采用尖端前沿技术，为居民的绿色交通出行、可再生能源利用、垃圾回收等提供有效的技术和手段，推进地区的可持续发展，进而实现第一层次的智能化。第二层次的智能化则主要通过合理的空间规划与配置来实现。在巴黎—萨克莱竞争力中心，各建筑群采用紧凑的布局方式，不仅充分保证了农业、生态等自然空间，也为居民和工作人员提供了充足的文化体育设施和休闲娱乐空间。而且，通过合理的规划设计，使不同的功能空间紧密、便捷地连通起来，这种高度复合且有机融合的功能布局模式为区域内的各类交流需求和创新活动提供了良好环境。此外，一个智能的中央商务区还应该打破传统的学科分割状态，尤其是要消除自然科学与社会科学之间的割裂现象，为国内与国际人群的融合、自然科学与社会科学的跨学科融合，以及大学、专业人员、项目融资方、政府的跨领域融合提供良好的融合环境和创新氛围。

参考文献

Bouchez J P. Autour de "l'économie du savoir"：Ses Composantes，Ses Dynamiques et Ses Enjeux（知识经济：要素、动态与挑战）. Savoirs，2014，34（1）：9 – 45.

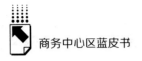
Breffeil Emmanuel：《京津冀发展中社会学的重要影响》，《耐道研究中心》2014年第10期。

Breffeil Emmanuel：《如今的中央商务区未来将如何?》，《北京与巴黎的比较分析》，载李国红、单菁菁主编《中国商务中心区发展报告（2015）》，社会科学文献出版社，2016。

Kendrick J W. Total Capital and Economic Growth（资本总额与经济增长）. Atlantic Economic Journal, 1994, 22（1）：1 - 18.

KHANSARI M. & al. Impacting Sustainable Behavior and Planning in Smart City（智能化城市的可持续行为影响因素与规划）. International Journal of Sustainable Land use and Urban Planning, Vol. 1, No. 2, pp. 46 - 61.

B.15

日本智慧城市发展与柏之叶智慧城建设

株式会社　日立制作所　城市解决方案业务单元*

李国庆 译**

摘　要：　文章梳理了 2000 年以来日本政府制定的一系列智慧城市建设
政策以及相关战略，分析了日本政府今后将推进的超智能社
会 Society 5.0 战略。接着描述了日立公司实际参与的柏之叶
智慧城市建设项目沿革，论述城市建设项目主题确立与实施
推进的方法特征。日立公司为建设环境共生与高抗灾力的街
区设计了区域能源管理方案，多元主体共同合作实现了目标，
展示了独特的城市街区建设理念。日立公司将持续通过街区
建设致力于事业创新。

关键词：　智慧城市　柏之叶　区域能源管理　日立

自 2010 年前后，日立以拓展城市新事业为目标参与了多个新兴项目建
设，位于千叶县柏市的柏之叶智慧城市项目就是其中之一。

千叶县的柏之叶智慧城市项目是近年来日本智慧城市建设的著名项目，
日立公司从规划之初即开始参与柏之叶智慧城市建设，通过项目实施获得了
很多知识与经验。本文按照时间顺序叙述日本政府的智慧城市政策、特征、

---

* 户边昭彦，株式会社日立制作所城市解决方案业务单元本部主管；长井卓也，担当部长；坂
本尚史，株式会社日立综合计划研究所高级战略师；城野敬子，主管研究员。
** 李国庆，中国社会科学院城市发展与环境研究所研究员，博士生导师，城市政策与城市文化
研究中心主任。

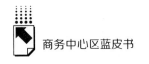

基本理念及战略，详细介绍柏之叶智慧城市项目的建设概要和推进策略，总结日立公司在这一过程中所发挥的作用。

一 日本建设智慧城市的政策与措施

从 2000 年中期，日本政府开始强力推进信息通信领域的国家战略，进一步强化智慧城市建设的信息通信基础建设，推进智慧城市建设的实证研究与模式推广。

（一）推进智慧城市的信息通信基础建设

日本日益严峻的少子老龄化为社会各方面带来了堆积如山的问题，为了解决这些问题，日本政府认识到建设一个"任何时间、任何地点、任何事情、任何人"都可以利用信息通信技术（Information Communication Technology，ICT）的泛在网络社会不可或缺。在这一认知下，日本政府以打造"世界领先的泛在网络社会"为目标，于 2004 年制定了系统化的 ICT 政策即"u–Japan 政策"。u–Japan 政策的内涵不仅是单一的信息化，而是以使 ICT 渗透到生活的方方面面，促进创意利用，以不断涌现出新价值的"价值创造"型社会的实现为目标。它提出了包括三个方面的一揽子政策，即"从宽带到泛在网络社会"、"从促进信息化上升到课题解决"和"从根本上强化网络利用环境的改善"。

日本政府为了更好地推进 u–Japan 政策，在 2006 年 9 月出台了《u–Japan 推进计划 2006》。其重点措施之一是"成长力·竞争力·软实力的强化"。在经济和财政的一体化改革的推进过程中，从强化经济成长力和国际竞争力的视角出发，日本为了最大限度地活用其在国际上占有优势的泛在网络的相关技术，采取了集中力量研发泛在网络技术、ICT 人才培养、促进内容创造—流通—利用等手段。第二点是"安心—安全的泛在网络社会的实现"。伴随着 ICT 的快速普及，信息安全和个人隐私的保护等成为重要的课题，日本致力于网络安全保护机制的研究开发。此外，除了利用电子标签等手段保障安心—安全的泛在网络社会的实现之外，为了应对日本面临的以少子老龄化为代表的一系列社会问题，通过推进 ICT 的高度活用，为构建安心—安全的社会提供解决方案。

上述措施推进了信息通信基础建设，但大多数的国民对于这些发展成果的取得还没有切身体验。基于这一认识，日本政府在 2009 年 7 月制定了《i-Japan 战略 2015》。这一战略认为，目前为止的措施很容易以发展技术为导向，陷入只注重服务供给侧而忽略消费应用侧的理论误区。政府在反省后认为，应该从国民（利用者）的角度出发，通过以人为本（Human Centric）的数字技术，实现使普通民众受益的数字社会的目标。第一点是开发"易于使用的数字技术"，从"占有"信息系统的时代迈向"利用"信息系统的时代，并在这一前提下，营造安全的环境，使人们能够不受规模、时间和地点的束缚，安全安心地利用数字技术和信息。第二点是"消除妨碍数字使用的壁垒"。针对行政服务、医疗、产业等各领域中尚未导入数字技术的制度、惯例和组织，通过修改业务流程消除技术壁垒，实现国民本位的有效率和国际竞争力的经济社会构建。第三点是"确保数字技术利用的安全性"。针对数字技术使用过程中产生的个人隐私和技术信息泄露的风险，制定明确的应对措施，同时制定措施减轻因信息泄露造成的不良影响、确保事业的可持续性。《i-Japan 战略 2015》的战略重点主要集中在以下三个方面：①电子政务和电子地方自治体领域；②医疗和健康领域；③教育和人力资源领域，按照《三年紧急计划》的具体规定加以执行。

（二）智慧城市建设政策的实施

作为 u-Japan 推进计划中新成长战略的一环，日本政府于 2011 年提出了"环境示范城市"和"环境未来城市"构想，并创设了推进该构想的制度。"环境示范城市"是为了实现可持续性的低碳社会这一远大目标采取了很多先导性措施的城市，"环境未来城市"构想是为应对能源环境与老龄化等人类共同课题，创新环境、社会、经济三大价值，提出开展先导性项目，打造"人人愿居住""人人有活力"的城市和地区。作为本文中心的"柏之

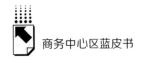

叶智慧城市"于 2011 年 12 月被选定为"环境未来城市"。下面将对"环境未来城市"的概念和制度加以详细论述。

2011 年日本共选出 11 个城市作为"环境未来城市",包括东日本大地震受灾地区的 6 个城市:岩手县大船渡市·陆前高田市·住田町、岩手县釜石市、宫城县岩沼市、宫城县东松岛市、福岛县南相马市、福岛县新地町,和受灾地区之外的 5 个城市:北海道下川町、千叶县柏市、神奈川县横滨市、富山县富山市、福冈县北九州市。

为了实现各个城市或地区确立的发展目标,日本制定了为期 5 年的《环境未来城市计划》。这一计划指出,为了应对环境和超老龄化现象,要通过同海外交流网络的建设大力开展国际合作。同时,在作为生活基础的教育、医疗护理、能源、信息通信技术等领域,为了其能够与社会经济系统更好地结合,有必要集中推进社会实践,构建具有自主性的模式。政府还通过召开国际论坛向专家学者征求意见、发放针对示范化项目的补助金等方式予以支持。

以东日本大地震灾区中遴选出的岩手县釜石市为例,这里开展了能源的自产自销活动,建设了集保健、医疗、福利、护理功能于一身的生活支援中心,努力构建产业福利都市。在宫城县岩沼市,用震后瓦砾搭建而成的"千年希望之丘"向外界传达着防震减灾的呼声,通过活用自身交通枢纽的优势地理位置,岩沼市致力于成为国际福利城市。在受灾地区以外的福冈县北九州市,凭借其在公害治理和环境问题上的国际协作经验以及制造技术的良好基础,设立了相关的"市民—企业—行政合作"机制,同时也采取了重视"地方区域间联系"的措施。此外,在富山县富山市采用了以轻轨(Light Rail Transit,LRT)等公共交通为中心的紧凑型城市模式,开展不区分老年人、残疾人和儿童的富山型日间社会服务。

针对各城市或地区设定的"环境未来城市计划",环境未来城市推进委员会每一年度对各城市和地区的进展程度和计划完成度加以评估。该委员会依据"环境未来城市计划"中规定的相关评价指标,从"环境价值"、"社会价值"和"经济价值"三个方面,通过最初设定的目标值(包括 5 年内与当年度的目标值）对其进展程度进行评估。以对柏之叶智慧城市的评估为例，在"环境价值"这一方面，考察了智能电表引进数量、"碳中和"赞助企业数量、下一代交通系统的用户数量等指标。在"社会价值"方面，考察了天使税制使用数量（针对高等院校和科研院所的风险企业）和地域力分数项目参加人员数量等指标。对于"经济价值"，考察了风险企业支援组织TEP对柏市内风险企业的支援案例数量、企业交流网络构建情况等指标。

二 超智慧社会（Society 5.0）的构建措施

（一）努力构建超智慧社会 Society 5.0

当前，日本政府在政府、学界、产业界、国民等广泛相关人员的共同努力合作下，正在推进"超智慧社会"（Society 5.0）建设，而智慧城市的构建亦是其中的一环。以下简要介绍日本政府推进实现超智慧社会所采取的措施。

近年来，随着信息通信技术（ICT）的发展进步，互联网（IoT）、机器人、人工智能（AI）的利用范围逐步扩大。另外，世界范围内，有一些国家已经开始在制造业领域推进活用ICT，采取官民合作举措，推动第四次工业革命发展，比如德国倡导的"工业4.0"（Industry 4.0）、中国倡导的"中国制造2025"等。

日本政府根据1995年制定的《科学技术基本法》，每5年都会制定科学技术政策基本方针的"科学技术基本计划"，举国一体共同推进科学技术发展。随着政策的推进，日本政府发现有必要在明确国家发展目标的基础上与国民共享，因此在2016年1月制定的第5期科学技术基本计划中明确提出了4点目标：①促进可持续发展和地域社会的自主发展；②确保国家及国民的安全安心和实现富裕且高质的生活；③应对全球性挑战和为世界发展做出贡献；④以可持续创造知识资产为目标。在此基础上日本提出了4点支柱性政策，分别为：①促进未来的产业创造和社会变革领域价值创新的相关举

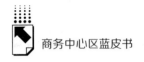

措；②应对经济社会方面的挑战；③强化科学技术创新的基础力量；④构建可创造创新型人才、知识、资金的良性循环系统。为了实现世界领先的"超智慧社会"暨Society 5.0，必须将第一支柱的"促进未来的产业创造和社会变革领域价值创新的相关举措"作为核心目标努力实现。

超智慧社会是将网络空间和物理空间（现实社会）进行高度融合，其定义是"在必要的时间为必要的人提供必要的物品、服务，细致充分地应对社会中的各种需求，为所有人提供高质量的服务，超越年龄、性别、地域、语言等种种差异，让所有人都能舒适便捷地生活的社会"。如果这样的社会成为现实的话，可以预见它将给人们带来极大便利。日本政府以"超智慧社会"为未来社会发展的目标，并为实现该目标而采取了一系列被称为"Society 5.0"的措施，强力推进措施的实施，以建设和实现世界领先的超智慧社会。之所以将其命名为Society 5.0，是因为它是继狩猎社会、农耕社会、工业社会、信息社会之后的新型社会，主要特征是以科学技术创新为先导。

这一社会能够应对各种需求，提供极细致深入的以用户为中心的服务，而且还能够发现潜在需求，更好地为人们的活动提供支援服务。另外，为了应对能源、资源、食物等方面的限制以及少子老龄化等日本正面对的课题，构建富裕社会，仅局限于制造业领域是远远不够的，政府应该将范围扩大到各个领域。为了实现超智慧社会这个目标，有必要将各种"物"通过网络（network）连接起来，在完成高度系统化的同时，协调整合多元系统。

2015年6月，日本内阁会议决定实施"科学技术创新综合战略2015"，决心根据国家应当解决的经济社会问题，率先推进开发11个系统，具体包括能源价值链的最佳化、构建地球环境信息平台、实现高效的基础设施维护管理更新、构建能够顽强应对自然灾害的社会、高度发达的道路交通系统、新型制造系统、整合型材料开发系统、地域综合照料系统、接待系统、智慧食物链系统、智慧生产系统。通过提高这些单个系统的水平，推进阶段性合作协调的发展。另外，内阁会议也决定强化对于构建超智慧社会服务平台所必需的基础技术，如网络安全技术、互联网系统、大数据解析、人工智能、驱动系统等，以及日本保有优势的新型价值创造的核心技术，如机器人、传感器、生物工学、纳米材料、光量子等。

（二）产业界加速实现 Society 5.0 的建议

在明确了政府决议后，为了加速推进和实现超智慧社会，产业界也提出了建议。社团法人日本经济团体联合会（以下简称"经团联"）是由日本有代表性的 1340 家企业及制造业、服务业等主要产业的全国 109 个团体、47 个地方经济团体所构成的（截至 2016 年 6 月 2 日）综合经济团体。经团联认为 Society 5.0 有可能成为日本的新型成长模式，并对其持续关注，认为日本今后创新政策的方向应该是通过实现 Society 5.0 完成日本再振兴。基于这种认识，经团联接连发表了"为了新型经济社会的实现""为了推进数据活用而应进行环境调整""为了实现 Society 5.0 政府研究开发投资应进行扩充"等建议，以及"Society 5.0 的实现推动日本再振兴——面向未来社会创造的行动计划"。在上述建议中，经团联提出了努力实现 Society 5.0 的具体路线图，同时建议打破省厅壁垒、法律制度壁垒、技术壁垒、人才壁垒、社会接受壁垒以及产业界自身壁垒。

在上述建议中，经团联对"城市""地方""物·事·服务""基础设施""网络空间"这 5 个应该聚集官民资源的基础领域进行了探讨，致力于推进"Society 5.0 实现官民行动项目"的发展，并提出了具体的行动计划。其中，株式会社日立制作所主要负责"网络空间"相关研究工作，同时也参与其他四个领域的研讨。

上述建议将推进 Society 5.0 实现的项目定位为日本政府成长战略"日本再振兴战略 2017"的一部分，以官民积极通力合作推进项目发展为目标。"城市""地方""物·事·服务""基础设施""网络空间"中，与智慧城市直接相关的领域便是"城市""地方"。另外，为了能让各种服务在"城市""地方"中得以实现，实现跨越各领域的多样官民数据活用的"网络空间"是必不可缺的。为此，下面将着重介绍"城市""地方""网络空间"的建议内容。

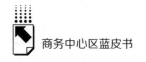
（三）关于城市领域的建议

大城市人口集中带来交通堵塞、能源、食品需求的扩大、温室气体增加等难题。为了解决这些难题，通过实现 Society 5.0，创造舒适与安全兼顾的新城市的要求日益强烈。在这样的背景下，城市建设确定了以下发展目标：①克服少子老龄社会所带来的财政困难、通过官民合作实现活力城市建设；②解决交通拥堵（每年为日本带来 12 兆日元的损失）、物流效率（卡车载货率不到 5 成）、灾害应对等课题；③提高职住两方面的国际竞争力，以扩大对日投资，使老年人和女性都能充分发挥自己的作用。

为了实现这一目标，将城市活动全部数据化、最佳化是非常重要的，具体实现目标的核心措施如下。第一是构建能够即时且持续使都市活动整体"可视化"的无线传感器网络（Wireless Sensor Networks，WSN），官民合作推进能够整理收集数据的无线传感器网络、共通服务平台、最佳控制的 AI 等技术的发展。第二是可满足每位市民需求的城市运营的数据分析基础设备的设置，希望在东京奥运会、残奥会时构建能够提供最佳服务的"日本版物联网服务平台（共通服务平台）"，并以移动领域和防灾领域为起点横向开展服务。在应对老龄社会、工作方式的升级化、构建资源循环型社会等方面，更好地从结构层面解决各种社会问题并实现未来创造。第三是建设基于数据的确保城市运营可行性的体制和制度，明确城市的新型自主地域管理体制权限和责任，促进社会接纳。

面向 2020 年东京奥运会和残奥会，日本应该以实现高度重要的"移动领域（人流、交通、物流等）"和"防灾领域"的数字化、最佳化为目标。而面向 2025～2030 年，日本应继续发展以东京为对象的数字化事业并将其向国内外其他大都市圈扩展。

为实现上述目标，在制度方面应该参照"官民数据活用推进基本法"，导入能够推进官方数据和民间数据的提供、促进数据公开化的制度。在技术方面，应该加强以下三个方面：①强化日本优势的传感器装置；②完善对于数据收集十分必要的强大且无延迟的通信网络；③改善公开且符合国际标准的应用程序接口（API）规格的共通服务平台。

（四）关于地方领域的建议

地域社会正在直面严重的少子老龄化、急速的人口过疏化、产业竞争力低下等问题。为了实现超智慧社会（Society 5.0），实现人与自然和谐共生、自主成长的富裕地域社会，大学、研究开发法人、自治体、企业在产学官联合体制下建设研究基地，其目的是：①培养能够在地域发挥作用的人才，创造自主发展的富裕地域社会；②在农业、保育（护理）、防灾等地域重点领域实施先进的基础改善；③建设创造人和自然共生的富裕地域价值和产业竞争力的基地。

为了实现上述目标，应该以农业、保育、防灾等地域社会的共通课题为基础，具体落实以下措施。第一是构建实现省力化、智能化的农业支援计划和地域农业计划的基础，充实人工卫星和地表监控带来的繁殖培育信息、智慧农机带来的土壤及收成信息的智能化，活用机械带来的省力化等农业支援技术，支援从业人员的多样工作方式。第二是通过在接送患病幼儿保育方面的先进技术以及网络信息共有，实现地域综合看护体系，即通过自动驾驶、机械、智能手机的运用，构建先进的保育（护理）环境，通过先进保育环境的构建，改善作为地域发展中坚力量的年轻人的就业环境，同时将之应用于护理领域。第三是通过地域能源供给的最佳化及通过监控基础设施构建防灾减灾的基础，包括物联网车辆信息，以及活用氢燃料车（FCV）、插电式混合动力汽车（PHV）、电动汽车（EV）带来的自由且快速舒适的移动和分散电源机能，活用发生灾害时地域现存的能源，保证运输线路的灾害后恢复系统的构建。经团联还建议积极与大学等开展合作，将这些举措所获得的成果运用到更多地方。

（五）关于网络空间的建议

无论在何地，要实现上面所论及的服务，解决各种社会问题，提高产业竞争力和促进 GDP 增长，高效、战略性的数据运用网络空间是必不可少的。Society 5.0 时代的网络空间不仅能创造出多样性的价值，还能保证系统进行相互合作，实现数据使用的安心、安全、高效。其中最为核心的功能是数据流通功能、数字孪生功能（通过传感器在网络获得的大量数据为基础，在网络空间中构建精密的模型，以实现高精度的实证、预测、最佳化）、安全功能。

实现上述目标的措施如下：第一是改善数据流通基础，即超越组织及业务壁垒，实现官民系统间的合作，促进多样数据共有，改善数据利用的环境。第二是改善数字孪生基础，即改善通过传感器在网络获得大数据，并以此为基础在网络空间中构建精密模型的基础。第三是完善安全基础，即完善确保 Society 5.0 网络空间"可信性""健全性""牢固性"的基础。第四是确立促进数据流通活用的制度，即在数据的保护、流通和活用平衡的基础上，实现可安心流通活用数据的环境。第五是应对由于网络空间扩大所产生的问题，实现即便出现灾害也不会瘫痪的网络环境，消除数字鸿沟（digital divide），合理支援 ICT 利用。第六是为了实现上述目标，需要加强基础技术研究和人才培养。

三 日本柏之叶智慧城建设案例

（一）柏之叶智慧城开发过程①

柏之叶区域规划建立在千叶县柏市城市规划基础之上。千叶县柏市位于日本首都圈东侧、关东平原东南部，西临东京湾，东南面向太平洋，西北与东京都和埼玉县相邻，北与茨城县连接。著名的东京迪士尼乐园、成田国际机场、三井奥特莱斯、大型国际会展中心——幕张展览馆、"啦啦宝都"购物中心都位于该县，是日本发展成就最显著的地区之一（见图1）。从 2000

---

① 下面的1~3部分根据三井不动产株式会社2014年4月24日及2014年6月5日新闻发布稿概述柏之叶智慧城市建设过程。

年起柏市开始推进这一约273公顷区域的土地区划整治。东京大学和千叶大学在这里设有新校区，2005年筑波快轨开通，设立了柏之叶学园站，交通便捷性得以提升，柏之叶区域的发展进入了新时代。

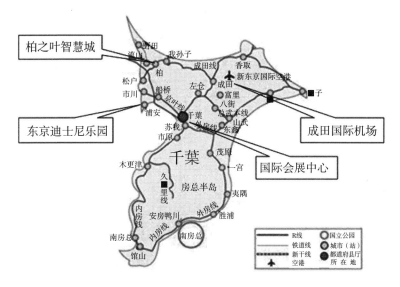

图1　柏之叶智慧城市项目位置示意

　　三井不动产集团从城镇规划开始加入这一地区的开发，从硬件和软件两方面参与城市设计规划。2006年11月大型商业设施"啦啦宝都柏之叶"建成开业。同日"柏之叶城市设计中心"（UDCK）成立，这是一个由东京大学、千叶大学、柏市政府、三井不动产集团、柏商工会议所等组成的、公民学合作的、致力于城市规划设计开发及计划推进的智库组织。2008年3月"柏之叶国际大学城计划"制订出台，确立了城市发展的八个目标，即人与环境共生、发达交通系统、智能空间设计、新的产业和文化创意开发、国际教育环境创设等。2011年5月多元化交通枢纽建成运营，2013年2月"柏之叶智慧健康"项目（健康可视化服务）开始运行，2013年3月"柏之叶智慧城市博物馆"开放，2014年7月柏之叶智慧城市举办开街仪式，智慧街区"GATE SQUARE"隆重开放，柏之叶地区智慧城市建设迎来了一个崭新的阶段，进入了全区域的实质化运营时代。

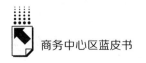

（二）柏之叶智慧城概要

柏之叶智慧城市的第一阶段是建设一个以千叶县柏市和筑波快轨"柏之叶学园站"周边区域为核心，由四大街区组成的复合型城市。特别是148站前街区被命名为"GATE SQUARE"，已经成为集成多种功能的智慧城市的窗口。在这里能源、防灾、交通、健康、疾病护理预防、商业环境、国际交流空间等各种功能不断得到升级，覆盖周边街区的智慧城市管理功能也得到应用。

为了使"世界未来概念城市"成为现实，建设者们提出了城镇建设的三个主题："环境共生"、"健康长寿"和"新产业创造"。日立公司首先参与了"环境共生"项目。以2011年的东日本大地震为契机，人们认识到人与地球和谐相处的重要性，抗灾力强的城市规划受到重视。对此，日立提供的方案是 AEMS（区域能源管理系统）。随着"GATE SQUARE"的开放，覆盖12.7公顷土地的智慧城市整体步入了运营轨道。这里居民居住的住宅达到2000户、常住办公人口达到近1000人、每年约700万人汇集在商业区。作为日本第一个智慧城市的商业区域，建设者和地区居民一起在此地创造新价值、新产业和新创新。

"GATE SQUARE"包含丰富多彩的综合性服务设施。其中，商店·商务楼主要包括柏之叶创新开放研究所（Kashiwa-no-ha Open Innovation Lab，KOIL），集餐饮、购物、健康服务功能于一身的"啦啦宝都柏之叶北馆"，带有天然温泉大浴场的"三井柏之叶花园酒店"，以及能够承接从小型会议到国际会议的"柏之叶会议中心"。而宾馆·住宅楼则主要包括"Park Axis 柏之叶"住宅群和"柏之叶智能中心"，其中"Park Axis 柏之叶"由配备了最新型家庭能源管理系统（HEMS）的租赁住宅和共享型国际交流住宅组成，"柏之叶智能中心"则担负着整个区域的能源管理一体化。此外，作为"通过公民学合作以催生崭新社会模式"的教育研究据点——"东京大学柏之叶站前综合研究楼"也在这一区域建立起来。

GATE SQUARE 的主要创新之处和智慧功能如下所述。

啦啦宝都柏之叶

商店·商务楼

KOIL(4~6F)

东京大学柏之叶站前综合研究楼

宾馆·住宅楼

Park Axis柏之叶（8~14F）

三井柏之叶花园酒店(1F、3F~7F)

柏之叶会议中心（2F）

图 2　智慧街区 GATE SQUARE 示意

1. 由"柏之叶智能中心"实现区域能源管理一体化

构建了连接各类设施和电源设备的区域能源管理系统——AEMS，覆盖包括"GATE SQUARE"在内的柏之叶周边约 12.7 公顷的区域。以 AEMS 为据点设立了"柏之叶智能中心"，实现了跨越街区的电力供应，成为日本第一个投入运营的真正意义上的智能电网。"柏之叶智能中心"每天会分析各设施用电情况，为生活和工作在这里的人们提供可以提高节能效率的信息。

2. 采取灾害发生时不影响工作和生活的防灾对策

"GATE SQUARE"建筑物建设过程中采取了抗震施工技术，导入了综合太阳能发电、大规模锂蓄电池、应急燃气发电机的复合型能源供给系统。即使电力公司停电，也能保证"GATE SQUARE"区域日常用电高峰 6 成的电力供应。此外，"柏之叶智能中心"还可收集灾害信息，在灾害发生时会优先保障生命线设备的供电。会议中心还可以作为避难场所，紧急情况下可

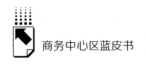

以成为保障整个街区人员安全的防灾避难场所。

3. 通过二氧化碳减排带来舒适的环境和多彩的交流空间

"GATE SQUARE"各个设施内大量运用了最先进的环保技术，并充分运用绿化与风调整自然环境，使"GATE SQUARE"能够减少40%~50%的二氧化碳排放（与2005年东京都平均值相比）。"GATE SQUARE"的中心位置设置了连接各个建筑的"中心广场"，通过水和绿化的巧妙应用打造出了一个多彩的交流空间。

4. 设立追求开放与创新的办公区 KOIL

KOIL 由旨在激发创造力的创新楼层和旨在提升商业效率的办公楼层构成。为了使各种人才和最新信息交流孕育出崭新的构思，KOIL 配备了联合办公区、咖啡厅、3D 打印机和激光切割机，同时还设有可以作为共享工厂和活动中心使用的公寓式套房，从商业活动的每一个环节为使用者提供支持。日本国内外的企业家、投资者、政府人士和专家在这里交流想法，KOIL 为新价值的创造提供了全方位的支持。

此外，在办公区设有大都市里难得一见的充满开放感的大阳台，为业务交流和高密度谈话提供了良好环境。在这里也可以利用创新层的一部分服务和设备，是一个高自由度的商务空间。

5. 构建热闹和健康促进的据点"啦啦宝都柏之叶北馆"

站前大道与"啦啦宝都柏之叶"连接，共同构成一片主要商业区域。除了商店和餐馆，馆内还设有"城市健康站"，从预防疾病和促进健康的角度提供各种相关的一站式医疗服务，如牙科、健康诊断、烹饪教室和运动建议咨询等。

6. 由 Park Axis 柏之叶承载和实现智慧型国际化生活

最新型的"柏之叶 HEMS"（家庭能源管理系统）成为租赁住宅内的标准配备。除了能源使用的可视化之外，人们还可以通过 AI 智能（人工智能）获取家电使用建议，实现了不损失舒适度前提下的能源节省。此外，在最上层是国内外研究者和留学生的共享居住空间——"国际交流住宅"。

7. 以世界上最先进的智慧城市为场所开展各类会议、培训、居住和观光

"三井柏之叶花园酒店"和"柏之叶会议中心"携手,提供住宿和会议服务。酒店不仅提供短期居住,还可以解决客人的中期居住需求。会议中心提供可接待 20 人到 400 人规模不等的各类会议空间。

(三)柏之叶区域能源管理系统(AEMS)介绍

柏之叶 AEMS(区域能源管理系统)位于千叶县柏市"柏之叶智慧城市",三井不动产株式会社以打造环境共生都市、健康长寿都市、新产业创造都市为目标,引入了太阳能发电和蓄电池等分布式能源,以构建连通各个街区的智能电网,并于 2014 年 7 月开始分阶段投入使用。这种使用自营的分布式电源和输电线跨越公共道路实现街区间电力的相互融通在日本尚属首例。现在,为了实现这一构想,在确立电力控制技术的同时,也获得了经济产业省的许可,在灾害发生时通过"特定供给"向既存的住宅街区提供电力供应。

1. 柏之叶智慧城市实现电力融通的主要设计理念

①日常用电高峰负载消减

各街区内的建筑物同时使用电力公司的供电、太阳能发电和蓄电池等分布式能源,通过分布式能源的电力在街区内的融通使用实现城市整体电力峰值的削减。

当工作日办公区用电需求旺盛,使用电量可能超过合同电力限额时,可以从"啦啦宝都柏之叶(商业设施)"向"GATE SQUARE"(办公酒店设施)输送电力。在休息日,当商业设施的用电需求变得旺盛,使用电量可能超过合同电力限额时,可以从"GATE SQUARE"向"啦啦宝都柏之叶"输送电力。

柏之叶智慧城市在开发计划阶段即对上述措施进行了评估,在区域层面大约可以削减 26% 的用电峰值,在节省能源、减少二氧化碳排放的同时,还可合计节约电费约 1000 万日元。

②紧急状态下的抗灾能力强化

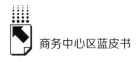
当电力公司的供电停止时，分散设置于各区域的发电蓄电设备产生和储存的电力将作为"特别供给"输送到维持生活必需的设施（设备）那里，以维持居民的基本生活，以此来提升城市的抗灾能力。

具体来说，"GATE SQUARE"发电蓄电设备的电力会供给"PARK City 柏之叶学园一号街"（集体住宅）和"PARK City 柏之叶学园二号街"（集体住宅）的电梯、公共照明、集会会场等公共设备使用。

图3　电力融通示意

2. 柏之叶区域能源管理系统的主要特点

（1）在区域内分散设置多样化电源

柏之叶智慧城市在"啦啦宝都柏之叶"设置了太阳能发电装置（输出功率：500千瓦）和大规模蓄电池（蓄电容量：大约12960千瓦时，输出功率：大约1800千瓦）。在复合设施"GATE SQUARE"设置了太阳能发电（输出功率：220千瓦）和大规模蓄电池（蓄电容量：大约3800千瓦时，输出功率：大约500千瓦）。另外，还有在紧急时刻可以使用的燃气发电机（输出功率：大约2000千瓦）。

（2）与市电供电相配合的灵活模式

为了防止在街区分布式电源融通之间和电力公司的系统电力间发生混杂现象，柏之叶智慧城市设置了"电力融通装置"。由于天气变化会影响太阳能发电，于是将大规模蓄电池与之组合使用，确保了电力供应的稳定。这是日本电气事业法首次通过将太阳能发电作为特别供给的"发电设备"。通过以上措施，柏之叶智慧城市可在不增加市电供电网负担的同时，实现区域内分散电能的电力供给。

（3）实现区域能源一体化管理

各种设施和分布式电源通过 ICT 网络连接构成了柏之叶 AEMS。柏之叶 AEMS 可收集、分析各类设施的发电量、蓄电量、电力使用量、区域的气象信息、灾害信息等数据，并预测今后的电力需求和发电蓄电量需求，以此来制订最适合该地区的电力供给计划。

（4）通过柏之叶智能中心促进区域节能减排

"GATE SQUARE"内依托 AEMS 的"柏之叶智能中心"是区域能源管理的据点。柏之叶智能中心负责区域电力运行的监视、发电蓄电设备的管理和电力融通量的调整等，并可分析各类设施的能源利用倾向，提出节能建议，成为促进区域节能减排的"行动导航"。

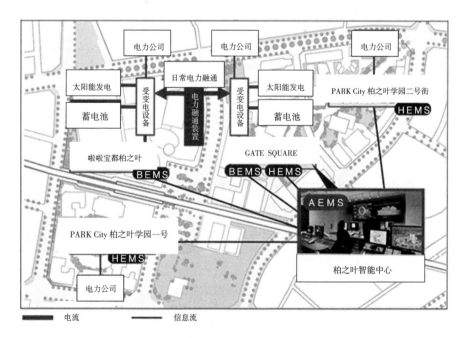

图4　柏之叶智能电网的整体示意（正常情况下）

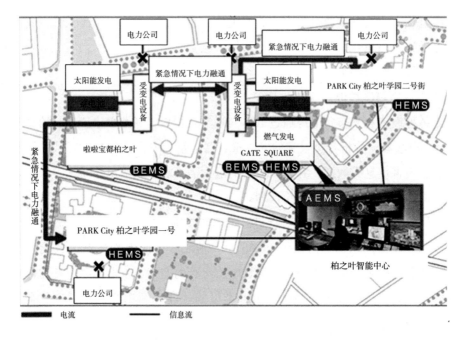

图5 柏之叶智能电网的整体示意（紧急状态下）

3. 柏之叶智慧城市的创新性

到目前为止，日本电气事业法规定的"特定供给"是针对大规模工业用电等区域内用自营发电设备进行供电的一项制度，需要获得经济产业大臣的许可。认定标准是自营设备能够提供用电区内50%（自营电源保有比率）以上用电量的发电能力。为了在智慧城市实现这一目标，庞大的设备投资成为很大的课题。太阳能发电等可再生能源因受气象条件的影响供电能力不稳定，到目前为止没有被认定为发电设备。

为解决这些问题，柏之叶智慧城市与有关部门进行了协商，形成了具有以下4个特点的电力供应模式。

（1）通过向一个特定建筑供电实现电力融通

"啦啦宝都柏之叶"和"GATE SQUARE"虽然地处不同的街区，但当向一个特定的建筑供电时，可以通过自营输电线实现电力融通。这样一来在平常也可以实现两个设施之间的电力融通和区域层面上的用电高峰负载消减。

（2）特殊供电时的做法

根据日本的相关规定，电力的"特定供给"需要获得许可才能实现。当集体住宅街区遇到紧急情况（如市电供电出现故障等）时，依照"遇到紧急情况时需要使用的公共设备部分的电力"这一标准，柏之叶智慧城市获准在紧急情况发生时给电梯、公共照明、集会会场等公共设备供电。

（3）将太阳能发电设备认定为"发电设备"

2014年3月，日本电气事业法中需要经济产业大臣参与标准审查的原有规定得到部分修改。太阳能发电设备和风力发电设备，只要能够实现稳定的电力供应的话，可以承认其具有一定量的供电能力。在柏之叶智慧城市，将发电输出功率会受天气影响的太阳能发电和蓄电池相结合使用，进行电量管理，使发电输出功率的稳定性得以保证。其有效性获得了良好评价，在审查标准修改之后，这也是日本国内首次将太阳能发电设备认可为特定供给的发电设备。

（4）通过与受供方缔结协定，构建电气事业法规定的"紧密关系"

根据与经济产业省的协定，2012年12月日本电气事业法中需要征得经济产业大臣许可的相关规定进行了部分修改。在修改之前，批准特定供给时，供给方和受供方通过建立组合来构建"紧密的关系"是必要条件之一，组合成员原则上要进行出资。修改后这一条件得到放宽，组合成员出资与否不再作为必要条件，作为供给方的三井不动产株式会社和作为受供方的公寓管理方在电力供应相关条件上缔结了协定，使特定供给变为了可能。

通过上述规定的修改，使企业规避了庞大的设备投资负担，有利于集中精力更好地构建智能电网，也有利于全国其他城市的智能化进程的加速推进。此外，柏之叶智慧城市通过在地域内有效利用分布式电源，实现了用电高峰负载消减和抗灾能力的提升。无论是在谋求优良环境和高抗灾度的受灾城市，还是在由于经济高速增长而面临城市开发和能源短缺挑战的新兴发展中国家，柏之叶智慧城市模式都拥有广阔的发展空间。

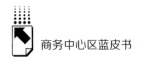

（四）日立在柏之叶智慧城市 AEMS 构建中的角色与措施

日立公司从 2010 年开始参加柏之叶智慧城市建设，最初的目标是帮助解决当前社会面临的各种问题，并探讨城市的未来发展方向。众所周知，日本现在面临着少子老龄化、地方衰退、环境、能源等诸多问题，很多问题无论是新兴国家还是发达国家都未曾遇到过，但日本应对各种挑战的措施及其取得的经验，可能对以后面临相同问题的国家来说具有很好的借鉴意义。柏之叶模式就是很好的事例之一。

当地的居民、地方政府、企业、大学、研究机关等各种领域的人们都响应柏之叶模式的号召，一起讨论，共同商讨问题解决的方案，一同描绘未来城镇的形态。而企业应该在智慧城市建设中起到怎样的作用也是一个不可忽视的课题。以日立公司为例，日立在能源、水源等社会基础设施构建方面有着不错的成绩和经验，从这些成绩和经验出发，创造出更多创意，以"市场方"的态度参与智慧城市建设才是日立在项目中真正的出发点。

日本近年所遭受到的严重灾害之一便是 1995 年阪神淡路大地震，在此之前出现千人以上受害者的灾害就要追溯到 1959 年的伊势湾台风了。在日本历史上，不管是在江户时代的庆长、元禄，还是幕末的安政时期，基本上每年都有大型的地震或者洪水发生。但在日本高度成长时期却很幸运没有遭遇这些灾害，这使本应该密切关注的"灾害应对"的意识相对淡薄。而日立公司在听取了居民们的意见后，发现了各种各样的问题，比如说"虽然购物中心有单独的抽取地下水的水泵，但是员工都不知道水泵的存在，就更不要提有效利用了""虽然每栋楼都有应急电源，但是却做不到电力相互融通""原定要在楼房里建设防灾中心，但是办公区域的耐震和防震程度堪忧"等。能够充分认识到问题的存在并非坏事，因为明确了阻碍安心安全的具体原因后，才能有更好的解决方法。而问题解决的过程正与社会创新息息相关。

既然生活在日本，那人们就无法逃离自然灾害。经历了大地震、发现了面临大量地方问题的当下，正是柏之叶智慧城市掀起改革的绝佳时期。为了解决各种问题，通过集思广益，最终建立了超越街区壁垒、可在地区所有地方使用的区域能源管理系统（AEMS）。在办公区域、商业设施、居住地、公共设施等设置的家庭能源管理系统（HEMS）、楼宇能源管理系统（BEMS）、中央监视系统等，AEMS 通过这些系统收集的信息，使区域整体的电力、水、燃气等需求"可视化"，实现了能源的一体化管理和需求预测。另外，以蓄电池系统为核心的分布式电源关联设备加之市电供电以及太阳能、风力发电等可再生能源，这样的组合成为支撑系统稳定使用的基础。正是因为有柏之叶智慧城市的 AEMS 才能将这些高性能的设备最大限度地利用。为了实现区域能源管理，日立负责设计系统构造和运行维护，设计并制作了锂电池蓄电池系统、受变电设备、博视智能设备。AEMS 所取得的最大成果是在日本首次实现了跨越街道的电力融通，打破了很多此前一直无计可施的壁垒。为了实现居民楼、办公区域、商业设施的跨街区融通，有必要构建柏之叶智慧城市自己的电网，但是电力使用者如果擅自铺设电线进行电力传输，安全上难以保证，也违反相关法律规定，还有可能因为擅自铺设的电线无法控制传输的电力而造成大范围、大规模灾害。于是电力公司被授予了专营传输电力的权限和责任。实际上，日本之所以被称作拥有世界上最稳定的高质量电力供给，正是得益于这种供电体制。但是一旦发生像东日本大地震那样严重的灾害，市电供电停止，作为电力使用方的居民就会陷入无能为力的境地。所以在灾害发生后，关于电力自由化、发送电分离等讨论日益激烈，日本电气事业法也出现了部分条款放宽的情况。正是预测到法律制度的修正以及行政管理的改善，柏之叶智慧城市的 AEMS 才能得以实现。

另外，由于在正常情况下不会发生电力网紊乱的情况，所以日立引进了交流直流转换装置。这个装置是为了让东日本的 50 赫兹的电流与西日本 60 赫兹的电流实现相互传输，基本原理与设置在静冈县东清水变电所的周波数变化设备的原理相同。虽然在柏之叶智慧城市的街区之间不必进行周波数的转换，但是拥有了这个装置就能将电流变成交流—直流—交流的状态，完全消除两个区域间电流的相互影响。

AEMS 实现街区间电力融通的设备将在灾害发生时发挥极大的作用。比如说市电供电停止时，办公区能源楼中设置的锂电蓄电池系统就能为住宅区各个公寓提供电源，保证避难引导灯及电梯的使用，还能优先保证向商业设施的地下水水泵供电，保证人们的生命安全。实际上不仅是在灾害发生的特殊时期，在日常生活中 AEMS 也能带来极大的便利。每个区域的耗电高峰期各有不同，比如说办公区的耗电高峰期是工作日的早上 9 点到下午 5 点，商业设施的耗电高峰是休息日的早上 10 点到晚上 9 点，住宅区的耗电高峰是居民回家后的晚上 6 点到晚上 12 点等。利用 AEMS，街区间的电力融通可以做到精准控制，平衡不同的耗电高峰区域，实现柏之叶智慧城市整体的节能，帮助削减电费。正如上文提及的一样，AEMS 不仅在电力方面，在水、燃气等方面也能完成区域整体的运用、监控和制衡工作，使区域能源利用达到最佳化，这是划时代的成果。

现在柏之叶智慧城市建设已经完成了第一阶段，开始向着 2030 年目标的第二阶段继续推进，比如建设国立癌症研究中心东医院、千叶大学柏之叶校区、自然博物公园等。本地区也吸引了众多新兴公司，城镇越发富有活力。回顾过往，人们现在之所以能在日本享受富裕的生活，是因为祖先们在各自的时代里不断摸索更好的生活方式，为我们留下了良好的基础。那么，我们应该给子孙后代留下什么？重要的不是单纯追求经济方面的合理或是高性能，而是思考如何保证人们更好地生活。社会创新的本质并非是惊天动地的革新，而是提供可持续发展的解决方法和改善进化的基础。

通过参与本项目，日立获得了以下知识和经验。

（1）总结日立所完成的众多城镇建设经验，重要的是确定建设的主题和优先顺序，并将这些与所有相关人员共享。另外，参加项目的组织和企业积极思考自己能做什么贡献这一点也非常重要。

（2）建设城镇，需要由相关人员（stakeholder）来决定前行的方向，公、民、学（地方政府、民间企业、居民、学术机构）协同努力极为重要。另外，应以在当地生活的、学习的、工作的人们为中心去思考。在智慧城市的建设过程中，地域相关人员自行思考建设主题和优先顺序并付诸行动非常重要，如果只是单纯解决问题是无法成功开展城镇建设的。

四 结语

目前，柏之叶智慧城市项目开始了第二阶段的建设。在这一过程中，一些新的问题和阻碍不断显现出来。但正是因为有了这些问题才能反映出区域社会的需求。日立努力作为"居民的一员"在这个城镇中生活，重视居民的需求，努力发现各类问题，并继续为解决问题和促进区域进步做贡献。今后，日立将一如既往地以"首先形成问题共识，进而认真思考日立能够做什么"的态度，致力于所追求的社会创新事业。

参考文献

《科学基础基本计划》2016年1月22日内阁决议。

日本经济团体联合会：《Society 5.0的实现推动日本再振兴——面向未来社会创造的行动计划》，2017年2月14日。

日本经济团体联合会：《为Society 5.0实现的行动计划—WG报告书合集》，2017年2月14日。

《科学技术创新综合战略2015》2015年6月19日内阁决议。

三井不动产　新闻稿（2013年9月26日），http：//www. mitsuifudosan. co. jp/corporate/news/2013/0926_ 02。

三井不动产　新闻稿（2014年4月24日），http：//www. mitsuifudosan. co. jp/corporate/news/2014/0424_ 02。

三井不动产　新闻稿（2014年6月5日），http：//www. mitsuifudosan. co. jp/corporate/news/2014/0605_ 03/download/20140605. pdf。

《从柏之叶智慧城市的不断实践创造出的世界领先课题解决前进模型》，《信息杂志》Realitas Vol. 13（2015年6月发行）。

《u – Japan推进计划2006》（2006年9月、总务省）。

《i – Japan战略2015》（2009年7月、IT战略本部）。

《环境示范城市·环境未来城市制度的概要》（2011年12月内阁府）。

《环境未来城市措施评价结果》（2017年3月、内阁府）。

大 事 记

Appendix

　　梳理和总结 2015～2016 年度中国各地区 CBD 发展的重大事件和主要活动，记录中国 CBD 的发展轨迹。

B.16
2015年国内 CBD 大事记

一月

1月7日 英国外交部国务大臣雨果·施维尔（Hugo Swire）率代表团来武汉 CBD 考察，并参观了"武汉中心"项目。

1月9日 南京河西 CBD 举行了"中国互联网金融高峰论坛暨互联网金融中国行·2015 年度峰会"，来自政商学界的代表以及媒体逾千人参加了峰会，并就 2015 年的互联网金融发展形势展开了讨论。

1月21日 北京 CBD 核心区文化设施项目取得立项批复。

1月24日 西安长安路 CBD 的重点项目中贸广场正式开业运营。

1月26日 郑东新区 CBD 的河南太能电气股份有限公司在京举行了挂牌敲钟仪式，成为郑东新区 CBD 的首家"新三板"挂牌企业。

1月26日 深圳福田 CBD 举行了"2015 深圳跨境电子商务高峰论坛"，来自国内外知名跨境平台代表、跨境电商卖家、供应链厂家、传统外贸加工制造商等 800 余人参加了论坛。

1月30日 武汉 CBD 举行了首届"中国·武汉产业互联网与企业转型升级国际论坛暨华中智慧云谷项目合作研讨会"，来自国内外云计算、大数据、移动互联网及电子商务产业的众多业内代表，围绕转型期武汉市中小企业以及华中区域智慧产业的发展进行了讨论。

二月

2月10日 南京河西 CBD 举行了江苏股权交易中心的首届会员大会，

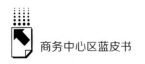

包括 12 家国内证券公司、10 家国内银行以及众多创投机构、会计师事务所、律师事务所等 111 家会员单位出席。

2 月 10 日 上海虹桥 CBD 管委会与中国铁塔公司上海分公司签署《关于共同推进上海虹桥商务区无线通信基础设施建设战略合作备忘录》。

2 月 11 日 来自中国股权投资基金协会、中国期货业协会、中央财经大学、中国银行业研究中心、北京工商大学等单位的专家学者被聘为郑东新区 CBD 首批金融产业发展顾问。

三月

3 月 19 日 上海虹桥 CBD 与上海市经信委共同签署了"智慧虹桥"战略合作框架协议。

3 月 26 日 广州天河 CBD 举行了"2015 中国广州国际投资年会",天河 CBD 辖内部分企业参加了广州市推介会和天河区分论坛。

四月

4 月 1 日 英国贸易投资总署公使衔参赞乔麦克（Michael Charlton）到访广州天河 CBD，与天河 CBD 就建立双方合作机制、英方在天河 CBD 开展培训、中英合建学校等事宜进行了交流。

4 月 2 日 郑东新区 CBD 举行了郑东新区与河南大学关于共建创新创业综合体的合作框架协议仪式，按照协议，双方将共建郑东新区留学生创业园，并将其打造成全省一流的高新技术研发与创新产业集聚地。

4 月 9 日 "CITE2015 中国（深圳）互联网金融高峰论坛"在深圳福田 CBD 举行，吸引了来自科技界、金融界、企业界、政界等各界的众多业内人士参加。

4 月 11 日 南京河西 CBD 举办了"南京创融汇"首期项目路演活动，创业者与投资机构借助这次平台围绕优质项目展开了合作交流。

4 月 16 日　武汉 CBD 的"武汉中心"完成封顶，"武汉中心"高 438 米，成为目前"华中第一高楼"。

4 月 22 日　来自柬埔寨、印度尼西亚、马来西亚、缅甸、泰国的东盟五国非政府组织领导人联合考察团一行 26 人考察了银川阅海湾 CBD。

4 月 23 日　杭州钱江新城 CBD 举行了首届"浙江全民阅读节暨浙江书展"。

4 月 26 日　上海虹桥 CBD 举办了由中国智慧城市建设投资联盟、中国智慧城市建设促进会主办的"2015 中国智慧城市暨智慧园区高峰论坛"。

4 月 30 日　杭州武林 CBD 完成了《武林商圈提升改造建设规划》的评审和结题工作。

五月

5 月 7 日　杭州武林 CBD "中国杭州人力资源服务产业园"获得了国家人社部授牌，成为浙江省第一家、全国第五家"国字号"的人力资源服务产业园。

5 月 20 日　郑东新区 CBD 迎来郑州首家 O2O 创投咖啡——云端创投咖啡，该创投平台将为传统行业提供移动互联网战略帮助，并向优秀项目投资。

5 月 26 日　中共中央总书记习近平到钱江新城 CBD 考察，他来到 CBD "城市阳台"听取了介绍，并与群众互动。习总书记对钱江新城的公共空间、打造总部经济、以人为本的建设理念以及漂流书亭等文化建设等给予了肯定，并对 CBD 的下一步工作提出了意见。

5 月 31 日　珠海十字门 CBD 横琴金融产业发展基地正式动工。

六月

6 月 8 日　由欧洲中国和平统一促进会、欧洲中华总商会组织的欧洲国家侨领代表团一行 27 人考察了银川阅海湾 CBD。

6 月 18 日　南京河西 CBD 的江苏创一佳照明股份有限公司在北京全国中小企业股份交易系统成功挂牌，成为南京河西首家"新三版"挂牌企业。

6 月 24 日　武汉 CBD 举行了以"新风口·新起点"为主题的首届华中互联网金融行业沙龙暨成立仪式，本届沙龙旨在搭建政、商、学界学习交流的平台，增强"互联网＋时代"基地入驻企业资源整合能力。

6 月 26 日　广州天河 CBD 举行了第四届中国（广州）国际金融交易·博览会，天河 CBD 在会上展示了其作为"中国唯一的世界 CBD 联盟成员、华南地区金融中心和总部中心"的独特优势。

6 月 30 日　上海虹桥 CBD 与上海市台湾事务办公室签订了合作备忘录，迈出了沪台经济合作的实质性步伐。

七月

7 月 1 日　南京河西 CBD 举行了 2015 年"南京河西 CBD 杯"南京青年创意创业大赛，来自南京市政府、建邺区政府、南京河西 CBD 管委会、腾讯大苏网等单位的代表以及创业青年代表近 100 人参加了活动。

7 月 3 日　深圳市正式实行公司、个人独资企业、合伙企业、各类分支机构和个体工商户"多证合一、一照一码"登记模式，深化了"多证合一"改革。

7 月 6 日　法国国民议会议员、前住房部部长级代表伯努瓦·阿帕鲁（Benoist Apparu）率法国多党青年议员考察团来银川阅海湾 CBD 考察。

7 月 28 日　武汉 CBD 举行了"阿里金融云华中互联网金融论坛"，本届论坛以"互联改变生活，金融创造未来"为主题，讨论专题包括"金融云助力行业'互联网＋'创新""金融云能力分享""信用微金融风控"等。

八月

8 月 13 日　中央统战部副部长全哲洙到郑东新区 CBD 对小微企业发展

政策落实情况进行了调研。

8 月 18 日 台湾工业总会理事长许胜雄一行 27 人考察了银川阅海湾 CBD。

8 月 19 日 北京 CBD 核心区塔吊安全监测系统、基坑安全监测数据信息系统两大平台正式投入使用。

8 月 24 日 天津河西区出台了《关于楼宇经济发展的扶持奖励办法》，强化了天津河西区 CBD 楼宇经济的发展基础。

8 月 26 日 台湾农会代表团相关人员一行考察了银川阅海湾 CBD。

九月

9 月 1 日 深圳福田 CBD 举行了"2015 中国智慧城市政企交流高峰论坛"，来自腾讯、阿里云、中国移动、中国电信等企业的代表，以及中央主管领导和各地试点城市的领导参加了论坛。

9 月 8 日 郑东新区 CBD 举行了河南省首家保险法人机构——中原农业保险股份有限公司的揭牌仪式。

9 月 8 日 北京 CBD 核心区在建的中信项目钢结构高度已达到 102 米，成为北京 CBD 核心区首个施工高度突破百米的项目。

9 月 13 日 杭州市互联网金融协会在杭州市武林 CBD 成立。

9 月 14 日 古巴"中国规划的发展演变"访华团一行 25 人到北京 CBD 参观考察，就区域产业发展规划、招商引资及管理政策等进行交流。

9 月 16 日 为期四天的"2015 北京 CBD 商务节"在北京 CBD 正式开幕，本届商务节以"高端引领，深度协同，融合发展"为主题，来自国内外知名研究机构、城市代表、中国商务区联盟城市、北京 CBD 区域企业的各代表参加了活动。

9 月 17 日 武汉 CBD 举行了武汉市与中央企业合作发展座谈会，武汉 CBD 所在的江汉区有 2 个项目参加了集中签约，至此武汉 CBD 已有 5 个国内石油"巨头"区域总部落户。

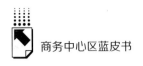

9月22日　广州天河CBD举行了"2015中英资产管理行业论坛"，中英双方代表围绕中英金融及商务人才培训、法治环境建设、金融招商、移动互联网发展等方面做了深入探讨和交流。

9月22日　北京CBD传媒产业商会与中国传媒大学文化产业孵化器联合主办了中小企业和文化创意产业发展支持政策解读会。

9月25日　中共中央政治局常委、国务院总理李克强到郑州郑东新区视察，他称赞"郑东新区是郑州最美的地方"，并与人民群众进行了亲切交流。

十月

10月22日　郑东新区CBD迎来了河南省首家服务式办公中心，该中心由全球领先的灵活办公空间解决方案提供商"雷格斯"设立。

10月23日　武汉CBD举行了武汉江汉区"大众创业、万众创新"活动周项目路演活动，此次活动以"'互联网＋'、创新驱动发展"为主题，众多创投、金融服务机构和"互联网＋"企业参加了该活动。

10月30日　深圳福田CBD举行了"2015中国房地产金融创新高峰论坛"，该论坛吸引了产业、金融、地产以及跨界领域的400位代表参加，并就房地产的升级转型与财富创造新模式展开了探讨。

10月31日　沈阳金融商贸开发区CBD举行了"中国金融论坛2015东北分论坛"，本次论坛以"新金融、新动力、新发展——产业与金融的对话"为主题，对中国制造强国战略下东北等老工业基地振兴的问题进行了探讨。

十一月

11月5日　深圳福田CBD举行了首届"中国（深圳）国际创客大会高峰论坛"，多家投资机构、创客项目以及知名媒体参加了该论坛；同日，福田 CBD 还举行了以"互联网金融的资本之路"为主题的"2015 中国（深圳）金融创新与发展高峰论坛"，吸引了学术界、法律界、金融界等领域的专家参加。

11 月 6 日　第八届跨国公司领袖圆桌会议正式在北京 CBD 开幕，本届峰会以"促进跨国公司投资、强化企业社会责任、推动可持续发展"为主题，国家有关部委领导、地方政府代表、国际组织和跨国公司代表参加了会议。

11 月 9 日　郑东新区 CBD 的绿地千玺广场（郑州会展宾馆）被中国建筑业协会评为"2014～2015 年度中国建设工程鲁班奖（国家优质工程）"，这是郑东新区至今第 5 项工程获得"鲁班奖"的项目。

11 月 10 日　郑东新区 CBD 迎来了河南省首家孵化器团组织——爱创创业孵化器有限公司团工委。

11 月 16 日　深圳福田 CBD 举行了第十七届中国国际高新技术成果交易会。

11 月 19 日　南京河西 CBD 举行了"2015 中国互联网金融 + 健康产业发展峰会"，来自政府、高校以及企业界的约 300 人参加了峰会。

11 月 27 日　上海虹桥 CBD 管委会与美国绿色建筑委员会签订了战略合作备忘录，双方承诺共同推进商务区绿色低碳建设。

十二月

12 月 3 日　西安长安路 CBD 为首批商务示范楼宇和特色商业街进行了授牌。

12 月 4 日　广州天河 CBD 举行了"粤港澳服务贸易自由化示范基地"授牌仪式。

12 月 12 日　"虹桥天地"成为上海虹桥 CBD 核心区首个全面开业的项目。

12 月 14 日　全国人大常委、财政经济委员会副主任委员、民建中央副

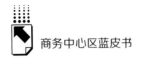
主席辜胜阻到武汉 CBD 调研考察。

12 月 15 日　上海合作组织成员国总理第十四次会议在郑东新区 CBD 国际会展中心召开，国务院总理李克强与各国同会领导人深入探讨了新形势下携手应对外部风险挑战、推动共同发展振兴的新思路、新办法。

12 月 18 日　北京 CBD 举行了传媒商会召开企业推介会，20 余家会员企业近 40 名代表参会。

12 月 18 日　西安华侨城置地有限公司正式落户西安长安路 CBD，该公司主要负责运营的长安国际中心写字楼项目是西安碑林区改革开放以来利用外资额最大的项目，其并购金达 2.7 亿美元。

12 月 18 日　珠海十字门 CBD 的珠海中心大厦顺利完成结构封顶，标志着十字门 CBD 会展商务组团一期主体结构施工基本完成。

12 月 27 日　深圳福田 CBD 举行了第 11 届"中国人力资本高峰论坛"，来自企业界和学术界的多位代表就互联网时代、大数据时代下的人力资源管理问题展开了讨论。

12 月 30 日　位于杭州市武林 CBD 的"浙江省内最具商业价值地块"——百井坊，在历时 6 年后完成了改造动迁工程。

12 月 30 日　深圳福田高铁站正式通车，该站的通车进一步增强了福田 CBD 的交通区位优势。

12 月 31 日　作为天津市重点开发建设的地区，天津河西 CBD 新八大里地区 10 座商务楼宇全部开工建设。

B.17
2016年国内 CBD 大事记

一月

1月8日 北京 CBD 管委会联合市商务委、朝阳区发改委、区商务委、区金融办、区国际高端商务人才发展中心等多个部门，就北京市服务业扩大开放、中小企业扶持、推动企业上市、鼓励总部经济、促进金融业发展、国际高端商务人才认定等政策举办了解读会。

1月22日 中国商务区联盟在北京世纪财富中心召开了 2015 年年会。会议由中国商务区联盟主席龙永图主持，中国商务区联盟执行主席甘靖中致辞。会上，商务区联盟为新加入的南京河西 CBD 授牌，联盟成员总数至此达到 21 家。

1月26日 北京 CBD 物业管理及地产开发企业协会召开会员大会，审议了协会年度工作报告和监事工作报告，对 2015 年度 CBD 楼宇调查工作进行总结，并举办了房地产行业盈利分析及融资需求、绿色 CBD 与节能讲座。

1月27日 北京 CBD 传媒产业商会召开第十届会员代表大会，对 2015 年度表现突出的 14 家优秀企业相应授予了"北京 CBD 突出贡献奖"、"最具成长潜力奖"、"北京 CBD 传媒之星"和"优秀会员奖"。

1月27日 南京河西 CBD 管委会举办了金融名家讲坛，著名经济学家、清华大学经济管理学院教授魏杰博十作"'十三五'规划下的经济发展机遇与转型融合"主题演讲。

三月

3月11日 北京 CBD 管委会召开了 2016 年工作部署会，会议就"十五"、"十一五"及"十二五"期间 CBD 建设发展背景和工作成效进行了总结，并对"十三五"时期 CBD 面临的形势、发展目标、思路进行了分析并提出工作要求。

3 月 18 日 天津河西 CBD 商务楼宇 App 成功上线，该平台可实现资源和政策信息发布，并在招商协同方面可实现楼宇单位和投资单位的无缝对接。

3 月 21 日 天津河西区在陈塘科技商务区服务中心召开了《天津市河西区楼宇经济提质增效三年（2016～2018 年）行动计划》工作动员部署会。

3 月 21 日 以奥地利维也纳市副市长布劳娜（Renate Brauner）女士为团长的维也纳市代表团到访北京 CBD。

3 月 22 日 北京 CBD 管委会召开了 2016 年功能区经济工作会，会议就 2015 年及 2016 年一季度功能区经济发展情况、下一步主要工作和新入市楼宇情况进行了分析。

3 月 28 日 汤加王国税收和海关大臣戴维塔·拉维马奥一行考察了宁波南部 CBD。

3 月 30 日 江苏省保险中介行业协会第二届会员大会在南京河西 CBD 成功举办。同月，南京河西 CBD 商会获南京市民政局批准成立，该会旨在搭建资源共享平台，促进经济合作与交流，进一步深化 CBD 区域招商引资和企业服务工作。

四月

4 月 6 日 中国银行股份有限公司辽宁省分行落户沈阳金融商贸开发区。

4 月 12 日 塔吉克斯坦人民民主党一行 20 人考察了银川阅海湾 CBD。

4 月 15 日 天津河西 CBD 举办了楼宇经济创新发展论坛，天津市相关部门、中国社会科学院城市规划研究室、天津市河西区等部门的领导，以及商务楼宇单位、投资单位、金融机构、中介机构以及相关 CBD 的代表共同出席了论坛。

4 月 15 日 中国商务区联盟组织北京 CBD、广州天河 CBD、大连人民路 CBD、郑州郑东新区 CBD 等成员单位参加了河西区楼宇经济创新发展论坛，就楼宇经济在 CBD 发展中的社会和经济效益、辐射带动作用等内容进行了交流。

4 月 15 日 宁波南部 CBD 广告产业园区率领园区 12 家企业赴首届宁波文博会参展。

4 月 20 日 参加中阿政党对话会议的中外与会者一行 120 人考察了银川阅海湾 CBD。

4 月 21 日 北京 CBD 跨国公司俱乐部举办了"十三五"规划及中国宏观经济研判专题交流讨论会，区域内近百家跨国公司参加了讨论。

4 月 23 日 "社会集资那些事：风险与法制"全国展览首展成功在沈阳金融商贸开发区举办。

4 月 27 日 北京 CBD 管委会组织区内 15 家重点楼宇召开了能源审计工作启动会，会上部署了 CBD 区域"十三五"期间节能减排目标及重点工作，并邀请北京市节能监测中心的专业技术人员对开展能源审计及审计报告编制等进行了解读。

4 月 28 日 天津河西 CBD 在北京组织召开了商务楼宇推介会，共有 16 家楼宇单位参加。

4 月 29 日 江苏沿海产业投资基金的增资签约仪式在南京河西 CBD 举办，该签约标志着江苏沿海产业投资基金跨上了百亿元级元新台阶。

五月

5 月 1 日 沈阳金融商贸开发区内企业全面实行"营改增"政策。

5 月 16 日 银川市经合外侨局与香港绿色科技"一带一路"商务考察一行 15 人参观银川阅海湾 CBD 展厅、中阿之轴。

5 月 19 日 印尼西努沙登加拉省政府代表团一行 10 人观摩银川阅海湾

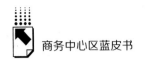
CBD 展馆、中阿之轴。

5 月 21 日　中阿文化交流促进会与中央电视台导演一行 10 人参观并拍摄了银川阅海湾 CBD。

5 月 24 日　中央政法委副秘书长一行来到银川阅海湾 CBD 考察。

5 月 27 日　由宁波南部 CBD 管委会承办的"甬道论剑·创未来"中国（宁波）首届电商武林大会项目专家复评工作正式结束。

5 月 28 日　以中央委员萨米娅·穆阿勒菲为团长的阿尔及利亚执政党民族解放阵线党干部团一行 15 人考察了银川阅海湾 CBD。

5 月 28 日　苏丹《丝绸之路》主编一行 20 人考察了银川阅海湾 CBD。

六月

6 月 1 日　南京河西 CBD 举办了首期"科创金服·债融超市"活动，为中小创新企业提供债权融资对接服务。

6 月 7 日　宁波南部 CBD 二期举行了欧洲华商大厦开业暨中欧跨境电商园揭牌仪式。

6 月 12 日　外交部组织"中非新闻交流中心"三期项目 26 名非洲国家主流媒体记者考察了银川阅海湾 CBD。同日，中科院院士严加安一行 9 人考察了银川阅海湾 CBD。

6 月 14 日　由南苏丹、马拉维、牙买加等 11 国组成的"发展中国家国际关系硕士项目"一行 20 人考察了银川阅海湾 CBD。

6 月 18 日　正大集团带领泰国外宾一行 30 人考察了银川阅海湾 CBD。

6 月 18 日　银川阅海湾在宁夏国际会堂一楼东二厅举行了银川阅海湾经济发展论坛暨白皮书首发仪式。

6 月 18 日　江苏省中小企业公共技术服务协会信息化服务专业委员会和省中小企业信息化服务联盟正式挂牌落户南京河西 CBD。

6 月 30 日　重庆渝中区首家一级游客接待中心——渝中半岛旅游区游客中心开始试运营。

七月

7月8日　沈阳金融商贸开发区的外债宏观审慎管理试点工作取得突破，其通过区内韩亚银行搭建的境外渠道为驻区企业提供了东北首笔跨境贷款，年化利率低于 3.5%，打通了东部地区获得境外低成本资金的通道。

7月14日　天津河西 CBD 根据区内楼宇经济发展的实际情况，从商务氛围、楼内公共空间、设施设备、运营与服务、招商引资 5 个方面制定了《河西区商务楼宇等级评价标准》。

7月15日　尼泊尔大会党干部一行 15 人受中联部邀请考察了银川阅海湾 CBD。同日，澳门青年企业家协会一行 20 人考察了银川阅海湾 CBD。

7月19日　国家林业总局相关领导一行 10 人考察了银川阅海湾 CBD。

7月21日　由南京亚太金融研究院主办的"2016 南京亚太金融论坛"在南京河西 CBD 举办。论坛围绕"英国脱欧对全球政治、经济及金融的影响和冲击"主题，深入讨论了国际格局变动中金融业所面临的机遇和挑战。

7月22日　泰国宋卡府伊斯兰教委员会主席萨利亚·宾萨拉率领泰南各府伊斯兰教委员会高官一行 15 人考察了银川阅海湾 CBD。

7月22日　"百名闽商宁夏行"考察团和台湾原住民经贸发展协会组织的"台湾少数民族参访团"一行 32 人考察了银川阅海湾 CBD。

7月25日　国家统计局一行 15 人考察了银川阅海湾 CBD。

7月26日　香港大公传媒集团领导及香港企业家一行 38 人考察了银川阅海湾 CBD。

7月29日　沈阳金融商贸开发区作为辽宁省互联网贷款业务试点工作取得突破性进展，区域内的亚联财、瀚华小贷公司先后获批开展互联网贷款业务。

7月30日　重庆解放碑 CBD 投资推介会在成都举办，与成都 50 余家企业开展集中对接，达成合作意向 10 余个项目。

7月31日　由中国投资协会、江苏省经信委、江苏省人民政府金融工

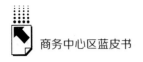

作办公室、新华网主办的"半程2016"中国经济新趋势与产融创新高峰论坛在南京国际博览中心成功举办。

八月

8月3日 国家统计局相关领导一行考察了银川阅海湾CBD。

8月5日 台湾中华产经文科技术交流协会参访团一行25人考察了银川阅海湾CBD。

8月5日 南宁金湖CBD召开了2016年"问智楼宇经济·楼宇企业家沙龙之'共享经济'"座谈会。

8月5日 中国人寿保险（集团）总公司考察团一行6人考察了银川阅海湾CBD；同日，阿塞拜疆共和大使考察了银川阅海湾CBD。

8月8日 沈阳民间借贷登记服务中心正式在沈阳金融商贸开发区开业，该中心的正式营业，将对引导规范民间金融市场健康发展、防范和化解民间融资风险起到积极的促进作用。

8月11日 国家税务总局一行30人考察了银川阅海湾CBD。

8月13日 以斯坦利·怀特为团长的美亚学会第105批美国国会议员助手代表团一行13人考察了银川阅海湾CBD。

8月17日 重庆解放碑CBD举办了"时尚文化城"项目开工典礼。

8月18日 北京CBD核心区Z15中信项目核心筒施工至70层，其结构高度达到333米，成为截至2016年的北京第一高楼。

8月20日 国家文化部外联局文化建设和对外文化交流管理专题调研组一行12人考察了银川阅海湾CBD。

8月24日 非洲四国访问团一行17人考察了银川阅海湾CBD。

8月25日 为进一步在沈阳金融商贸开发区加快形成"大众创业、万众创新"的生动局面，沈阳金融商贸开发区正式成立了"双创"领导小组，以及"双创"领导小组办公室。

8月25日 国家电力投资集团公司一行10人考察了银川阅海湾CBD。

8 月 26 日　柬埔寨高棉民族团结党干部考察团一行 30 人考察了银川阅海湾 CBD；同日，国土资源部一行 9 人考察了银川阅海湾 CBD。

8 月 31 日　韩国韩华集团一行 13 人和中国石化销售有限公司一行 16 人在同日分别考察了银川阅海湾 CBD。

8 月 31 日　重庆解放碑 CBD 完成了"十三五"规划研究。

九月

9 月 3 日　2016 年 B20 峰会（二十国集团工商峰会）开幕式在钱江新城 CBD 钱江新城国际会议中心召开。

9 月 4 日　二十国集团（G20）领导人第十一次峰会在杭州召开，峰会期间，钱江新城管委会确保做好了 G20 杭州峰会及核心区亮灯的保障工作。

9 月 7 日　澳大利亚布里斯班市代表团一行 7 人考察了银川阅海湾 CBD；同日，银川市和住建部考察团一行 140 人考察了银川阅海湾 CBD。

9 月 7 日　朝阳区"十三五"规划展暨"新机遇、新动能、新发展"2016 北京 CBD 商务节在朝阳规划艺术馆开幕。同日，朝阳规划艺术馆还举办了"创新引领，服务支撑，推进 CBD 转型升级"北京 CBD 圆桌会、北京 CBD 国际金融圆桌会两场论坛。

9 月 8 日　阿曼新闻代表团一行 13 人、美国密苏里州斯普林菲尔德市代表团一行 12 人和阿拉伯国家网络空间安全管理与保障进修班代表团一行 26 人分别考察了银川阅海湾 CBD。

9 月 9 日　宁夏国际友好城市政府代表团一行 70 人考察了银川阅海湾 CBD。

9 月 9 日　2016 南京河西建邺金秋经贸洽谈会在南京国青中心隆重召开。会上，南京河西 CBD 管委会共引进十二个重大项目，总投资超 200 亿元。

9 月 11 日　全国政协副主席一行 30 人考察了银川阅海湾 CBD。

9 月 19 日　全国人大华侨委员会副主任委员黄华华一行 11 人考察了银川阅海湾 CBD。

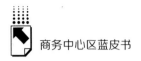

9月21日　联合国代表团一行7人和汤加代表团一行13人分别考察了银川阅海湾CBD。

9月21日　辽宁省基金业协会在沈阳金融商贸开发区正式成立，该协会的成立对于沈阳金融商贸开发区建设东北区域金融中心有着重要的意义。

9月28日　印尼青年代表团一行100人考察了银川阅海湾CBD。

9月29日　由宁波南部CBD携手宁波读加创意文化发展有限公司共同打造的"让世界创意涌动"读加创意学院正式开院。

十月

10月9日　杭州钱江新城管委会获"浙江省G20杭州峰会工作先进集体""G20杭州峰会安保工作突出贡献"荣誉称号；核心区综合整治项目组获浙江省总工会"工人先锋号"荣誉称号；核心区主题灯光项目组获市总工会"服务G20杭州峰会立功竞赛工人先锋号"荣誉称号。

10月12日　第十一届全国人大常委会副委员长桑国卫考察了杭州钱江新城。

10月15日　2016年江苏省"大众创业、万众创新"活动周江苏省分会场"创新中国·南京峰会——金陵论剑·百人CEO风云汇"（建邺专场）在南京国际博览会议中心隆重开幕。活动以"中美创新创业对话"为主题，十余位中美创投界嘉宾及南京本土创业者、专家学者、企业客商、投资机构、媒体记者等代表参加。

10月19日　德国左翼党一行15人考察了银川阅海湾CBD。

10月21日　为加速推进"双创"工作，沈阳金融商贸开发区启动了"双创"基地建设工作，积极与区域内有意向参与"双创"基地建设的企业开展合作，合力打造沈阳金融商贸开发区创新创业基地。

10月24日　阿拉伯国家访问团一行25人考察了银川阅海湾CBD。

10月25日　南宁金湖CBD成立了楼宇经济决策咨询委员会，并组织委员会专家到商务楼宇开展了楼宇经济专项调研工作。

10 月 30 日 印尼西努省民间代表团一行 8 人和"亚洲都市景观奖颁奖礼暨银川城市节"代表团一行 200 人分别考察了银川阅海湾 CBD。

10 月 31 日 重庆解放碑 CBD 完成长江索道改造升级。

十一月

11 月 4 日 宁波南部 CBD 管委会与美国富顿集团签订四期门户区框架协议。

11 月 4 日 辽宁证监局与中国证券业协会、中证机构报价系统股份有限公司、辽宁证券业协会共同在沈阳金融商贸开发区举办了"报价系统资产证券化"业务培训会。

11 月 8 日 宁波南部 CBD 国家工商总局广告司副司长黄新民一行到宁波广告产业园区考察。

11 月 8 日 美国奥佳公司和建邺区安思卓科技公司参加了在南京河西 CBD 南京科技人才港举办的"科创金服·创融汇"——燃料电池项目专场路演活动，得到多家创投机构的"投资邀约函"，投资意向总额达 1.2 亿元。

11 月 15 日 2016 年"一路一带"银川发展高峰论坛代表团一行考察了银川阅海湾 CBD。

11 月 26 日 沙特政府代表团一行 30 人考察了银川阅海湾 CBD。

11 月 29 日 沈阳金融商贸开发区内的 7 家公司共同发起设立的沈阳票据资产交易中心正式获得沈阳市人民政府筹建批复。

十二月

12 月 1 日 由南京市金融办、建邺区人民政府主办，建邺区金融办、南京河西 CBD 管委会承办的"2016 泛长三角区域金融创新·合作与发展峰会"开幕。

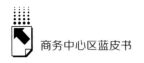

12月2日 由南京河西CBD管委会与南京亚太金融研究院共同举办的"2016科技金融培训高级专班"在河西CBD开班。

12月5日 国家发展改革委西部司"一带一路"工作组一行5人考察了银川阅海湾CBD。

12月6日 美国ELA集团和广东天作建筑设计有限公司代表团一行8人考察了银川阅海湾CBD。

12月19日 由沈阳荣盛中天等公司发起设立的辽宁振兴银行正式获得中国银监会批复，并在沈阳金融商贸开发区内开始筹建，该银行是目前东北地区第一家获批筹建的民营银行。

12月22日 北京CBD核心区获得了LEED-ND金级预认证，这是国内第一个由政府主导、多业主共同开发的LEED-ND认证项目，是第一个通过LEED-ND认证的城市CBD项目以及目前国内建设体量最大的LEED-ND认证项目。

12月24日 北京CBD永安里旧城区改建项目预签约居民比例达到预签约生效比例，标志着永安里旧城区改建项目即将正式启动。

12月30日 宁波南部CBD广告产业园区被认定为浙江省重点文化产业园区。

12月31日 国家发改委调研员李聪、中国物流与采购联合会网络事业部主任晏庆华一行到南京河西CBD科技孵化器人才项目——福佑卡车南京总部，对"无车承运人"项目进行了调研。

12月31日 天津河西CBD在2016年成功制定了《2016年亿元楼宇提升改造计划》、《亿元楼宇提升改造项目应履行的程序》和《亿元楼宇项目提升改造程序》，并动用了扶持资金共计5250.4万元，按计划改造了40座楼宇。

Abstract

Implementing "innovation drive" is a main task proposed by China's "13th Five-Year Plan", while promoting "smart development" is not only an important path of innovation, but also a primary object. At present, CBD in China has entered a rapid development period, with increasingly outstanding economic benefit, prominent leading role of innovation, leading wisdom applications and so on. Meanwhile, many CBDs have launched lots of exploration and practices in institutional innovation, management innovation, industry innovation, etc. CBD in China is becoming a significant supporting zone of national intelligence industries, pilot area of intelligent application system and leading area of innovative development relying on its higher innovation level and excellent information infrastructure. During "13th Five-Year Plan" period, "promoting CBD innovative and smart development" will be an important direction and theme of China's CBD development.

Annual Report on the Development of China's Central Business District No. 3 (2016 – 2017) (hereafter referred to as *Report*) taking "promoting CBD innovative and smart development" as its theme, embracing national innovation-driven strategy and smart city construction requirement, provides general report, intelligent construction, innovative development, intelligent management, international experience, and memorabilia, systematically assessing China's CBD's achievements in perspectives of intelligent construction and innovative development, deeply studying CBD's effect, problems and tendency in intelligent transportation, intelligent government administration, intelligent management, smart community, smart business district, intelligent buildings, industrial innovation, management innovation, etc. by special subjects, and explicitly proposing comprehensive thought and countermeasure and suggestion to promote CBD innovative and smart development during "13th Five-Year Plan" period.

Report points out that CBD in China in recent years, concentrating on people first, driving by new generation of information technology, has gained remarkable achievements in aspects of smart facility system, smart application system, smart industry system, innovation platform system construction, etc. , becoming a leader of new smart city construction in China. However, restricted by current system and mechanism and policies, there are many problems and shortages of smart construction of CBD in China in terms of top design, safety protection, effective management, collaborative sharing etc. The innovative and smart development of CBD will present 4 tendencies in "13th Five-Year Plan" period, namely, development conception turns from technology leading to people first, construction pattern from single construction to integrated development, operation from government to multiple open, and regional coordination and cooperation from dispersal construction to innovative union.

Report believes that, each region should fully use innovative and smart development experience from London, New York, Paris, Tokyo, and Singapore, promote top design, perfect basic construction, complete service platform, drive collaborative innovation, improve institutional frame work of smart CBD, etc. to comprehensively promote innovative smart development of CBD.

Key words: CBD; Innovation; Integration; Sharing; Smart

Contents

I General Report

Abstract: Along with sustained release of national digital dividend and deeply implementation of innovation-driven strategy, the environment of innovative and smart development of CBD in China is increasingly optimized and perfected, and "innovative drive, smart development" has become a theme of "13th Five-Year" Plan. This paper indicates that in recent years, driven by new generation of information and technology, CBD in various regions has gained remarkable achievements in aspects of smart facility system, smart application system, smart industry system, innovation platform system construction, etc. , becoming a leader of new smart city construction in China. However, restricted by current system and mechanism and policies, there are many problems and shortages of smart construction of CBD in China in terms of top design, safety protection, effective management, collaborative sharing etc. The innovative and smart development of CBD will present 4 tendencies in future, namely, development conception turns from technology leading to people first, construction pattern from single construction to integrated development, operation from government to multiple open, and regional coordination and cooperation from dispersal construction to innovative union. Aiming at current problems and shortages, this paper proposes that we should promote top design, perfect basic construction, complete service platform, drive collaborative innovation, improve institutional frame work of smart

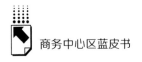

CBD, etc. to comprehensively promote innovative smart development of CBD in China by learning from international experience.

Keywords: CBD; Innovation; Integration; Sharing; Smart

B. 2　Innovation Drives Smart Development

　　—*Evaluation of Central Business District in* 2015 − 2016

Shan Jingjing, Wu Zhanyun / 047

Abstract: Along with the enforcement of opening-up policy, innovation driven strategy and smart city strategy, the policy environment of China's CBD is becoming increasingly mature, CBD is gradually transforming toward innovate, smart, coordinative and healthy. Focused on five aspects of economy, industry, smart, innovation and opening-up, the paper quantitatively evaluates of the 21 CBD. The evaluation results show that, in 2015—2016, the 21 CBDs of Chinese Business District Alliance show great advantages in quality and efficiency of economic growth, as well as active industrial innovation, rapid smart construction, remarkable innovation and opening-up. In the future, to ensure the core advantages in innovation, smart and opening-up, CBDs should focus on efficiency improving, technology innovation and system supply, which is contributed to lead the new normal economic development.

Keywords: Central Business District; Innovation; Smart; Opening-up; Evaluation System

II　Smart Construction

B. 3　Based on Industrial Agglomeration to Build up Smart Parks

　　Model by Spatial Ecology, Self-organizing and

　　Coordinated Economy Theories　*Xu Zhenqiang, Yin Xiaojie* / 073

Abstract: China has become the world's main test site to build up smart cities. The proceeding of smart parks is the key of smart city practice. The current research on smart parks is overall technological based and driven by industrial capacity. Studies on spatial ecology, coordination and big data based key indicators identification are significantly limited. Furthermore, both commercial solutions and available guideline are weak, as well as lack of basic research support, poor guide and less practice abilities. Above mentioned aspects directly restrict the establishment of smart city related theory and model. This study is based on the spatial ecology, coordination theory and industrial agglomeration, focusing on the relationship among industrial and spatial agglomeration, spatial ecology, governance ability, innovation ability, operation level and ecological livability, firstly, to carry out the study on industrial agglomeration, spatial ecology and coordination, constructs the theory and model of smart park, secondly, based on the typical cases investigation internationally, related standards review and park related big data research, to indentify key areas, key indicators for smart park, and develop indicators and parametric modeling based on case and big data validation, and then to build big data test platform for industrial agglomerated smart park. To deliver integration of smart parks' theory, model and field cases, to promote the management efficiency of smart park, as well as the concretization of smart economy.

Keywords: Smart Cities; Smart Parks; Industrial Agglomeration; Spatial Ecology; Coordinated Theory; Key Elements; Big Data

B. 4　Practice and Exploration of Beijing Smart CBD

Beijing CBD Telecom / 087

Abstract: Construction of smart CBD is one of the important tasks of Beijing CBD in 13th Five-Year period. According to Beijing CBD's development goals, this article proposes that Beijing smart CBD's strategic positioning is " gathering and decision-making hub of international business information, demonstration area of global intelligent high-end business, bridgehead and unique

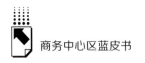
card of smart Beijing", and puts forward its development of ideas and the corresponding construction objects. Based on this, the article studies the planning and construction of Beijing smart CBD from the information infrastructure, information systems, management, smart application, smart service, and puts forward three stages' roadmap of the construction of smart CBD and the prospect of the construction of smart CBD. Finally, the article puts forward the countermeasures and suggestions for the construction of smart CBD.

Keywords: Beijing CBD; Smart CBD; Construction; Planning

B. 5　Smart Hongqiao Construction in Shanghai Hongqiao CBD

Xu Meng, *Shi Yan* / 100

Abstract: As an important emerging high-end business district in future Shanghai, Hongqiao CBD in recent years committed to the construction of "Smart Hongqiao", highlights the "Smart" develop concept, further promote the pace of the Smart Hongqiao construction in Hongqiao CBD. Smart Hongqiao followed "planning first, establish standard, break through at key points, comprehensive promotion" propulsion. Building the top design and the set up standard system firstly, focusing on the information infrastructure level improving, Smart transportation, Smart energy management and such public service project construction, in order to improve the residents' Smart experience. At the same time, copy successful experience of core area to the other area, to promote implementation of synchronous development.

Keywords: Smart Hongqiao; Top Design; Low Carbon Management; Smart Transportation

III Innovative Development

B. 6 Digital Media Development Situation, Problem and
Tendency in China   *Huang Chuxin, Ren Fangyan* / 114

Abstract: Nowadays, for Chinese media, the process of transitions is reaching further stages. Both traditional media and new media are collecting their own experiences, and making their decision more efficient. In the meantime, media are developing new relationship with variety kind of industry, based on the growth of the Internet. This article enumerated some considerable phenomenon and characteristic of the progress of media converging. And giving some suggestions specific to the tendency and industrialization.

Keywords: Digital Media; Depth of Transition; Industrialization; Phenomenon; Review

B. 7 The Development Status, Evolutionary Path and Future
Trends of China Internet Finance   *Zhang Hua, Tang Fei* / 128

Abstract: The recent decade has witnessed unprecedented development of China Internet finance industry, with market size ranking top, sub-industries booming prosperously and technological innovations emerging rapidly. However, risk events like illegal fund raising and information leaks also cast a shadow over the prospects of the industry. This paper firstly introduces the development status of China Internet finance sub-industries. Subsequently, the theoretical path of industry evolution is analyzed. Next, based on the example of P2P industry, the paper emphasizes the key role of risk management in the regulated development of Internet finance and illuminates the effective measures of risk management on current stage. Finally, the paper points out that China Internet finance industry

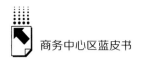
will represent normalization, integration, technicalization, mobility, inclusion and greenization in future development.

Keywords: Internet Finance; Evolution; Risk Management; Fintech

B. 8 "Cross-Trade Town"

—*Innovative Practice and Unique Feature of Xiacheng CBD*

Shen Kaibo, Jin Yuanyuan / 146

Abstract: Xiacheng District is located in the heart of Hangzhou and recognized as the city's eyes. To create a "cross-trade town" is the initiative to integrate into China (Hangzhou) cross-border e-commerce integrated pilot area strategy and an important platform and the starting point to accelerate the construction of full-domain CBD. Based on the analysis of the background, spatial layout and development status of the cross- trade town, this paper summarizes the problems in the development of the "cross-trade town" and puts forward the relevant suggestions of the sustainable development of the "cross-trade town".

Keywords: Cross-trade Town; Cross-trade E-commerce; Full-domain CBD Industry; City Integration

B. 9 Transformation Development and Strategy of China's Building Economy

Han Zhenyu / 156

Abstract: Under the influence of macroeconomic and technological factors, China's building economy (BE) has been developed to the stage of innovation and transformation. In this stage, China's BE is characterised by the synergies of BE driving force, the specialization and endogenesis of BE activities. The innovations is happening to the strategies of BE investment attraction, forms and contents of BE services, the mechanism of endogenous and harmonious development of BE and so forth. However, in the meantime, China's BE is also facing issues like increasing regional gap, increasing overall office-building inventory, lack of lands in some regions and homogeneous competition between regions. Addressing the issues, some suggestions have been given in this paper.

Keywords: Building Economy; Innovation; Transformation; CBD; Central Business District

B. 10　The Impact and Prospect of the Policy of FTA
　　　　on the Development of CBD　　　　　　*Su Hongjian* / 194

Abstract: The policy of the FTA has a certain influence on the development of CBD in the city. When the CBD is in the FTA, it will help promote the development of CBD; when the CBD is not within the scope of the FTA, it may form a certain competitive relationship. This paper analyzes the impact of the four FTAs in Shanghai, Guangdong, Tianjin and Fujian on the CBD, and shows the feature of cooperation and win-win situation. With the approval and construction of the third batch of seven FTAs, CBD service industry can refer to the FTA policy to expand open and promote cooperation and win-win of the FTA and CBD, leading open and upgrade of the city's economy.

Keywords: FTA; CBD; Cooperation; Opening-up

Ⅳ　Scientific Management

B. 11　Case Study on the Smart Communities in the New
　　　　Urbanization Era　　　　*Li Hao, Wu Nawei and Li Dong* / 206

Abstract: In the new era of new urbanization, the focus of urban development changes from incremental expansion to the inventory enhancement. At the same time, the smart city development focuses more and more on human

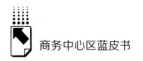

nature in micro level space, such as street and community scale. In this circumstance, smart community become an important content of smart city planning and construction, and plays a key role in urban refinement. From the overall situation of the country, the development of the smart community is still in the initial stage, and the characteristics of various types of communities vary from each other, while various technical strategies are supposed to be combined with different needs to promote the development of smart community to enhance community participation and governance. This paper discusses the characteristics of the smart community from several angles, and it also summarizes the future direction of smart community from the experiences of several research and practice cases of several different smart community projects.

Keywords: New Urbanization; Smart Community; Smart Facilities; Big Data

B. 12 The Analysis of People Stream and Traffic Optimization in Urban Functional Area based on Big Data
—*Take Beijing CBD for example*   *Zhong Shaoying* / 231

Abstract: This study analysis the city function distribution, and the association of district distribution characteristics, flow characteristics and traffic characteristics in Beijing CBD center, the Olympic core area, Wangjing area and other areas using smart card data, points of interest data and survey data. The study found that, due to the employment function and the living function of Chaoyang District are relatively concentrated, forming a "Concentrated inflow and outflow" commuter traffic, east-west commuting is lower than the North-South commuting. Chaoyang District traffic optimization should focus on the adjustment of urban functional layout.

Keywords: Smart Card Data; Points of Interest Data; Function Distribution; Traffic Optimization

Abstract: This paper describes the rapid development of innovation and wisdom of Zhengdong New District CBD in recent years. The CBD is a city functional unit developed by the Urban Planning and Design Institute in 2000 which is guided by the government. On the one hand, it insists on the concept of innovation and wisdom, promotes infrastructure construction, develops and builds commercial landmarks, continuously promotes industrial agglomeration, accelerates the layout of business elements, to provide innovative development platform; the other hand, innovation and development practice, in the ecosystem, underground corridors, intelligent traffic and other intelligent city construction has initially formed a wisdom of urban development pattern and the development of business industry layout; the future goal is to gradually build the characteristics of the Central Plains International CBD.

Keywords: Zhengdong   New   District   CBD ; Government   wisdom management; Smart City; Business innovation practice

V   International Experience

Abstract: The concept of "CBD" is derived from the culture of British and American Anglo-Saxon, and then developed in the United States. In recent years, the concept of "Smart CBD" is arised. In France, the Smart CBD is often named the "Center of competence". Its development have been incorporated into a the mandatory national policy, and has the characteristics of circulating, timeliness. Paris-Saclay, after a long time developed (including three stages), the complete

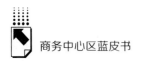

system of planning concept, the complete system of intelligent network, the continuous improvement of the knowledge-based economy, have provided a beneficial experience for the Smart CBDs of the world.

Keywords: Paris-Saclay; Smart CBD; Center of competence

B. 15   The Development of Smart City in Japan and the
Construction of Kashiwa-no-ha Smart City

Hitachi, Ltd. Urban Solutions Business Unit

(Li Guoqing Translator) / 283

Abstract: The thesis summarized a series of smart city construction policies and related strategies formulated by the Japanese government since the middle of 2000, and analyzed the Society5. 0 strategy of the "super-smart society" which the Japanese government will promote in the future. Then described the Kashiwa-no-ha smart city project which the Hitachi company participated, discussed the characteristics about how the project chose the main themes and how to executed them. Hitachi and other partners design and implement the Area Energy Management System (AEMS) together successfully based on the unique idea of city construction. Hitachi will continue to create new business area though participating in urban development projects.

Keywords: Smart City; Kashiwa-no-ha Smart City; Area Energy Management System; Hitachi, Ltd.

Ⅵ   Appendix

❖ 皮书起源 ❖

"皮书"起源于十七、十八世纪的英国，主要指官方或社会组织正式发表的重要文件或报告，多以"白皮书"命名。在中国，"皮书"这一概念被社会广泛接受，并被成功运作、发展成为一种全新的出版形态，则源于中国社会科学院社会科学文献出版社。

❖ 皮书定义 ❖

皮书是对中国与世界发展状况和热点问题进行年度监测，以专业的角度、专家的视野和实证研究方法，针对某一领域或区域现状与发展态势展开分析和预测，具备原创性、实证性、专业性、连续性、前沿性、时效性等特点的公开出版物，由一系列权威研究报告组成。

❖ 皮书作者 ❖

皮书系列的作者以中国社会科学院、著名高校、地方社会科学院的研究人员为主，多为国内一流研究机构的权威专家学者，他们的看法和观点代表了学界对中国与世界的现实和未来最高水平的解读与分析。

❖ 皮书荣誉 ❖

皮书系列已成为社会科学文献出版社的著名图书品牌和中国社会科学院的知名学术品牌。2016年，皮书系列正式列入"十三五"国家重点出版规划项目；2012~2016年，重点皮书列入中国社会科学院承担的国家哲学社会科学创新工程项目；2017年，55种院外皮书使用"中国社会科学院创新工程学术出版项目"标识。

中国皮书网

发布皮书研创资讯，传播皮书精彩内容
引领皮书出版潮流，打造皮书服务平台

栏目设置

关于皮书：何谓皮书、皮书分类、皮书大事记、皮书荣誉、
　　　　　皮书出版第一人、皮书编辑部
最新资讯：通知公告、新闻动态、媒体聚焦、网站专题、视频直播、下载专区
皮书研创：皮书规范、皮书选题、皮书出版、皮书研究、研创团队
皮书评奖评价：指标体系、皮书评价、皮书评奖
互动专区：皮书说、皮书智库、皮书微博、数据库微博

所获荣誉

2008 年、2011 年，中国皮书网均在全国新闻出版业网站荣誉评选中获得"最具商业价值网站"称号；

2012 年,获得"出版业网站百强"称号。

网库合一

2014 年，中国皮书网与皮书数据库端口合一，实现资源共享。更多详情请登录www.pishu.cn。

S 子库介绍
ub-Database Introduction

中国经济发展数据库

涵盖宏观经济、农业经济、工业经济、产业经济、财政金融、交通旅游、商业贸易、劳动经济、企业经济、房地产经济、城市经济、区域经济等领域，为用户实时了解经济运行态势、把握经济发展规律、洞察经济形势、做出经济决策提供参考和依据。

中国社会发展数据库

全面整合国内外有关中国社会发展的统计数据、深度分析报告、专家解读和热点资讯构建而成的专业学术数据库。涉及宗教、社会、人口、政治、外交、法律、文化、教育、体育、文学艺术、医药卫生、资源环境等多个领域。

中国行业发展数据库

以中国国民经济行业分类为依据，跟踪分析国民经济各行业市场运行状况和政策导向，提供行业发展最前沿的资讯，为用户投资、从业及各种经济决策提供理论基础和实践指导。内容涵盖农业，能源与矿产业，交通运输业，制造业，金融业，房地产业，租赁和商务服务业，科学研究，环境和公共设施管理，居民服务业，教育，卫生和社会保障，文化、体育和娱乐业等 100 余个行业。

中国区域发展数据库

对特定区域内的经济、社会、文化、法治、资源环境等领域的现状与发展情况进行分析和预测。涵盖中部、西部、东北、西北等地区，长三角、珠三角、黄三角、京津冀、环渤海、合肥经济圈、长株潭城市群、关中—天水经济区、海峡经济区等区域经济体和城市圈，北京、上海、浙江、河南、陕西等 34 个省份及中国台湾地区 。

中国文化传媒数据库

包括文化事业、文化产业、宗教、群众文化、图书馆事业、博物馆事业、档案事业、语言文字、文学、历史地理、新闻传播、广播电视、出版事业、艺术、电影、娱乐等多个子库。

世界经济与国际关系数据库

以皮书系列中涉及世界经济与国际关系的研究成果为基础，全面整合国内外有关世界经济与国际关系的统计数据、深度分析报告、专家解读和热点资讯构建而成的专业学术数据库。包括世界经济、国际政治、世界文化与科技、全球性问题、国际组织与国际法、区域研究等多个子库。

法 律 声 明

　　"皮书系列"（含蓝皮书、绿皮书、黄皮书）之品牌由社会科学文献出版社最早使用并持续至今，现已被中国图书市场所熟知。"皮书系列"的 LOGO（）与"经济蓝皮书""社会蓝皮书"均已在中华人民共和国国家工商行政管理总局商标局登记注册。"皮书系列"图书的注册商标专用权及封面设计、版式设计的著作权均为社会科学文献出版社所有。未经社会科学文献出版社书面授权许可，任何使用与"皮书系列"图书注册商标、封面设计、版式设计相同或者近似的文字、图形或其组合的行为均系侵权行为。

　　经作者授权，本书的专有出版权及信息网络传播权为社会科学文献出版社享有。未经社会科学文献出版社书面授权许可，任何就本书内容的复制、发行或以数字形式进行网络传播的行为均系侵权行为。

　　社会科学文献出版社将通过法律途径追究上述侵权行为的法律责任，维护自身合法权益。

　　欢迎社会各界人士对侵犯社会科学文献出版社上述权利的侵权行为进行举报。电话：010-59367121，电子邮箱：fawubu@ssap.cn。

社会科学文献出版社